土生说字

求学之道

李土生 著

中央文献出版社

目　录

文化　　汉字是传统文化的基因，是中华民族的灵魂，是炎黄子孙的骄傲，是世界文化的瑰宝。

文　wén

甲骨文　　　金文　　　小篆

"文"，象形字。

甲骨文"文"字形似一人身上刻着花纹，本义为各色交错的花纹、纹理。《说文·文部》："文，错画也。""文"的字形笔画纵横交错，暗合花纹的形态。《说文》又云："象形者，文；形声者，字。"文字当中，通过象形的方法造出来的叫作"文"，通过会意、形声方法造出来的叫作"字"。可见，最初文是文、字是字，但后世不再严格区分，常将"文"、"字"合用。

"文"上之"玄"字头为玄机，高深莫测之意，寓意每一个字都深藏玄机，字与字的组合又可道破玄机。难怪古人传说，当仓颉造出文字以后，"天雨粟，鬼夜哭"，真可谓"惊天地泣鬼神"了。"文"下之"乂"为"爻"字的一半，"爻"是八卦符号，是古人观天地之象，近取诸身，远取诸物，象形取义创造出来的符号。"乂"为平衡之形，象征天地呼应，阴阳融会，刚柔相济，男女相交，生息繁衍，物质与精神统一等。左右平衡即稳定，天下平衡则安定。

"文"最初的意义是纹理、花纹。刘勰在《文心雕龙》中用了许多美丽的辞藻描绘自然界的"文"之美：龙凤以鳞羽呈现瑞祥，虎豹以毛色显现雄姿；云霞雕饰出的色彩，超过画工下笔之精妙，草木开花，不经织女的巧手也神奇异常（"龙凤以藻绘呈瑞，虎豹以炳蔚凝姿；云霞雕色，有逾画工之妙；草木贲华，无待锦匠之奇"）。后来"文"字原本所表示的纹理、花纹之意由"纹"字代替。

由本义引申，"文"有若干层含义：其一，指包括语言文字在内的各种象征符号，进而具体化为文物典籍、礼乐制度。《尚书·序》所载伏羲画八卦，造书契，"由是文籍生焉"。《论语·子罕》所载孔子说"文王既没，文不在兹乎"，都取此义。其二，"文"由纹理之说引申为彩画、装饰、人为修养之意，与"质"、"实"相对。所以《论语·雍也》中说："质胜文则野，文胜质则史，文质彬彬，然后君子。"其三，在前两层意义的基础上，进一步引申指美德善行，这便是"礼减而进，以进为文"。郑玄注："文犹美也，善也。"

"文"与"武"相对。"文武之道，一张一弛。"文臣靠出谋划策，武士靠扬威疆场。历代开国平乱的皇帝多称"武帝"，继业治平者多称"文帝"。文治武功如鸟之双翼，不可或缺。唐代名相魏徵在《谏太宗十思疏》中就提出了"文武并用"的治国方略。古代优秀的帝王及贤臣大都是文韬武略的全才。

古体"文"字，像一个张开双臂、叉开双腿、胸膛上刺有图案的人。远古时代，原始部落都有文身的习俗。春秋时的越国曾盛行"断发文身"。"断发"即剪短头发；"文身"是用针在身体上刺出各种花纹或图案，并涂上颜料以保持长久。因多用深色，故又名"刺青"。《水浒传》中的"九纹龙"史进身上文了九条龙。宋代民族英雄岳飞的母亲在他背上刺下"精忠报国"四字，激励他抵抗外侮、收复失地，这也是文身的一种形式。现代，文身则演变成青年人追求时尚的一种行为。

单独的一个字叫作"文"；有一定条理、逻辑的文字就构成了"文章"；文章语言优美、生动感人就是有"文采"。孔子曰："言之无文，行而不远。"没有文采的文章不会流传久远。擅长写文章的人是"文人"。如果写作文章不是为了宣扬大道，弘扬正气，而是用来遮掩丑恶，文过饰非，便是玷污了"文"美的本质，为无行文人所为。

"文"字上面的"玄字头"说明，文化蕴涵着无穷无尽的玄机，等待我们去挖掘。传统文化是一个丰富的知识宝库，是祖先用智慧和汗水积累下来的文化源泉。传统文化具有独特的魅力，又有广泛的代表性。我们不仅要挖掘它的精髓所在，还应该赋予它崭新的内容。中华民族通用的文字——汉字，是前人创造的复写宇宙万物信息的符号系统，是用文字之象代表万物之象的杰作，是中华民族的宝贵财富，我们有义务深入挖掘，并将其发扬光大。

"文"字一撇一捺相互交叉，寓意文化是多元的，任何时候都不能墨守成规，故步自封。如今多元文化的融合已经成为全球性的现象，我们不仅要保持本土文化的创新与发展，还要学会不断吸收外来文化，吸收人类一切优秀文明的成果并为我所用。

化 huà

化 甲骨文　北 金文　化 小篆

"化"，会意字，从人，从匕（本为"匕"字一撇出头，读作"huà"）。

"化"的甲骨文像两人相倒背之形，一正一反，像是人翻跟斗的动作，表示人由正到反，再由反到正，强调了变化的反复无常。"化"的本义即变化、改变。后字形变化，其中一"人"演变为"匕（huà）"字，"匕（huà）"本为"化"的古字。将"匕（huà）"视作"匕"，"匕"为匕首、兵器，也指工具，比喻方式、方法。"人""匕"为"化"，意为通过一定的方式方法使人的思想、境界、行为慢慢发生变化，即教化。《说文·人部》："化，教行也。"此为"化人"；或表示人要常用"匕"解剖自己，改变陈旧的思想、僵化的认识，去适应社会的变化，跟上时代的步伐，此为"化己"；或者表示人运用一定的工具，采取一定的方法，按照自己的愿望，改变事物的原有状态，此为"人化"。"化"字体现了文化的内在涵义，即改变人，改变事物。

"化"字两人一正一倒，正立则为生，倒伏则为死。人死复归黄土，是为"化"。道士死称为羽化、飞升，和尚死叫作坐化、圆寂，而凡夫俗子则多是"火化"。《红楼梦》里那个痴情种子贾宝玉，满嘴都是"化灰"、"化烟"。古人认为，死不是生命的结束，只是生命由一种方式向另一种方式转化而已，故以"化"代指死。

　　"化"字是一正立、一倒立两个背靠背的人形。就像太极图，阴阳鱼首尾相抱，阴盛则阳衰，阳盛则阴衰。两仪生四象，四象生八卦，八卦生五行，五行定吉凶，吉凶生大业。世间万事万物，无不在阴阳变化之中。汉末虞翻说："在阳称变，在阴称化，四时变化。"南宋朱熹讲得更明白："变者化之渐，化者变之成。"他道出了"变化"二字的差别："变"相当于量变，"化"则是质变。

　　《国语·晋语》中有"胜败若化"的句子，意思是世事难定，变化无常，胜败乃兵家常事。"法与时变，礼与俗化。"总之，万事万物都在变，只有变化是不变的。

　　"化"从人。人与人之间，语言的沟通，情感的交流，行为的影响，都可以产生"化"的效果，这就是教化。中国自古以来就是礼仪之邦，有着重教化的传统。教化是以一种人文性的、体现人伦情理的文化模式，对人进行反复不断的、潜移默化的熏陶、感染，培养人的德行，塑造人的品格，从而形成一种合乎礼义的价值观。《管子·七法》："渐也，顺也，靡也，久也，服也，习也，谓之化。……不明于化，而欲变俗易教，犹朝鞣轮而夕欲乘车。"据此可见，教化是一项长期的、复杂的"塑"人工程，是一个潜移默化的过程，尤其是人们的伦理道德、风俗习惯、文化风尚等的改变，更不可能一蹴而就。

　　教化有家庭教化、社会教化、学校教育等多种方式。无论哪种方式，只有"所教之物入于人心而涵化之"，才能达到教而"化"之的目的。古人在实行教化方面留下了很多宝贵的经验和精辟的见解。孔子认为："性相近也，习相远也。"（《论语·阳货》）并强调"少成若天性，习惯成自然"。强调注重孩子的启蒙教育，重视孩子良好习惯的养成。荀子也认识到社会习俗与环境对个人的影响，认为应该采用习俗熏陶、榜样示范、规范明示、礼乐陶染等方式来"化性起伪"。他把"礼教"和"乐教"看作两种重要的教化方式，认为"礼教"能使人爱敬尊卑，长幼有序，亲善和谐；"乐教"则感人深，移俗易，使人亲近美善，远离暴虐。当然，最为普遍、最为有效的教化途径是学校教育。《礼记·学记》中说："发虑宪，求善良，足以謏文，不足以动众；就贤体远，足以动众，未足以化民。君子如欲化民成俗，其必由学乎！"指出统治者要教化百姓，形成良好的风俗习惯，一定要从教育入手。教化是通过"教"而使对方"化"。因此，教化绝对不是简单的知识灌输和声色俱厉的训诫，而是循循善诱的启迪、润物无声的感化和不动声色的暗示，是教育者通过言行谈吐，身体力行，渐渐影响被教育者，使之慢慢地、由内而外地发生根本性变化的过程。

有一个故事可以给我们一些启示：古时候，一个寺院收留了一个流浪儿。这个流浪儿头脑非常灵活，腿勤嘴快。法师于是教他习字念书、诵读经文。流浪儿悟性高，进步快，令法师大喜过望。但是，孩子心浮气躁，骄傲自满，总是喜欢在其他僧侣面前炫耀自己的才能，又让法师大为不满。为了让流浪儿改掉缺点，一天，法师把一盆含苞待放的夜来香送给流浪儿，让他在值更的时候仔细观察花的变化。第二天，流浪儿去法师那里报告观察结果，对法师说："您送给我的这盆花太奇妙了！它晚上开放，清香四溢，美不胜收。可是，一到早晨，它又收敛了它的香花芳蕊……"法师温和地问到："它晚上开花的时候，吵你了吗？"流浪儿回答说："它的开放和闭合都是静悄悄的，哪能吵我呢？"法师意味深长地说："哦，我还以为它开花时会炫耀一番呢！"流浪儿愣了一会儿，脸"唰"地红了。这位法师对流浪儿的缺点不是责骂和训斥，而是通过生活的细节引导流浪儿自己去体会、感悟，从而达到教而化之的育人目的。

教育

理想的智慧教育，应该是一种有灵魂的教育，它意味着一个灵魂唤醒了另一个灵魂。

教

jiào jiāo

甲骨文　　　金文　　　小篆

"教"，形声字，从攴（pū），孝声。甲骨文、金文"教"字左上从爻，意为治理；左下从"存"字省"丨"，为有子而存之意。可理解为教育是关系到一个国家、民族生死存亡的大事。《说文·攴部》："教，上所施下所效也。"使晚辈有所效法为教。"教"的本义是教育、指导。

今体"教"从孝，从攴。"孝"为孝心、孝行、孝道；"攵"为手执杖或执教鞭敲打、督促，这里指严格要求，严厉鞭策。"孝""攵"为"教"，可理解为父母督促子女、老师教育学生、师傅教导徒弟。"教"字"孝"在前，体现出教的首要内容——行孝道；"教"中之"攵"，突出了教的态度方法——严要求。

"孝"是中华民族的传统美德。自古以来，衡量一个人道德品质的标准，最基本的一条就是看他是否孝顺。所谓"百善孝为先"，孝乃德行之首。"孝"在"教"前，生动地表现出"教"要"以孝为先，以孝为本"的宗旨。

古人曾把人一生的理想归纳为"修身、齐家、治国、平天下"四个境界，这是一种积极的处世态度，其中也体现了"教"的目的和意义。所谓"修身"，就是用前人的教诲来鞭策自己奋发努力，充实个人学识，完善自身品德，为今后的成长打下坚实的基础。所谓"齐家"，就是以身作则，以自身的修养来教导和影响家人，进而提高一个家族的整体素质。因此，古代大族之家多有家训传世。"家训"就是先辈对后人进行教育的治家规范。所谓"治国"，即从个人修养的自我教育以及对家庭、家族的教育中逐步完善而总结出施政纲领，从而对民族和国家等"大家"进行教化。所谓"平天下"，是个人抱负的终极追求。能够教化一邦、一国固然是理想境界，但最终还是要向"教化万邦"的更高层次迈进，使天下浑然一统，所谓"天下大同是也"。由此可见，不论修身、齐家，还是治国、平天下，无不渗透着"教"的意义。

"教，上所施下所效也。"强调教是一种上行与下效的关系。即居上者通过语言、行为的表率作用，带动居下者学习、效仿。这里所谓的"上"与"下"，涵盖的范围很广，包括统治者与被统治者、师长与弟子、长辈与晚辈，甚至是同辈之间品行、学问等水准较高与较低者。由此，上级对下属（教导）、国家对民众（政教）、文明对野蛮（教化）都可以施行教育。尤其是后两种，其教育理念气魄宏大，意义深远。相对于这些"大教"，父母对子女，长辈对晚辈的教训、教育，只能算是"小教"。"小教"虽小，作用却非常重要，因为家庭教育是整个国家教育、民族教育的基础。《三字经》里有"子不教，父之过"，表明教育子女成才是父母不可推卸的责任。父母将子女教育成人，他们才能奉献于社会、国家。因此，"小教"是"大教"的必要条件。

教育所涉及的内容十分广泛，由孝道拓展开去，为人处世的各种细微之处，做长辈的都该言传身教。这种教育不能是生硬的管教，而应是教者通过自己的言行来影响被教者，在潜移默化中，使对方心悦诚服，并慢慢地接受，渐渐地修正自身。但是对于缺乏自我约束力的孩子来说，就不能只采取这种"怀柔"性的教育方式了。俗话说："严师出高徒。"作为教育者，要根据不同的学生采取不同的教育方式。方式是否恰当，对学习者的学习甚至一生都影响很大。所谓"父母师长的棒打心存慈爱，仇人的吹捧暗藏杀机"，必要的严格管教还是不能缺少的。

以上所说的是一种观念上的"教"。"教"还是一种具体的活动，确切地说，就是狭义的教育，即学校教育、课堂教育。狭义的教育是指培养新生一代参加未来社会实践的教育，主要是指学校对儿童、少年、青年进行培养的过程。教育的具体实施者是教师，实施的过程是教学，实施教学的场所是教室。"教不严，师之惰。"在古代，教师责打学生是常事，所以"教"字从攴，有鞭打之意。进入现代社会，取消了教育中的体罚制度，故而"攴"代指施行教育所必须的各种手段和方法，比如：因人而异、因材施教。这是"攴"字所体现的另一个意义，即教什么和如何教的问题。

"教学有法，教无定法。"是教学是有规律可循、有制度可依的，但教导方法却没有固定规则，要因人而异、因材施教。这是"攴"字所体现的另一个意义，即教什么和如何教。"教"就是传授，读为"jiāo"。如古乐府《孔雀东南飞》中的"十三教汝织"，以及现代词语如"教书先生"等。实际上教师要传授的内容远不止教书、教画这么简单，一个现代人如果仅有表面和片面的知识是不够的，内在的思想、品德、知识、修养，外在的言谈举止、待人接物，包括身体素质的锻炼等等，都需要从老师、尊长或社会那里一点一点地获取，并化为己有。同时，教师施教之道也是复杂的活动，既要有计划，也要有步骤，也需因人而异、因地制宜，还要因时而变、随时调整、重新修正。这是一个有德行、有良知、有思想的教师必备的素质。若"教师"本身心术不正，则难免诲淫诲盗，误人子弟。这就失去"教"字的本义了。

从古至今，许多大教育家的教育思想都成了弥足珍贵的教育资源。《礼记》中的《学记》是中国最早的、体系极为严整的教育专著。书中用较多的篇幅阐述了"教"与"学"的辩证关系：只有通过"学"的实践，才会看到自己学业方面的差距（"学然后知不足"）；只有通过"教"的实践，才会看到自己知识和经验方面的贫乏（"教然后知困"）；看到差距，看到贫乏，才能鞭策自己，力求上进。孔子认为，治国治民的内容和方式，政治、经济、军事都是不可或缺的，但最根本的还是教育。他重视诗、礼、乐的教育，提倡"有教无类"，主张因材施教、启发诱导、学思并重等，这些思想至今仍为教育界奉为圭臬；墨子十分注重学生的意志锻炼，主张通过刻苦学习来磨练意志与精神；孟子则认为，教育的目的就是明人伦，因此提出了持志养气、反求诸己、改过迁善、专心有恒、循序渐进的教育原则；荀子重点强调了后天教育的重要性，并把学习具体化为闻、见、知、行四个环节。

育 _{yù}

育 <small>甲骨文</small>　育 <small>金文</small>　育 <small>小篆</small>

"育"，会意字，从云，从月。

"育"的甲骨文字形上部为女人头上的装饰物；下部为倒着的"子"，寓意妇女生孩子。《广雅》："育，生也。""育"的本义为生育。《后汉书·张禹传》："邓太后以殇帝初育，欲令重臣居禁内，乃诏禹舍宫中，给帏帐床褥，太官朝夕进食，五日一归府。"这里的"育"就是生育的意思。"育"上"云"下"月"："云"为云彩，为雨露；"月"为肉，为身，为人，寓意人因为云彩而免遭烈日曝晒，人因为雨露滋润而得以茁壮成长。由此可见，"育"有上对下的无求回报的孕育、养育和庇护、庇佑之意。"育"引申为教育、培养孩子使其向善。《说文》："育，养子使作善也。"

"云"又为说话；"月"为人的身体。"云"在上，"月"在下，可理解为"育"是长辈对晚辈的言传（云）身教（月），使晚辈身心能够健康成长，成为有用之才，如教育、培育等。

"育"的本义为生育。由本义引申，又可表幼稚之意。人从出生到孩童时期，因未经世事而心地单纯。《诗·邶风·谷风》："昔育恐育鞠，及尔颠覆。"其中的"育"即是幼稚。意思是，幼小的时候，害怕长大以后生活艰难，日月难挨。人在父母的呵护、教育下慢慢成长起来，由幼稚渐趋成熟。因此，"育"又可引申出成长的意思。《诗·大雅·生民》："载震载夙，载生载育，时维后稷。"全诗叙述了姜源生育并抚育后稷的过程。

"震"通"娠"，指妊娠；"夙"为恭敬、肃敬。意思是，姜源在孕育、教育后稷的过程中，始终保持平和、肃敬的心态，终于使后稷成长为当时能懂得种植各种农作物的农官。这里的"育"即是成长之意。

人的成长离不开父母的教育，父母是孩子的第一任老师。孩子是父母的影子，父母是孩子的镜子。孩子的学习和模仿能力极强，从孩子的言谈举止中就能看出父母的为人。所以作为"育"者的父母，应该时刻注意自己的言行举止，通过日常的语言和行为来潜移默化地影响孩子；以自己的正直、善良、厚道、仁义、智慧、渊博的品质来润泽孩子的心灵，使其身心健康成长。

"育"又有培养、培育之意。《孟子·告子下》："尊贤育下，以彰有德。"由此引申为名词，"育"就是教育。如德育、智育、体育等。后来"育"的应用范围也渐渐从指人的生育、孕育扩展到对其他生物的培养，如育种、育苗、选育优良农作物等。

"育"是教育。"教"需教"人"，"育"需育"心"。育人先育"心"，育心需要智慧。古语说"子不教，父之过"，孩子的教育着实应该从小打好基础。人的神经生理发展，愈是年幼可塑性愈大，接受事物的印象在大脑皮层留下的痕迹也愈深刻。所以婴幼儿时期是处于接受教育的最佳生理状态。但是，这个时期的教育也是难度最大的，因为孩子缺乏辨别能力，更多的是对大人言行举止的模仿。有的学者认为：一个人成年以后所有行为都可以在他幼年时期的家庭环境中找到答案。俗语有"三岁看小，七岁看老"之说。家庭环境对孩子的影响是非常重要的。孩子的性格和命运与家庭教育紧紧地联系在一起。因此，家长应具备一种正确的育儿观，培养孩子正确的消费观、生活观、价值观，帮助孩子养成良好的生活习惯，这将对孩子的一生都产生决定性的影响。

与家庭教育相联系的是社会教育。为提高整体国民素质，政府重视教育事业的发展，为孩子们营造良好的社会环境和积极向上的学习氛围，为他们提供受教育的机会，创造良好的教育环境，积极改善教育方法，使他们能够茁壮成长。

学 习

学习增加知识库，思考开辟智慧门。

学 【學孝】
xué

甲骨文　　金文　　小篆

"学"，繁体为"學"，异体为"孝"。会意字。

"学"的甲骨文是双手摆布算筹形，表示学习计算。金文另加"子"字，表示教孩子进行计算，或又另加"攴"（手持棍形），强调督促指导之意。

"学"表示对孩子进行启蒙教育使之觉悟，其本义是学习。"学"表示钻研知识、获得知识之意，如学习、学业、学者、学生、学徒等；"学"是小孩子对他人的言行进行效仿，意为模仿、效法，如"邯郸学步"。"学"进而引申指学到的知识，如学问、饱学、博学等。后来也用"学"表示分门别类的有系统的知识，如学说、哲学、数学等。

繁体字"學"上为"爻"在"臼"中。"爻"在这里可理解为宇宙的规律，人生的道理；"臼"可视为"兒"省，指婴儿，即刚刚出生而头顶心未合的娃娃；中间之"冖"意为处于蒙昧之中，被无知所蒙蔽，又可视为"冥"字头，表示深奥、深沉、浓雾弥漫，寓意知识无穷尽，学习无止境；"子"是一个大头娃娃的象形。因此，"學"即意为孩子呱呱坠地，就开始踏上漫长的学习之旅。"爻"是《易经》中组成八卦阴爻""和阳爻"—"的符号。阳代表天，阴代表地，天地万物阴阳相交，机理错综复杂，情况千变万化，但"阴中有阳，阳中有阴"的规律不变。"爻"在"学"字中，意为学习要从小抓起的规律不变。

异体"孝"从文，从子。"文"指文字、文章、文化等，在这里意为应该学到的知识；"子"为孩子、后代。"文""子"为"孝"，强调了掌握文化知识要从娃娃抓起。十年树木，百年树人。子孙后代的教育，直接关系到国家、民族特有文化的继承与发扬光大的问题。简化字"学"为"觉"字头，表明通过学习使人有所觉悟。《广雅》："学，识也。""识"即认知的过程，亦是觉悟的途径。

学习是一个人由蒙昧无知到逐渐觉悟的过程。人只有通过不断学习，才能懂得为人处世的道理，并将它应用到实际生活当中。古人重学，《礼记》有《学记》篇；儒家经典之《论语》开篇即《学而》。《论语·学而》："学而时习之，不亦说乎？"荀子则感叹："学不可以已。"

学习的最初阶段是一个模仿过程，比如小孩学说话、学走路、学写字等。但是，正所谓"行成于思毁于随"，如果只是刻意模仿，生搬硬套而不懂得思考、领悟，就不能将知识化为己有，甚至会闹出笑话。《庄子·秋水》中有一个"邯郸学步"的寓言：一个燕国人感觉邯郸人走路好看，就去邯郸模仿人家走路，结果非但没学会，还把自己以前怎么走路都忘了，最后只能爬着回到燕国，遭到世人的讥笑。《论语·为政》："学而不思则罔，思而不学则殆。"国画大师齐白石告诫弟子："学我者生，似我者死"，可谓对只会模仿、不懂变通创新者的忠告。

学习和接受教育需要有固定的场所，这就是学校。《广雅·释室》："学，官也。"旧时叫学堂、学府，现在叫学校、学院。《孟子·滕文公上》："夏曰校，殷曰序，周曰庠；学则三处待之。"夏、商、周三朝的学校分别称"校"、"序"、"庠"。在学校里接受教育的人员就是学生、学员、学子。王安石《上皇帝万言书》："古者天子诸侯自国至于乡党皆有学。"古代从中央到地方都设有学校。学习要从孩子抓起，而学校自然就身负重任。孩子似一张白纸，洁白无瑕，等着教育者去启蒙，使其走向完美。这就要求教育者要有诲人不倦的精神。

学习是获取知识的过程。学问学问，有学有问，学而有疑就要发问。坚持学而问之，才能避免盲从和轻信，才能解疑释惑、有所长进。《论语·子张》："博学而笃志，切问而近思，仁在其中矣。"博学且能坚持自己的志向，恳切地发问，思考实际问题，仁德就在其中了。学问有深有浅，大凡称得上学者的人，一般都在某些领域里有较深的学识。学问还未通透明了，是"学有未达"；因学识浅薄而惭愧，是"学耻全牛"。《庄子·养生主》中的庖丁，在解释为什么能把解牛本领练到目无全牛的境界时说：刚开始学解剖牛的时候，眼睛里看到的是一头实实在在的牛，是牛的整体。经过三年的苦练，看到的已不是完整的牛，而是牛身上各个关节连接的部位了。

学海无涯，"學"字上半部分纵横交错，也反映了学问的宽广无边、博大精深；学无止境，各门学问相互联系，错综复杂，浩如烟海。庄子说"吾生也有涯，而知也无涯。"学习是不可以停止的，要活到老，学到老，永远保持"学而不厌"的求学精神。

【習】

xí

甲骨文　　小篆

"习"，繁体为"習"。会意字，从羽，从白。"羽"是羽毛、翅膀，代指鸟类；"白"是太阳的光芒，代指光亮、白色。"羽""白"为"習"，寓意鸟儿为了早日练硬翅膀，展翅飞翔，每天迎着朝阳反复练习飞翔的本领。《说文·習部》："習，数飞也。"本义为小鸟反复练习飞翔。由小鸟反复练习飞翔的本义引申，"习"为学习。

简化字"习"从刁，从冫。"刁"意为一定的范围。学习都有相应的范围，不可能面面俱到，但必须要突出重点。"冫"为冰，冰者，寒也。可引申指学习、做学问要耐得住冷清寂寞，即古人所谓的"寒窗"之苦。"习"又是"刁"字加一点，"刁"者，机灵也。学习要多点机灵劲儿，不仅要勤学，还要巧学；要读活书，活读书；不能读死书，死读书。

《礼记·月令》："季夏之月，鹰乃学习。"小鹰在农历六月练习飞翔。左思《咏史》："习习笼中鸟，举翮触四隅。"关在笼子里的鸟想要飞翔，一举起翅膀就碰到笼子的四角。由于鸟的羽毛温润柔顺，故"习习"引申为柔风轻抚，如和风习习。雏鸟从小练习飞翔，人学习也要从小开始；小鸟每天晨起反复练习，学习也应勤勉不休。《论语·学而》："学而时习之，不亦说乎？"学了知识以后，进行及时、反复的温习，在复习的过程能进一步加深对所学知识的领会，这种新的领悟是很快乐的。这是学习之乐，增知之乐，犹如小鸟经过反复练习，终能自由翱翔于天空一样。"学"与"习"两字有所不同，后来两字共用，泛指学习、练习。韩愈《师说》："习其句读。"古汉语文章是没有标点的，学生诵读文章，学写文章，首先要具备一个基本的能力，即能够给一篇文章加注标点，使文章有序断开，便于阅读，这就是所谓的"句读（dòu）"。

经常接触某一事物就会对它很熟悉，故"习"为通晓、熟悉。《管子》："圣人者，明于治乱之道，习于人事之终始者也。"明白治乱的道理，熟悉人事安排之人，可以说是圣人。《战国策·齐国》："谁习计会，能为文收责于薛者乎？"齐国孟尝君想派遣一个精通会计的人帮他到其封地收账，就问："谁通晓会计、算账，能替我到薛国去收债？"

经常做熟悉的事情，渐渐会习以为常，停下来反而不习惯。"习"引申为习惯、习俗、习以为常。蒙书《三字经》："性相近，习相远。苟不教，性乃迁。"一个人的成长，后天的教育非常重要。《论衡·本性》："习善而为善，习恶而为恶也。"经常学习善，性情就会变善；经常学习恶，性情就会变恶。近朱者赤，近墨者黑。向什么样的人学，在什么环境下学，就会养成相应的学习、生活习惯，这对人的一生影响重大，不可不察。

时间

青春可以创造财富，财富却换不来青春。

时 【時旹】

shí

旹 甲骨文   時 小篆

"时"，繁体为"時"，异体为"旹"。

"旹"为形声字，甲骨文从日，止声。"止"是脚的象形，意为行动、运行；"日"为太阳。人类自古就以太阳的运行规律来确定季节、时间，从而指导耕作和生活，故"旹"以运行之日会季度、季节之意。《说文·日部》："時，四时也。"四时即春、夏、秋、冬四个季节。又，"止"在"日"上，表示"旹"是一切事物不断运行、发展、变化所经历的过程，实时间。"止"后引申指停止、中断进程之意。"日""止"，即太阳走到这一刻停止，强调的是这一刻，意谓时间分段、分点。

繁体"時"从日，寺声。"日"为太阳；"寺"本义为古代官署的名称。"日""寺"为"時"，表示时间是由太阳决定的。也可以将"時"视为从"日"，从"土"，从"寸"："土"为土地、大地；"寸"为长度单位。人们根据太阳在大地上一寸一寸移动的距离来标识时间，自古便以"寸阴"形容时间，故以三者相合表示时间。

人类在作物特性与太阳运行之间寻找到最恰当的结合点，将一年分成四季，按季进行耕种。"日"是太阳；"時"中之"土"可视为耕种之田，"時"从"土"表明与土地及农耕等有关；"寸"为分寸、规律，是农耕所依据的时间规律，意为季度、季节。耕种要把握四时。祖先根据太阳在春夏秋冬时在黄道上的不同位置，区分二十四节气，一方面用于计时，一方面指导农耕。

简化字"时"为会意字，从"日"，从"寸"。"寸"表示极小、极短。"日""寸"，即把一日分成若干个时段，亦取寸阴、寸时之意。

"时"的本义是季度、季节。汉代王充《论衡》："积日为月，积月为时，积时为岁。"可见，"时"是由月累积而成的，而时本身又可组成年岁。一年有四个季节，春、夏、秋、冬，不可倒转，并且在一年之中不可重复。因此，人们常常用季节来作为纪年的方式。"时"由本义引申可作为计时单位，表示时辰，也可表示小时。我国古代把一昼夜分为12个时辰，每一时辰又分为初、正，合为24小时。清代吴敬梓《儒林外史》第十回："天生一对好夫妻，年月日时无一不相合。"这里的"时"是仅次于日的时间概念，即时辰。"小时"即小于时辰，它是一昼夜的1/24。古人常用时辰作为计时单位，而现代人则多用小时。

无论季节还是计时单位，均为或长或短的一段时间，由此，"时"可表示光阴、岁月之意。"光阴"本指明亮与阴暗、白昼与黑夜所组成的日月推移，现在常常用来表示时间。《吕氏春秋》中有"时不久留"，此"时"即指光阴、岁月。每个人的一生，光阴都是有限的，所谓"一寸光阴一寸金"，抓住了时间，才有可能抓住机遇，抓住财富，抓住人生。

由时间之意引申，"时"又可指具体规定的时候，如"按时上班"、"准时到站"等。"时"又引申表示及时。宋代朱熹《答杨宋卿》："吏事匆匆，报谢不时，足下勿过。""不时"有两个含意，一是间或，如"不时有信件来往"；二是无规律的，如"不时之需"。由时间之意引申，"时"又可指现在或过去的某个时候，如今时、当时、那时等。《尹文子·大道下》："心不畏时之禁，行不轨时之法。"意思是，做事情审时度势，从实际情况出发，不被时下的禁令所阻挡，也不一定要依照法令一板一眼地做。

由今时、当时之意扩展，"时"可表示时代、时世，进一步引申表示时代的时势、时局。三国魏曹植《送应氏二首》："清时难屡得，嘉会不可常。"这里的"时"为时代。一个时代的社会情势或趋势即称为这个时代的时势、时局。《孟子·公孙丑下》："以其时考之，则可矣。"意思是，可以用现在的时势来考察这个人的才华。

小篆的"时"从"寸"。"寸"即手，示意人们要努力地抓住时间，不让它白白地溜走。"寸"又为分寸，即是说人们在把握时间、时势的时候，要懂得拿捏分寸，浪费时间等于谋财害命，所谓"时不我待"，就是这个意思。但是若一味紧抓不放，斤斤计较，则可能过犹不及。时间前进的步伐之从容与无休止，是不以人的意志为转移的，现代社会中人们的焦虑症，就是对待时间太过紧张，不懂得调节、放松而导致的。由此，"时"又有适时、合时宜的意思，亦可表示时机、时运之意。"安分随时"意思是安守本分，顺随时俗，指处在各种环境中都能安然自得，满足现状。清代曹雪芹《红楼梦》第八回："罕言寡语，人谓装愚，安分随时，自云'守拙'。""不合时宜"指不适合时代形势的需要，也指不合世俗习尚。"时宜"指当时的需要和潮流。东汉班固《汉书·袁帝纪》："皆违经背古，不合时宜。""安时处顺"意思是安于常分，顺其自然，形容满足于现状。《庄子·养生主》："安时而处顺，哀乐不能入也。""藏器待时"比喻学好本领，等待施展的机会。《周易·系辞下》："君子藏器于身，待时而动。"《孟子·万章句下》："伯夷，圣之清者也；伊尹，圣之任者也；柳下惠，圣之和者也；孔子，圣之时者也。孔子之谓集大成。集大成也者，金声而玉振之也。""圣之时"意思是应运而生的圣人。机会来了，运气来了，要及时地抓住，并加以合理的利用，才能时来运转。元末罗贯中《三国演义》第七回："今不乘时报恨，更待何年！"现在不乘机报仇，还等什么！当中的"时"，即指时机。《商君书·壹言》："制度时，则国俗可化，而民从制。"制度合乎时宜，就能与国家的风俗相适宜，同时人民也就能遵照制度的规定了。其中的"时"为合时宜。

　　"时"又有与潮流相贴合的意思，如人们常说的时尚、时髦等等。"时"中有"寸"，在对待时尚的态度中，"寸"显得更为重要。谁都说不清时尚到底是什么。对于时尚，越是追赶，就越迷失方向。

　　"时"也可作姓氏。《水浒传》中的"鼓上蚤"就姓时。

间　【間閒】

jiàn　jiān

𢇍（閒）金文　　　閒（閒）小篆

　　"间"，繁体为"間"，异体为"閒"。会意字，从门，从日，异体从月。

小篆"门"的篆文是两扇门的象形,"日"为太阳,"月"为月亮。"间"指日光月影由门的缝隙照入。《说文·門部》:"閒,隙也。"本义为门缝。后泛指空隙、缝隙,读为"jiàn"。由此义,"间"引申指隔阂、嫌隙。"间"为"日"在"门"中,借此表示中间之意。"间"字体现了日月之光在门前走过,从门的一边转移到门的另一边,光影的移动代表着时间的逝去、空间的变化,既表示距离之意,也指时间概念。此外,"间"可以作为量词表示房屋数目。

《庄子·养生主》:"以无厚入有间。"说的是庖丁在解牛时,发现刀在牛关节之间的缝隙中游动,由此掌握了规律,从而能得心应手,游刃有余。这里的"间"指空间上的缝隙。文天祥《〈指南录〉后序》:"得间奔真州。"意思是等到有空闲的时候去了真州。这里"间"指时间上的空隙。"间"由时空上的间隙可以引申为人与人之间的隔阂、嫌隙。军事谋略中有"离间计",就是通过挑拨关系,使对方的高层决策者之间产生隔阂、矛盾,从而使己方可乘虚而入的计策。还有"反间计",就是看破对方的离间计,并利用对方的离间达到离间对方的目的。《三国演义》中的"群英会蒋干盗书"就是很好的例子,曹操想用蒋干离间周瑜和孙权,结果周瑜却利用了蒋干离间曹操与蔡瑁、张允,结果蔡、张二人被曹操所杀。"间谍"则是被派遣或收买来从事刺探机密、情报或进行破坏活动的人员。

一个物体产生了间隙,它本来连在一起的两个部分就被隔开了,由此"间"引申为间隔的意思。《徐霞客游记·游黄山记》中有"枫松相间",意思是枫树和松树互相间隔生长着。陶渊明《桃花源记》:"遂与外人间隔。"说的是人们进入桃花源后就与外界间隔开来了。

门缝是两扇门之间的缝隙,位于整扇门的中间,由此"间"可引申为中间的意思,这时读做"jiān"。所谓中间,就是在所指的范围或物体里,所以"间"也表示内、里面。《礼记·乐记》:"一动一静者,天地之闲也。"意思是动和静作为物体的两种形态存在于天和地之间。王之涣《凉州词》:"黄河远上白云间。"意思是黄河向远处奔流,好像流到白云里面去了。

"间"有空间的意思,如房间、间架、间隔等。建筑是凝固的艺术,建筑也是空间的艺术。优秀的建筑在对空间设计方面都体现着设计者对艺术意境的追求，因而造就出不同艺术风格的建筑物。然而，建筑毕竟是以使用为目的的，所以那些既能为人们提供健康、舒适、安全的活动空间，又能高效利用资源（节能、节地、节水、节材）、最低限度影响环境的"绿色建筑"，受到人们的普遍欢迎。

哲理

哲学解释宇宙靠思维，禅、法、道解释万物靠体验。

哲 【喆】
zhé

  金文 小篆

  "哲"，异体为"喆"。形声字，从口，折声。

  《说文·口部》："哲，知也。""哲"的本义为聪明有智慧。金文从目，从斤，从心："目"是认识世界的窗口；"斤"是改造世界的工具；"心"为思之官，是辨别是非的根本。"哲"从目，从斤，从心，意为"哲"是对事物进行判断、分析和辨别的学问。

  今"哲"由"手"、"斤"、"口"组成："手"为行动、行为，是方式、方法；"斤"是辨别、识别、分析、解剖、实践；"口"是表达与传播思想的器官，是对认识世界、改造世界过程中实践经验的总结和传播，通过"手"从实践中摸索，通过"斤"进行分析解剖，总结出宇宙与人生的原理，并将自然知识与社会知识进行概括，然后用"口"将理论进行传播即为"哲"，"哲"为哲理、哲思、哲学等。

  "折""口"为"哲"。"折"为折服，"哲"从折，表示用哲学的思维、哲学的思辨揭示出让人信服的符合宇宙和人生的客观规律。异体"喆"从二"士"，从二"口"："士"是古代对有才学之人的尊称，"口"是人说话辩论的器官。两"士"两"口"相合表示两个人在不断地进行争辩、辩论。"喆"是有识之士对物质、人生、事理等有形或无形世界反复辩论的结果。

  "哲学"是外来词。它最早出自希腊文，意思是爱智慧。19 世纪 70 年代，日本最早的西方哲学传播者西周将它翻译成"哲学"。1896 年，中国晚清的学者黄遵宪首先把"哲学"一词从日本介绍到中国。尽管"哲学"一词由西文翻译而来，但我国的哲学思想却远远早于西方。这从我国最古老、最权威、最著名的一部思想经典，中华文化的总源头——《易经》中可以体现出来。《易经》中充满了思辩的智慧。19世纪德国著名的哲学家黑格尔在他的自传中写道，他所创造的正反合辩证逻辑定律，是得益于《易经》的启发。据说这位西方哲学家曾经感慨，他一生最大的遗憾就是没有完全参透中国的《易经》。

哲学重视思辩能力，在思辩中发展，在思辩中壮大，在思辩中逐步完善。中国先秦哲学非常注重思辩，特别崇尚辩论之风。《史记·孟子荀卿列传》中记载："自驺衍与齐之稷下先生，如淳于髡、慎到、环渊、接子、田骈、驺奭之徒，各著书言治乱之事，以干世主，岂可胜道哉！"这是一种非常活跃自由、让后世艳羡的学术局面。《史记》中提到的淳于髡、慎到、环渊等七十六位著名人物，都赐第为上大夫，不治事而议论，有稷下学士之称。这些学者之间互相争辩、诘难，通过百家争鸣式的论辩，认识到彼此思想学术方面的不足。

中国哲学史大概可以分为三个时期：先秦哲学，秦汉至明清之际的哲学，明清之际至五四运动时期的哲学（近代哲学）。先秦的子学，两汉的经学，魏晋的玄学，隋唐的佛学，宋代的理学，明代的心学，清代的今文经学，组成了中国哲学史的基本脉络。自汉武帝和董仲舒"罢黜百家，独尊儒术"之后，中国哲学史便形成了以儒家思想为主导的历史，一直到明清之际，特别是到鸦片战争结束之后，才开始改变。

理

理 小篆

"理"，形声字，从玉，里声。

"玉"为玉石，"理"从玉，表示与玉石有关；"里"为里面、里边，表示内部、内在。"理"为加工玉石，即把玉从璞石里剖分出来，顺着内在的纹路剖析雕琢，引申有纹理之意。

《说文·玉部》："理，治玉也。顺玉之文而剖析之。"玉，冰清玉洁，温润柔和，通透驱邪，然而玉并非直接呈现于世，而是被石头层层包裹，惟有识之士才能透过表面看到深藏其中的美玉。故"理"喻指平凡之中蕴含的奥秘，现象背后包蕴的本质，即道理、真理。"理"是隐藏在事物繁杂表象背后的美好所在，是社会生活所必须遵守的规律，是穿越历史仍历久弥新的真理，是智慧之人才能明晰的道理。又，"王""里"为"理"，意喻王者有理，或者该说有理者为王，社会也总是将那些发现真理、道理的人尊为王者。

"理"的本义为治玉。《战国策·秦策三》："郑人谓玉未理者璞。"郑国人把没有加工的玉石叫作璞。《韩非子·和氏》："王乃使玉人理其璞而得宝焉，遂命曰：'和氏之璧'。""理其璞"则是把玉从璞中加工出来。

"理"由本义引申为治理、办理、整理、管理之意。《荀子·天论》："本事不理，夫是之谓人祅。"意为农事得不到治理，这就是人为的灾害。《史记·汲郑列传》："黯学黄老之言，治官理民，好清静，择丞史而任之。"汲黯按照黄帝、老子的教导，治理东海地区，他为人不好浮华，善于选任贤能者为下属官员。

治理必须有序，故"理"又引申出条理、秩序之意。如《荀子·儒效》："井井兮其有理也。"条理、秩序需要不断完善才能适用，故"理"又有修缮、修理之意，如"理葺"为修理、修补；"理楫"为修理船桨。又引申特指处理诉讼案件，如冤情得理、审理。审理过程中必有口角之争，故"理"还有申诉、辩白的意思。如"理诉"即为申诉；"理说"即为申辩是非；"理辨"即为申辩。

"理"又指温习、熟习，如"理书"即温习功课；"理乐"即练习演奏乐曲；"理曲"则为练习。《红楼梦》："只顾玩笑，并不理他。""理"在这里即指理睬、理会。"理"又为媒人。《楚辞·离骚》："解佩纕以结言兮，吾令蹇修以为理。"意为解下身上的佩带，用来和宓妃定下盟约，请伏羲的臣子为我做媒人。治玉要利用其固有纹理，故"理"常指情理、道理、规律。《庄子·秋水》："是未明天地之理，万物之情者也。""理"为规律。天地万物皆有其"理"。"自然之理"、"大道之理"，都是人所共知的常识性道理和规律。

物有物理、情有情理、天有天理、地有地理、法有法理，人当然更是离不开一个"理"字：做事要有理由，生活要有理想，为人要讲道理，处世要守真理，做到这一切当然需要有理智。丧失理智，有理也不能走遍天下，有时还可能寸步难行。

思想

中国传统文化的四大特点：一、人文性；重人轻神，重道轻气，重义轻利，重名轻身，重社会轻自然，重理轻欲民为脚本。二、整体性；天人合一，大一流观念，家国同构，天人相应，形神一体，百骸一体。三、中和性；做人中正，待人中和，处事中庸。

思 sī

小篆

"思"，会意字，小篆从心，从囟，囟亦声。

"囟"为脑门，可代指人脑、思想、思维等；"心"为心脏、内心。人体之精髓在脑，脑主记忆，任何想法都基于过去的记忆和经验。古人认为心是主思考的器官，而心脏搏动又是生命存在的象征。《说文·心部》云："思，容也。"《书·洪范》云："思曰容，言心之所虑，无不包也。""思"的本义为思考、想。

今体"思"从"田"，从"心"。"田"为区域、范围。"思"从"田"表明思考有一定的范围、区域。"田"为田地、庄稼，意寓成果、收获。"思"即心田，是以心为田，强调思考就会有所收获。

"思"的本义就是想、思想、考虑。《论语·为政》："学而不思则妄，思而不学则殆。"梁启超《饮冰室合集·文集》："老年人常思以往，少年人常思将来。"其中"思"皆为思念、思考意。

人之心包罗万象，错综复杂，各种情愫尽含其间。人生在世每时每刻都离不开思考，即使在睡眠中仍有潜意识的梦境出现。倘若失去了基本的思维能力，那么人就变成了白痴。一切物质文明和精神文明都是人类思维的结晶。然而物极必反。过度的思会给人带来伤害。古代养生家总结出来的《养生十八伤》就有"久思伤神"之说。生活中也不乏因思考过度而导致神经衰弱的人。

　　"思"有思念、思慕的意思。"中馈之思"指思念能有个主持家务的妻子。清代蒲松龄《聊斋志异·邵九娘》："柴躬自经理，劬劳甚苦，而家中米盐，不食自尽。由是慨然兴中馈之思，聘医药之。""倚闾之思"指靠着家门思念子女，形容父母盼望子女归来的迫切心情。《战国策·齐策六》："女朝出而晚来，则吾倚门而望，女暮出而不还，则吾倚闾而望。""终天之思"指到死还存在的思慕之情。清代王夫之《黄书·大正》："今夫农夫汙耕，红女寒织，……探珊象，生死出入，童年皓发，以获赢余者，岂不顾父母，拊妻子，慰终天之思，邀须臾之乐哉？"

　　"思"还指才思。"思至"谓灵感到来，思想集中。南朝宋范晔《后汉书·朱穆传》："及壮耽学，锐意讲诵，或时思至，不自知亡失衣冠，颠队阬岸。"也指由思考而得。南朝梁沈约《谢灵运传论》："至于高言妙句，音韵天成，皆暗与理合，匪由思至。""思若涌泉"指才思犹如喷出的泉水，形容人的才思敏捷，才力充沛。三国魏曹植《王仲宣诔》："强记洽闻，幽赞微言；文若春华，思若涌泉。"

　　每做一件事都应该慎重思考，《论语》中有"九思"的说法："君子有九思：视思明，听思聪，色思温，貌思恭，言思忠，事思敬，疑思问，忿思难，见得思义。""存思"为道教语，又称存想、存神，"存"指意念的存放，"思"指冥思其形。唐代司马承祯《天隐子》："存谓存我之神，想谓想我之身。"道教认为神无所不在，无所不存，身内身外皆有神，如果能存思这些神，神就会安置其身，达到长生久视的目的。《云笈七签》卷四十三《存思》曰："为学之基，以存思为首。常行之智静神凝，除欲中静，如玉山内明，得斯时理，久视长生也。"

想　xiǎng

想　小篆

　　"想"，形声字，从心，相声。

　　"相"为相貌、形象，指物体的外观；"心"为心灵、心智。"想"从"心"，表明与心理与思维有关。"相""心"为"想"，会意外表引发出的联想，是内心对外在事物的感受。《说文·心部》："想，翼思也。""想"本义是因希望得到而思念，引申指想象，如空想；或动脑思索，如思想；后引申为推测判断，如想必。"想"还表示希望、打算，如休想、妄想；或怀念、惦记，如想家。"相"为察看、判断，如相马、相面。"相"中"木"为目标；"目"为手段，以目视木，就是左顾右盼。上"相"下"心"为"想"，表明"想"是由"相"而起，由"心"而发，通过观察、判断，形成了一定想法。

　　"想"从"木"，从"目"，从"心"。"木"是目标。目之所及为木，心有所思。上古时期生产力极为低下，人们看到树，必然想得到生活所需之果实和工具，故"想"是开动脑筋、用心思量，是思考、思索。"相"有观察之意，在观察的基础上用心思考，即是想。想问题要有所依据，不能胡思乱想。"想方设法"指从各方面思考解决问题的办法。"冥想"指对一个主题进行深刻、连续的思考。"想来想去"指反复多方思考。《楚辞·九章·悲回风》："入景响之无应兮，闻省想而不可得。"此为苦苦思索之意。其实，对同一事物，不同的人往往有不同看法，无所谓对错之分，关键要能自圆其说。

　　"想"进而引申为希望、打算，这时"想"与"欲"可以等量齐观，互为表里，又可与"要"互相呼应，表达明确而强烈的要求。人生在世，烦恼多来自不切实际的想法或没完没了的欲望，强烈的欲望促使人们总是不停地想，不停地要，不停地做，不停地想要得到、保住，或改变、恢复，这样的人生太累了，因为欲望和想要已经把人生导演成毫不值得留恋回味的悲剧。

　　"想"表示怀念、想念、思念，对曾经的人或事难以忘怀。杜甫在《客居》一诗中写道："览物想故国。"触景生情，怀念故国，多愁善感的诗人莫不如此，这也是能够写出无数好诗的天赋才华，做不到这一点，诗就会被抽象成除了诗人自己，谁都看不懂的怪物；又因为"诗无达诂"，有一万个读者，便有一万种理解，所以那些谁都看不懂的诗，经常被作者自己标榜成阳春白雪，曲高和寡。"朝思暮想"就是日夜思念，可谓一日不见，如隔三秋。这种状况多见于情窦初开的少男少女，暗恋、热恋加上失恋，足以把他们折磨得身心憔悴，恍恍惚惚。

"想"也表示推测、认为。如"想来"、"想必"、"不堪设想"等。《史记·孔子世家论》中有："余读孔氏书，想见其本人。"我读了孔子的书，便可从中猜想他本人的为人。"想当然"指认为应当是这样，做事没有根据，不加考证，只凭主观想象。据《后汉书·孔融传》记载：东汉末年，曹操与袁绍共争天下。曹操打胜仗，次子曹丕私自将袁绍的儿媳甄氏纳为小妾。孔融听说此事，写信给曹操，提到了武王把纣王的妃子妲己赐给弟弟周公旦。曹操没有看出孔融是在讽刺自己，便问此事出自何典。孔融随口答道："以今度之，想当然尔。"用眼前的事例来推断，想必是这样的了。

知识

知识是数量的累积，智慧是实践的感悟。

知 zhī zhì

知 小篆

"知"，会意字，从矢，从口。

"矢"为箭。箭射出，快而准。"口"为出口之言。"矢""口"为"知"。《说文·矢部》："知，识也。"本义为认识、知道，并能把知道的用语言准确地表达出来。《论语·先进》："夫人不言，言必有中。"孔子认为：智者虽然很少说话，但一开口就能说到点子上。可见，话不在多，在于精辟。"知"读"zhì"时，通"智"，指智慧。故真知者必有智。

"知"首先是一种感觉、知觉。从生物学的角度来说，知觉是生命的一大特征。《荀子·王制》："草木有生而无知，禽兽有知而无义。"草木虽有生命但没有知觉，禽兽虽有知觉但没有仁义。与草木禽兽不同，人既有"生"又有"知"，而且还有人情与义理。生活中，人们常常用"禽兽不如"、"衣冠禽兽"来形容那些背信弃义、虚伪狡诈、厚颜无耻、丧尽天良的人。"知"由对事物的认知引申为熟悉、了解。"知己"指彼此了解、情谊深切的朋友。王勃《送杜少府之任蜀州》："海内存知己，天涯若比邻。"亲密的朋友心意相通，即使相隔万水千山，也像比邻而居一样。"知己"又称"知音"，古代隐士俞伯牙善于弹琴，钟子期善于听琴，能从伯牙的琴声中听出他寄托的心思，伯牙称其为"知音"。后来子期病死，伯牙就在他的坟前把琴摔碎，痛心于世上再没有知音能懂他的琴意心声，自己也没有弹琴的必要了。"知"又由了解引申为优遇、赏识、知遇。了解一个人的才华和人品，才会赏识和重用他。《论语·卫灵公》："君子不可小知，而可大受也。"真正的君子不仅要赏识他，而且要委以重任。此外，"知"也有主持、执掌之意。古代官员有"知府"、"知县"，近代官名有"知事"，如今有"知宾"（主管招待宾客的人）。

知道的东西不一定都对人有用，但是有用的东西，必须真正了解、掌握才可以脱口而出。有的人知道不一定说，以谦虚为美德；有的人一知半解便得意忘形，自以为胸怀万象。殊不知，"知"乃出口之矢，一不小心，不是伤了别人，就是伤了自己。

"知道"的人如恒河沙数，而知"真道"、"大道"的人却凤毛麟角。"知"是一个永无止境的认识过程。正如《庄子·养生主》中所说："吾生也有涯，而知也无涯。"我们的生命有限，而知识永远没有边界。世事无绝对，言过必有失。做人应该谨言慎行，该言则言之有物、知无不言；该默则沉默是金，正所谓"知之为知之，不知为不知，是知也"。

识 【識】
shí zhì

識 金文　識 小篆

"识"，繁体为"識"。形声字，从言，戠声，简化字声旁为只。

小篆"言"为语言、文字；"戠"有聚合之意，其甲骨文像刀戈上的饰物，意为标志。"言""戠"为"識"，意为丰富自己的学识、见识、知识。要提高自己认识、识别的能力，就要不断学习前人的智慧，汲取他人的教训，总结自身的经验。也可理解为将语言作为标志，即听到声音就能判断是非曲直，辨别对错好坏；通过一个人的言行举止，就能知道他的知识层面与素质修养。《说文·言部》："識，知也。"本义是知道、懂得，读音为"shí"。如识味、识道、识辨、识相、识别等。

"識"又从言，从音，从戈。"言"作为语言文字，代指理论；"音"为声音；"戈"为兵器，表示剖析事理，分辨是非，意指实践。"言"、"音"、"戈"三者相合为"識"，表明"識"是以充足的理论为基础，经过大量的实践，从而获得知识，增长见识。

　　"識"中有"戈","戈"即兵器、武器，这里指用兵器断开，表示分辨、辨识之意。谢朓《之宣城郡出新林浦向板桥》："天际识归舟，云中辨江树。"诗句中的"识"对"辨"，表达同一个意思：分辨、辨识。"識"字的字形构成表明：学习知识要注意分辨，不能没有章法。真正有学识的人，不仅能说会写，还必须善于明辨是非，这样的人才称得上"知识分子"，只"知"不"识"，不辨是非，充其量只是个"知道分子"。

　　简化字"识"从言，从只。"言"包括口头语言、书面文字、表现在为人处事方面的肢体语言等；"只"为单一，强调了重要性。"言""只"为"识"，意为语言是传播知识的重要途径，而人的言谈举止、做人处事是验证知识、见识等方面的惟一标准。"言""只"者，片言只语也。能够以片言只语说明问题、解决问题的人是知识丰富、见识卓越的人。

　　"识"为认识。《史记·刺客列传》："（豫让）行乞于市，其妻不识也。"春秋四刺客之一——豫让行刺赵襄子第一次行刺失败后，为了再次寻找行刺的机会，就在自己身上涂上油漆，又吞下烧红的木炭使嗓子变得沙哑，然后去大街上行乞，以至连他的妻子都认不出来了。《琵琶行》是唐代诗人白居易的名作。诗人因"左迁九江郡"在"溢浦口"邂逅琵琶女。琵琶女的遭遇感动了他，于是作《琵琶行》，借琵琶女的幽怨哀伤，抒发自己的沦落之意、失意之情。琵琶女聪明颖悟，色艺双绝。年轻时是豪门贵族的玩偶，红极一时；红颜消残、年老色衰后落得门前冷落，沦落天涯的结局。诗人命运亦然。诗人怀珠握玉、志在兼济，却不见容于世、无辜遭贬。诗人与琵琶女产生了强烈的共鸣，于是发出了"同是天涯沦落人，相逢何必曾相识"的感慨。

　　"识"为知识、见解。一个人认识、学习、了解世间的学问，逐渐懂得为人处世的道理，才能具备深邃成熟的思想和过人的见识。张衡《东京赋》："鄙夫寡识，而今而后，乃知大汉之德馨，咸在于此。"鄙薄的人缺少见识。从此以后，他们才能知道汉王朝所具有的美德，都在这里。现代沿用此义的词语如："有识之士"指对事物有独到见地的人；"远见卓识"指人有远大的眼光和高超的见识。

　　"识"在佛教术语中既可以表示认识世界的途径，也可以表示思维、认识、判断等精神活动的主体。中国佛教有一个著名的宗派"法相宗"，因强调不许有心外独立之境，故亦称"唯识宗"，其创始人乃唐代弘法大师玄奘及其弟子窥基。

"识"表示相知的朋友。"路遥知马力，日久见人心"，人与人相处日久，了解加深，能够相互关照，彼此交心，就成了"知心朋友"。刘禹锡《元日感怀》："异乡无旧识，车马到门稀。"流落在异乡没有什么旧友，所以无人光顾，门前冷落。

"识"的另一个读音为"zhì"，表示记住，如博闻强识。"默而识之"在学习过程中必不可少。记牢的事物在脑海中印象深刻，好像把物品整齐排放在储藏室并做了标记一样，要用时可以轻易取出。因此"识"也可以表示标志、记号，如识款、标识。《汉书·王莽传》："讫无文号旌旗表识。"西汉末年，外戚王莽篡国，各地陆续有反抗的势力兴起，其中青州和徐州的义军为了麻痹叛军，开始都打出没有任何文字或其他标识的旗帜，因此后来一举功成。

技能

知识并不等于智慧，教育的目的不是培养有知识，有学问的人，而是要培养有智慧，造就有才能的人。

技 jì

技 小篆

"技"，形声字，从手，支声。

"手"指手艺、手工，"支"为支配、支使。"手""支"为"技"，强调由手支配、由手掌控。技术由人来掌握、支配，它始终要为人服务。因此，技术永远无法取代或超越人类自身的价值。"支"也指支撑、支柱。人需要有技术，有一技之长，因为它是生存的手段，是人生的支撑，是发展的资本。人活在世上，必须有一技之长，方能安身立命。没有技术，就无法生存。《说文·手部》："技，巧也。"本义指技艺、技巧、技能。

"支"又为分支，如同科学是分科的学问一样，技术也有各种各样的分支。"手""支"为"技"，意为从事社会各种职业中的一门行业；"技"又可看作从手，从十，从又。"十"为数目，意为达到顶点，也可以引申为十全十美；"又"的甲骨文为手形，与手的动作有关，"又"还可表示重复、连续。从"技"字中我们可以发现技能的获得途径：只有通过两手反复不断地练习和实践，所学技艺才能达到完美的境界。

"技"为技术。人类的聪明之处就在于能够从劳动中总结出经验、技巧，并且熟练运用。聪明的古人从偶然的机会中发现了燧木可以取火，于是反复试验，最终熟练掌握了燧木取火的方法，从此人类多了一种劳动的技术和生存的本领。欧阳修《卖油翁》中的陈尧咨是一位远近闻名、无人能敌的射箭能手，他射出的箭十枝能中八九枝；而卖油翁酌油时，也能"油自钱孔入，而钱不湿"，两人都是经过反复练习才有如此高超的技巧。

如果说技术多倾向于体力劳动的话，技巧则更多地加入了脑力的因素。技巧是在熟练掌握前人的知识经验后，通过自己的实践和思考，总结出的更加巧妙、省时省力的方法。《后汉书·华佗传》："佗之绝技，皆此类也。""绝技"就是指独一无二的、超群的技艺，是某种技艺的极致，非一般人可以掌握。正如俗语所说："一招鲜，吃遍天。"

"技"从手，代表着人类的劳动；从支，为支配、支撑。劳动创造了人，技术的发展支撑着整个人类的发展和进步。没有技术，人类就失去了支柱；缺乏技术，则会阻碍生产力的发展。长期以来，由于经济发展水平的限制，我国劳动力技能结构重心偏低，初级技工所占比重较大。企业培养技工的方式主要是依靠传统的师傅带徒弟，徒承师艺的方式。随着科技的进步和产业结构的升级，"高级蓝领"短缺的"技工荒"问题越来越明显。高级技能性人才的供给不足，成为制约相当一部分企业发展的瓶颈。技工短缺现象如果不能及时解决，国家和企业都将为之付出惨重的代价。企业发展与高素质技能应用型人才缺乏之间的矛盾凸显，无疑给职业技术教育提供了难得的机遇。如何适应社会和企业发展的需要，大力发展职业技术教育，是时代给教育工作者提出的重大课题。只有确定教育目标，更新教学内容，不断加强师资建设，才能快速高效地为社会培养更多的高级复合型应用人才，有效缓解企业发展与高素质人才缺乏之间的矛盾。

能 néng

金文　　小篆

"能"，象形字。

"能"的金文是长着一张大嘴、匍匐弓背、尾巴短小、四肢粗壮、爪子肥厚的熊的象形。故"能"是"熊"的本字，本义即指熊。《说文·能部》："能，熊属。足似鹿。"

"能"为能力，可视为由厶、肉、比组成："厶"是人跪坐的象形，这里表示人；"肉"为身体，表示自身；"比"为比较，二"匕"在"能"字中上下排列，表示纵向、上下比较。"能"的字形体现出能力的高下是比出来的；"能"中上下两个"匕"，形体大小相似，表示是能力相差不多的人相比分出高下；"能"也体现出自己和自己比，现在和以前的能力相比会有所差别。

《说文·能部》："能兽坚中，故称贤能，而强壮称能杰也。"徐灏注笺："能，古熊字……假借为贤能之能，后为借义所专，遂以火光之熊为兽名之能，久而昧其本义矣。"熊是野兽当中的强者，以力大无穷著称，会爬树，会游泳，身怀绝技，所以"能"借用来指贤能、能力、才能，又造"熊"字专指熊。

《左传·昭公七年》："梦黄能入于寝门。"意思是梦见一只黄毛的熊闯入卧室。"能"下加"火"是为熊。大抵野兽发起兽性来，锐不可挡，如烈火燃烧狂怒不已。

"能"作动词，还可以表示可以、会、可行。"欲罢不能"意思是要停止也不能停止。《论语·子罕》："夫子循循善诱人，博我以文，约我以礼，欲罢不能。"《乐府诗集·木兰辞》："雄兔脚扑朔，雌兔眼迷离，双兔傍地走，安能辨我是雄雌？"能安抚邻国而与之和睦相处就称为能迩。"万能钥匙"指能打开所有锁的钥匙。比喻解决一切困难的办法。"能"还可以指能量，如电子能、热能、原子能。现代医学认为，人体是靠消化系统供应的营养物质，与水、氧气发生化学反应，释放热能，以此来维持生命体活动的。

"能"还指能力。"百无一能"指什么都不会做。《水浒全传》第三十二回："宋江道：'我自百无一能，虽有忠心，不能得进步。'""能"还引申指有能力的人"推贤逊能"指举荐贤人，让位于能者。《尚书·周官》："推贤让能，庶官乃和。"

"能"并非文武全才，十八般武艺样样精通，有一技之长就可以称为能手，作为谋生的技能。"能"还可指主观能动性。哲学里讲人与动物的最根本的区别是人具有主观能动性，会有意识、有目的地去改造世界，认识世界。而发挥人的主观能动性是要以遵循客观规律为前提的。盲目地去做，就成了逞能。能者多劳，能者为师，人有才能，则事多而操劳。

"能所"原为佛教术语。"能"指能动一方，"所"指被动一方；"能"

指主体，"所"指客体。"能缘"指认识主体及其能动作用，"所缘"指认识对象；"能知"是认识主体，"所知"为认识对象。东晋僧肇说："般若即能知也。五阴即所知也。所知即缘也。"认为佛教智慧般若是能认识的主体，五阴即物质世界和精神世界是认识对象。

艺术

艺术陶冶人的心灵，美化人的一生。

艺 【藝】
yì

　　"艺"，繁体为"藝"。会意字，从艸，从坴，从丸，从云。

　　甲骨文、金文的"艺"像一个人伸出两手在种植苗木之形，会种植之意。繁体"藝"由篆文演化而来："艸"为草，是花草树木等植物的统称；"坴"为土块；"丸"甲骨文像手执工具的样子；"云"可视为"耘"的省字，意为耕耘。手执工具侍弄花草树木即谓"藝"，"藝"为种植。又，"藝"中有"艸"，草会随风摇摆；"坴""丸"表弹丸之地；"云"寓富于变化。整个字形可会意为一个人站在弹丸之地舞蹈，动作婀娜多姿，犹如行云流水，故"艺"又指才能、技能、技术，如才艺、技艺、文艺、艺人等。

　　"藝"中有"云"，云是模糊的、变幻的自然物。艺术品变幻莫测，给观赏者以丰富的想象，好坏高下没有定评，多凭主观感受与领悟；艺术是在不断地求新求变中发展，以创新和变通为生命；在普通人的眼里，艺术是高高在上的，就像在云端一样遥不可及。"藝"中有"坴"，表明艺术来源于生活，如舞蹈源于对狩猎动作的模仿，音乐源于对声音的模仿，绘画是现实事物的再现等。"丸"是工具，引申指方式、方法，艺术活动通常需要凭借一定的工具并通过一定的方法得以实现，如歌有喉，书有笔，文有墨，画有色。弹丸体小而溜圆，指艺术需要点滴功夫累积方可成就，要从小处做起，亦需技法圆熟，即所谓熟能生巧。"云"是水的升华，"艸"是土的精神，作为工具的"丸"是原材料的琢磨。"藝"由这些部件组成，说明艺术来源于万事万物，来源于最本质的生活，但经过经营修饰后，却又高于生活。草是最普通的、最微小的植物，任何地方都有。

　　"藝"中有"艸"是说艺术虽然高高在上，但要植根于民间，服务于大众，以生活为土壤和源泉，这样才会有无限灵感，遍地开花，拥有永不枯竭的生命力。

简化字"艺"从乙，"乙"是天干的第二位，表示艺术是处于第二位的。"仓廪实则知礼节，衣食足则知荣辱。"当温饱有了保障，人类才能潜心于艺术。"乙"字曲折弯转，说明艺术之路并非一帆风顺，其间多有曲折。如《五灯会元》记载青原惟信禅师的语录：老僧三十年前未参禅时，见山是山，见水是水；及至后来亲见知识，有个入处，见山不是山，见水不是水；而今得个休歇处，依前见山只是山，见水只是水。这里虽然说的是体验禅的三种状态，但同样适用于艺术的三种境界：第一种是初步接近艺术、接近自然，根本没有把生命融入进去，处于"见山是山，见水是水"的状态；第二种是对艺术有了个人的理解，强烈地感受到自我的存在，以己意观外物，是"见山不是山，见水不是水"的境界；第三种则是随着对艺术理解的加深，可以把自我的理念、情感自然地融入其中，物我一体，返朴归真。这其中的曲折，便是"乙"所体现的。

技能大都可以用"艺"来表示。如种植蔬菜、花草、果木的技术叫作"园艺"；农作物的栽培技术叫做"农艺"；修练拳术器械的功夫叫作"武艺"。《后汉书·张衡传》："遂通五经，贯六艺。"其中"六艺"的提法出自《周礼》，是周代用来教育贵族子弟的六种技能，分别是礼、乐、射、御、书、数，表示礼法、音乐、射箭、驾车、文字读写、算法六种技能。"六艺"也指"六经"，即《易》、《书》、《诗》、《礼》、《乐》、《春秋》。每种技艺的研习都要掌握其法则，提纲挈领才能事半功倍，因此"艺"又引申为标准、准则。《国语·越语》："用人无艺。"意思是用人没有法则。成语"骄泰奢侈，贪欲无艺"指人骄傲奢侈，贪得无厌，没有限度。

"艺术"是一个涵盖面非常广泛的词，指通过对社会生活进行形象的概括而创作的作品，包括文学、绘画、雕塑、建筑造型、音乐、舞蹈、戏剧、电影等各种类型。生活是艺术的源泉，艺术是人们审美的结果。潜心从事某种艺术活动的人是"艺术家"，他们的艺术成果是"艺术品"。

生活本身也是一门艺术。人生蕴藏着变幻无常的奥秘，需要人们用无穷无尽的智慧去解读。只有真正了悟人生的真谛，才会真正懂得生活的艺术。

术 【術】
shù

尔 (术)小篆　　帶 (術)小篆

"术"，繁体为"術"。会意字，从行，从木，从丶。

甲骨文中的"术"是一个象形字，字形由相互交叉的一横和三竖组成，恰好是纵横交错的道路的象形。"行"的本义为道路；"木"的字形像交叉的路口；"丶"像路牌。"術"的字形为纵横交叉的道路上立有路牌标识，只有繁华城市的道路才立有路牌，故"術"为都邑中的道路，《说文·行部》云："術，邑中道也。"《广雅》解释"术"为："术，道也。"则把"术"解释为一般意义上的道路。金文和小篆的字型虽然发生了变化，但基本上还是沿袭了甲骨文的字型。隶变后的楷书变化较大，变成了一个会意兼形声字"術"。字型由三部分组成，中间是"术"字，作为声旁，它是甲骨文"术"的字型隶变后的结果。左面和右面分别是"彳"字和"亍"字，都作为形旁。"彳"和"亍"组合在一起构成"行"字，表示行走的意思。道路开辟出来就是为了供人们行走用的，没有人行走的道路也就失去了存在的意义。

"行"是行为，又有排行、行列的意思，具有规律性；"木"为树木，是自然界的代表；"丶"可视为人的灵光——人的思想、创意。"術"是人类对自然事物的规律摸索总结后对其进行改造的行为，是创意施之于自然的产物，故"術"可指技术、技艺。

"行"为行业，"術"中有"行"，意为三百六十行，行行都有术；"木"为十八，是十八般兵器，"木"在"術"中，表示每一门技术都有成系统的、专门的工具或手段；"丶"在"木"上，表示凡称术者，必有诀窍、关键，必有以简驭繁、四两拨千斤的巧妙之处。

简化字"术"从木，从丶。木是死的，人的思想、灵光一点施之于木即为"术"，它可以赋予自然之物以新的生命和价值。"木"的字形为人在十字路口，可进可退，可左可右，人在这时需要"术"这一"丶"进行决断。俗语云"一招鲜，吃遍天"，身怀技艺者，面前的道

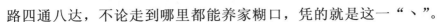

路四通八达，不论走到哪里都能养家糊口，凭的就是这一"、"。

　　任何一门技艺学问都有它特定的方法，人们要根据这种方法来研究这门学术技艺。由此，"术"引申为学术、技艺。再细看"術"的字型。"行"字表明了从事任何学术技艺的研究一定要脚踏实地地去研究、去实行。临渊羡鱼是不会有任何收获的。正如陆游的一句诗所说的那样，"纸上得来终觉浅，绝知此事要躬行"。"彳""亍"则表示研习学问的进程。《韩非子·难三》："人主之大物，非法则术也。"任何一门学术的研究都不是一蹴而就的，如果想有所成就，就需要一个漫长而艰苦的过程，必须脚踏实地地走下去。要秉承着严肃认真的态度，不能急于求成。基础是一点一点打牢的，正如道路要一步一步慢慢走一样，基础还没有打牢就想要研究高层次的内容无异于空中楼阁。所以，一个学者应该耐得住寂寞，几十年如一日，埋下头来刻苦钻研，不断学习研究才能有所成就。综观古今中外，在学术事业上有建树者无不如此。那些做事投机取巧、虎头蛇尾的人往往一事无成。

笔墨 运笔挥洒可传千代，挥墨作书万古流芳。

笔 【筆】
bǐ

筆 小篆

"笔"，繁体为"筆"。会意字，从竹，从聿。

"竹"在这里为竹管。古时候毛笔的杆都由细竹管制作而成，故"笔"从"竹"。"聿"是"筆"的本字，其甲骨文、小篆字形似以手执笔。"筆"字形象地说明了手执笔的方法和笔杆的制作材料。

简化字"笔"从竹，从毛。"毛"为兽毛，笔头多以鸟兽毫毛制作，书写时通常是笔头朝下，所以"毛"在"竹"下为"笔"。毛笔用竹制成，所选用的竹竿要求均匀而直，故"笔"有挺直之意。

"笔"字最早见于北齐《修罗碑》，是六朝时的俗字。关于笔的历史，我国素来有"恬笔"之说，即笔是由秦朝大将蒙恬所造。《史记》："蒙恬筑长城，取中山兔毛造笔。"战国时，各国对毛笔有不同的叫法。如楚国叫"聿"，吴国称"不律"，而燕国则为"弗"等。考古发现，早在新石器时代，中国就已经出现了毛笔。

毛笔由一根细小而匀称的竹管做笔杆，竹管的一端装着一束柔滑的毛，可以是羊毛，也可以是黄鼠狼毛、兔毛、鸡毛等。根据所选用的毛质，毛笔可有软毫、硬毫、兼毫之分。软毫指的是羊毫、鸡毫、胎毫等，这种笔蓄墨充足又圆转自如，适合写行、草之类一气呵成的书体；硬毫则有兔毫、狼毫等，这种笔蓄墨少而劲健，容易写出棱骨，多用于书写篆、楷、隶等书体；兼毫由软硬二毫各取几分制作而成，刚柔相济，兼二者之长。如七紫三羊，即七分紫毫，三分羊毫，此笔行草隶篆无所不能。

"笔"由本义引申充当动词时，就表示书写、记载。《释名·释书契》："笔，述也，述事而书之也。""笔"还可表示文笔、写文章的技巧之意。刘勰《文心雕龙·总术》："今之常言，有文有笔，以为无韵者笔也，有韵者文也。"有韵之文为"文"，属于骈俪排赋之类；无韵之文就是"笔"，即散文。同一件事情不同的人来记述，会有不同的行文风格，这就是"文笔"。写文章不是只用笔把字堆砌上去就可以了，还要注意写作的技巧。

"笔"还指书法作品。中国古代的书法艺术博大精深，历史悠久，是世界文化艺术中的瑰宝。《晋书·王羲之传》："论者称其笔势，以为飘若浮云，矫若惊龙。"王羲之是书法大家，他书法的笔势就像浮动的云彩一样飘逸，像腾越的蛟龙一样矫健。唐代的柳公权也是一位十分有名的书法家。据《旧唐书》记载，穆宗怠于朝政，曾经向他求教用笔之法。柳公权回答说："用笔在心，心正则笔正。"以正直之心使笔，则笔自正，若人品不高，则落墨无法。这一方面表明其对书法创作的态度，一方面借书法艺术的要义巧妙地进谏，因此这次"笔谏"被世人传为佳话。

如今，钢笔、铅笔、圆珠笔、水彩笔等顺应人们追求简捷方便的要求而被广泛运用，书法也因笔的发展而分为软笔书法和硬笔书法。

古人阀阅森严，禁忌较多，尤其在修写史书等正式文体时，往往不能畅所欲言。有时为了避帝王、权要、贵族的"讳"，要作一定程度的修改，有时甚至是别有用心地篡改，这种笔法叫作"曲笔"。孔子修《春秋》使用的就是言高旨远，辞约义微的"曲笔"写法。"曲笔"通过写什么或不写什么的选择，详略与隐显的不同，以至用词和语气的微妙差别，委婉而曲折地透露出史家的是非和爱憎，就如《左传》所说，"微而显，志而晦，婉而成章"，意思是用词不多而意义明显，只记载史实却蕴含深意，表达婉转而顺理成章。后人将文笔曲折、微词婉晦而意含褒贬的文字称为"春秋笔法"，这种笔法被历代文人广泛使用。如白居易《卖炭翁》中"可怜身上衣正单，心忧炭贱愿天寒"的诗句，含蓄地表达了百姓的凄苦和对"宫市"的谴责；朱庆余《宫词》中的"含情欲说宫中事，鹦鹉前头不敢言"一句，委婉地表达了宫女有苦难诉的无奈。

墨 mò

墨 小篆

"墨"，会意兼形声字，从土，黑亦声。

"黑"是黑色；"土"为泥土。"黑""土"为"墨"意为墨的颜色是黑的，由土质原料制作而成。《说文·土部》："墨，书墨也。"本义是写字绘画所用的黑色颜料，通常由松烟等原料制成。词语有墨迹、墨水、墨客、墨宝等。

相传，造墨鼻祖是西周时期的邢夷。有一次，他在小溪旁洗手，偶然发现水中漂着一块木炭，随手捞起，发现手被染黑了。他由此受到启发，把木炭捣成灰，加以米汤，搅拌晒干后搓成圆饼状，就成了最早的墨。《述古书法纂》记载："邢夷始制墨，字从黑土，煤烟所成，土之类也。"其实原始的墨可以追溯到距今四五千年前的仰韶文化，而真正意义上的墨则是在战国楚墓中发现的。

随着时代发展，制墨工艺也在不断进步。周朝至秦朝，主要以天然石炭为原料；汉朝起在墨中加入松脂；西晋开始在墨中掺入胶，至此制墨工艺日臻完善。南朝制墨高手奚超迁居徽州，以黄山松烟为原料，制造的墨因"丰肌腻理，光泽如漆"而著称，成为中国第一好墨。徽墨与湖州毛笔（湖笔）、宣州画纸（宣纸）、端州砚台（端砚）并称"文房四宝"。

墨的颜色是黑的，"墨"引申为黑色。《广雅·释器》："墨，黑也。"《左传·僖公三十二年》："墨以葬文公。"文武大臣身着黑衣参加文公的葬礼。古代礼制，办丧事穿白色丧服，但在战争期间或有其他重大事件时，则以黑色代替。

"墨"又可引申为黑暗的、反面的。"近朱者赤，近墨者黑。"靠近朱砂容易变红，靠近墨容易变黑。比喻客观环境对人的成长变化有很大影响：接近好人使人变好，接近坏人使人变坏。黑色在所有颜色中最深最暗，阴郁不祥。古代刑法中的"墨刑"（秦汉时称"黥刑"），为五刑之一，即以刺刻面额，染成黑色，作为惩罚的标记，是带有侮辱性质的惩罚。污浊的东西往往也是黑色或深色的，故"墨"又引申为贪污、不廉洁。"贪墨"指贪污；"墨臣"指贪赃枉法的臣子；"墨吏"指贪官污吏。《明史·海瑞传》："属吏惮其威，墨者多自免去。"属下官吏害怕海瑞的威严，贪官多数主动辞职。

作为文房四宝之一的墨被文人视为笔耕生活的珍贵伴侣，墨被称为千金不换的"乌玉"。南唐后主李煜赏识造墨专家奚廷珪，赐奚氏父子国姓"李"，一时有"黄金易得，李墨难求"的美谈；宋代大书法家黄庭坚得到半块奚廷珪制作的墨，便用锦囊珍藏，随身携带，奉若珍宝；苏轼爱墨如命，"蓄墨数百铤"，不时取出赏鉴把玩。他和造墨名家潘谷结为挚友，将这位"墨中神品"的制作巨匠称为"墨仙"。"墨花飞絮露，笔阵起雄风。"墨是文人才华的象征，因此文人又称"墨客"。一个人有学问，人们说他"肚子里有墨水"，如果文化水平低就取笑他"胸无点墨"。《清署笔谈》说："士大夫胸中无三斗墨，何以运管城。然恐酝酿陈宿，出之无光泽。"文才是文人立命安身的资本，文人肚子里墨水少是定要遭人耻笑或嘲弄的。

"墨"还有一个专指的意义——"墨家"，由战国时期的墨子开创，曾与孔子所创的儒家并称两大显学。墨子主张"兼爱"、"非攻"，即人人相爱、不要战争。虽然墨子的主张一般不被统治者采纳，但他提出的"兼爱"、"非攻"思想在现代仍然有积极意义。墨子通兵法，善于防守城池，后来就把善守称为"墨守"，这就是"墨守成规"的由来，后用以形容因循守旧，缺少变通。

纸砚

书桌几案上因为有了毫楮砚田，便会陡增几分色彩。

纸 【紙帋】
zhǐ

紙（纸）小篆

"纸"，异体为"帋"。形声字，从糸，氏声，异体字从巾。

"糸"与"巾"表示丝棉布絮等材料，"氏"为姓氏。姓后加氏通常表示家族关系。如"张氏"指张姓家族的人，"李氏"指李姓家族的人。"纸"从糸，或从巾，表示纸是由丝棉布帛等原料制成的物品。在古代，最早用来书写的纸是以丝为原料制成的"帛纸"。《说文·糸部》："纸，絮也，一曰苫也。"前人解释为用来承置纸浆的竹帘（即"絮"，又称"苫"），纸浆在"絮"上晾晒干燥后就成为一张纸。"纸"的本义是纸张，即用来书写、绘画、印刷或包装的片状纤维制品。

帛纸造价昂贵，仅供少数贵族使用，因而没有取代笨重的竹简。后来民间开始出现原始形态的纸，但这种纸质地极为粗糙脆弱，且不易久藏，也没有被推广开来。直到东汉蔡伦革新造纸术，开始以树皮、麻头、破布、渔网为原料造纸，才彻底结束了简帛文化时代。造纸术发明后，纸张的制作变得简单，价格便宜，使用方便，从而极大地推动了中国文化的继承、传播和发展。汉代以后，造纸技术不断改进，造价越来越低，使用越来越方便，用途也越来越广泛。如今人们用纤维细长的竹子和木头做原料，再用孔眼致密的竹帘来承絮，进一步提高了纸张的质量。其中不乏精品，如"桃花纸"又称"开化纸"，产于浙江开化，纸质细腻，极其洁白，在阳光的照耀下还会透出粉红的颜色，通体没有格纹，质虽薄，却极有韧性。清朝历代帝王宫廷都选用开化纸刻印图书。

纸是文明的载体。早期人类结绳记事，后来用硝制后的羊皮记录信息，这种羊皮也叫"羊皮纸"，被游牧民族广泛使用。最神奇的纸当数古埃及的"纸草"。"纸草"是一种质性优良的纸，由尼罗河畔一种植物的茎制成。与我国原浆造纸不同，埃及人只是将成熟后的纸草收割下来，然后将肥厚的茎割成长短一致的长条，一块压着另一块的边沿，整齐地排列在一起，然后用木棒像擀面一样轧平，就成为一张纸了。这种纸再经过加工处理，保存时间可以长达千年。

"纸"作量词时，不仅表示纸张的数量，还表示书信、文件的份数。杜牧《冬至日寄小侄阿宜》："一日读十纸，一月读一箱。""十纸"是十页书。"一纸空文"指写在纸上却没有兑现或不能兑现的条约、规定等文书。通常，表示份数只有一纸，没有二纸、三纸的说法，强调少和分量轻。"一纸字据"的"一纸"却不同，虽然只是一张纸，分量却不轻。"纸"代表契约、字据。中国人做生意，从古至今都很讲究白纸黑字、证据确凿。借钱、借物有字据，买卖房屋有房契，卖身有卖身契。"契"是契约，即合同，手印一按就决定了所有权的归属，甚至人身权的归属。关于纸的成语和惯用语很多。纸不耐火，故无法掩盖事实叫"纸包不住火"；道理被点破、真相被揭露叫"捅破一层窗户纸"。《史记·廉颇蔺相如列传》载：战国时，赵国名将赵奢之子赵括，从小学习兵法，熟知兵书，父亲也难不倒他，却没有实战经验。他代廉颇为赵将，在秦赵长平之战中，赵括率领的军队全部被歼。后用"纸上谈兵"比喻空谈理论，不能解决实际问题。房玄龄《晋书·左思传》载：左思构思十年，作《三都赋》，当代名流盛赞，富豪之家，竞相传写，洛阳为之纸贵。后用"洛阳纸贵"形容好的著作，风行一时，广为流传。陶毅《清异录·居室》："痈医孟斧，昭宗时，常以方药入侍。唐末，窜居蜀中。以其熟于宫，故治居宅法度奇雅，有一小室，窗牖焕明，器皆金饰，纸光莹白，金彩夺目，所亲见之，归语人曰：'此室暂憩，令人金迷纸醉。'""金迷纸醉"即"纸醉金迷"，形容使人着迷的富丽堂皇的景象，也形容骄奢淫逸的享乐生活。纸的问世最初单纯是为了印刷和书写的方便，后来纸张的应用范围越来越广。我国北宋时期出现了世界上最早的纸币，而纸币的大量发行和使用，则是近代以后的事情。

纸还是制作风筝的常用材料，所以某些地方也把风筝称作"纸鸢"

或"纸鹞"。现在，很多商家在纸制品上大做文章，纸已经进入人们生活的各个领域：从各种各样的包装到医疗卫生用品、甚至纸质内衣、纸制家具等。同时，纸的品种也越来越多。像复印纸、水果保鲜纸、新闻纸、装饰纸、坐标纸等应有尽有。但是，近些年来，世界各国的主要造纸原材料日益匮乏，这应当引起人们的普遍重视。我们每个人都应有节约的意识，节约用纸，节约资源，共建节约型社会。

砚 【硯】
yàn

硯 小篆

"砚"，繁体为"硯"。形声字，从石，见声。

"石"为石头；"见"为见识、见解，本义是看见、看到。"砚"是书写毛笔字时研墨用的文具，是一种经过仔细观察、考究其质地后而确定的石头。《说文·石部》："砚，石滑也。"自然界的石材很多，而石性滑细、可以制作成砚台的石头确属少见，这就需要慧眼识珠，从各种石材中辨别挑选，所以"见""石"为"砚"，以示有见识之人用慧眼仔细观察、考究石料的质地。石头质地细密坚实，善于发墨，方可为砚。

砚台是用来研细和（huó）匀墨汁的工具。"研"与"砚"是动作和工具的关系，后者由前者派生而来，"砚"字本作"研"。

《尔雅·释名》："砚，研也。研墨使和濡也。"是说"砚"通"研"。砚是中国传统的案头文具，它多是用光滑的石头制成，中间有一凹槽，用以研匀墨汁，使书画的笔墨均匀、墨色饱满。李贺《杨生青花紫是砚歌》："圆毫促点声静新，孔砚宽顽何足云？"意思是紫石砚质地好，用笔蘸墨时声音细静，不伤笔；那孔庙中的石砚，大而粗笨，不值一提。旧时因为同窗常共用笔砚，所以就用砚兄、砚友、同砚等来代指同学。

文人尚雅，对选砚颇有些讲究，砚台自然要或精美或高贵，或古旧或奇珍。中国由此产生出许多闻名遐迩的优质砚台。其间最出名的有澄泥砚、徐公砚、金丝砚、红丝砚、端砚、歙（shè）砚、洮砚等等。"澄泥砚"为陶砚，产于河南，用泥土制成，其质地细腻，坚硬如石，不伤害笔锋又能发墨。"端砚"是广东肇庆市高要县端溪出产的石头制成的砚台，含有硫磷成分，能使墨色润泽增辉。这种砚非常名贵，旧时是作为贡品供给皇室专用的，与湖笔、徽墨、宣纸齐名。"歙砚"虽产于当时的歙州（即今天的安徽歙县一带），但其用石却是江西之石，曾经有人用涩、细、润、坚四个字概括此砚——"涩"，是指它利于发墨；"细"，是说它质地细腻，不损害笔锋；"润"，因其石质细致而能够储存水；"坚"，即是指其坚硬耐磨，不易损坏。"洮砚"产于甘肃，绿如蓝，润如玉，极能发墨，其更为珍贵之处在于所用之石出于洮河深水之底，非人力可造，由此，它被人们视为无价之宝。

　　"砚"是"文房四宝"——笔、墨、纸、砚之一。在翰墨飘香的中国传统文化中，砚是文人士大夫挥毫泼墨、行文作画不可缺少的工具。苏轼说："我生无田食破砚。"因为没有田地，我的生计只有靠一方破砚台维持。南宋的戴复古也说："以文为业砚为田。"古人认为"万般皆下品，惟有读书高"，读书是一件雅事。文人以做学问、写文章作为一辈子的事业，磨墨用的砚台当然就成了播种知识的"良田"。砚因而成为文士书斋生活朝夕相伴的精神伴侣。陈继儒《妮古录》云："文人之有砚，犹美人之有镜也，一生之中最相亲傍。"文人之砚就如美人之镜一样须臾不可分离。宋代的米芾有"砚颠"、"石癖"之称。他一生遇石称兄，爱砚如命。《春渚纪闻》记载：一次，米芾为皇上作书，写完后，他捧着用过的端砚向皇帝请赐说："这御砚已被臣下用过，再也不堪皇上使用了，不如就赐给臣下吧！"皇帝欣然允诺，米芾得砚，千恩万谢，手舞足蹈，如获至宝。皇上对蔡京说："米颠之名不虚传也。"蔡京答道："米芾人品超脱，世间不可无一，不可有二。"

诗词

诗词是语言的精华，是情感的浓缩。

诗 【詩】

shī

篆 小篆

"诗"，繁体为"詩"。形声字，从言，寺声。

"言"为语言、言辞，"寺"为古代官署的名称。《说文·寸部》："寺，廷也。有法度者也。""廷"为朝廷。朝廷有各种严格的法规、制度，不得越雷池。"言""寺"为"诗"，意为"诗"是一种遵守一定的章法和规矩、有固定格式的语言。诗的章法和规矩又称为诗的"格律"。《说文·言部》："詩，志也。"本义为用言语表达心志的一种文学体裁，即诗歌。

"诗"是抒发情感、可以歌咏朗诵的文体，通常围绕一个主题展开。"诗"的创作要遵循一定的章法，恪守一定的格律。"诗"的概念有广义和狭义之分。狭义的诗歌指的只是诗，区别于词曲。隋唐以前的古体诗以及隋唐以后的格律诗，在韵律和语言等方面的要求比词曲要严格，而且秉承着"诗言志"的信条。而广义的诗歌是区别于散文、小说和戏剧的文体。

被誉为"文学中的文学"的诗歌是最古老的文学样式，有着悠久的历史。世界上任何一个民族文学的源头都可以上溯到"诗"这种形式。在我国，明清以前的文学史，基本上就是诗歌史。诗经、楚辞、汉赋、乐府、唐诗、宋词、元曲、小令，形成了我国古代卷帙浩繁的诗歌殿堂。《诗经》是我国最早的一部诗歌总集，最初称为《诗》或《诗三百》，后来被儒家视为经典之作，所以又称为《诗经》，是我国现实主义诗歌的源头，其所采用的赋、比、兴的艺术手法至今仍是文学创作的主要方法。孔子极其推崇这部诗集，他曾说过"不学诗，无以言"，把《诗经》推向了文学最高的位置。诗源自诗人的衷肠、肺腑。

　　我国第一位伟大的诗人是爱国诗人屈原，他以不朽的诗篇《离骚》表达了自己对国家和百姓的深深热爱。"路漫漫其修远兮，吾将上下而求索"的坚定信念，两千多年来打动了无数的炎黄子孙。诗歌的盛世在唐朝，这一时期出现了大量优秀的诗人和作品。"诗仙"李白以"斗酒诗百篇"的豪气征服了当代及后世；"诗圣"杜甫以"感时花溅泪，恨别鸟惊心"的忧国忧民之情深得人们的尊重；"诗鬼"李贺"黑云压城城欲摧，甲光向日金鳞开"的奇特夸张、触目惊心的战场描绘更是让人过目难忘。

　　诗中所表达的意境叫"诗境"。陶渊明的诗淡远如行云，自然如流水，流露出"采菊东篱下，悠然见南山"的隐者之风；王维的诗"诗中有画，画中有诗"，渲染着"明月松间照，清泉石上流"的素雅清新；苏轼的词豁达奔放，充溢着"回首向来萧瑟处，也无风雨也无情"的旷世超然。

　　诗歌是诗人个性品质的彰显：李白的飘逸、杜甫的沉郁、苏轼的旷达、辛弃疾的豪迈、周邦彦的浑厚和雅、姜夔的清空悠远、吴文英的密丽纤柔……诗人性情不同，诗作风格各异。诗歌是社会生活的合鸣：春风春鸟，秋月秋蝉，夏云暑雨，冬月祁寒，日月叠璧，山川焕绮，塞客衣单，霜闺泪尽均可抒怀；诗歌内容丰富，题材广泛：国家兴亡、民生疾苦、战争风云、咏史怀古、壮志豪情、田园乡土皆可寄情。诗歌含不尽之意见于言外，状难写之景如在目前；笼天地于形内，挫万物于笔端。在所有的文体中，诗歌的语言最为精炼，感情最为丰富，节奏最为优美，意蕴最为醇厚。诗歌在涵泳性情、净化灵魂方面具有独特的魅力和优势。

　　有口皆碑、经久不衰的优秀诗歌作品，富有深厚的人文积淀，蕴含着生命的哲思，彰显着道德的智慧，对于滋养性情、陶冶灵魂、重铸民族精神，具有其他任何文学样式所无法替代的作用。

词　【詞】
　　cí

詞　小篆

　　"词"，繁体为"詞"。形声字，从言，司声。

　　"词"从言，表示与语言文字有关；"司"有掌管、统治和管理之意。两者相合，寓意统治语言、构成语言的基本元素为"词"。《说文·言部》："词，意主于内而言于外也。"词，意义寄托在语词之内而通过声音表达在外。"词"的本义为言辞。言辞、词句是用来表达个人真实情感的，如果用言辞、词句表达的不是真实的情感与想法，而是找借口，那么这个"词"就是"托词"。《镜花缘》第六十三回："惟恐他人无故那肯就受，却以近日多病不能应酬为词。"疏于应酬借口生病尚有情可原，若编造谎言被人戳穿，理亏而无言以对就会"理屈词穷"；有的人长于舌辩，东拉西扯说个不停则是"振振有词"。在审判的公堂上，双方当事人都要分别陈述各自的理由，若把所申辩的内容写在纸上，则为词讼。其中的"词"指讼状。《儒林外史》第二十四回："正值向知县出门，就喊了冤，知县叫补词来。"按照程序，喊冤之后就得递交一份词状。

　　"词"还作动词用，表示说或告诉的意思。《礼记·曾子问》："其词于宾曰。"其中的"词"就是告诉的意思。"词"又指诗文中的词句，如姜夔《扬州慢》："纵豆蔻词工，青楼梦好，难赋深情。""词"进而又泛指戏剧、讲唱、歌曲等艺术中的语言，如歌词、戏词等。唐诗与宋词是中国古代文学的"双峰"。唐诗是唐代文化的瑰宝，而宋词也有"一代之文学"的美称。词最早诞生时是配乐歌唱的，句的长短随歌调而改变，故又名"长短句"。后来，词不断雅化为文人的案头之作，不再配乐歌唱，因此与一般诗歌的功能相差不多了。词有小令和慢词两种，一般分上下两阕（或作两片）。其中柳永的慢词在宋代非常流行，四方传唱，敏若风雨，有"凡有井水处，无不歌柳词"之誉。词因风格的不同而分为两大派：一是豪放派，以苏轼、辛弃疾等人为代表；二是婉约派，以柳永、李清照等人为代表。

　　"词话"是评论词的内容、形式或记载词作者事迹的著作。近代国学大师王国维在《人间词话》中提出了评词的标准"境界说"，并以此探讨词的艺术特征和创作方法，对近代文学产生了较大影响，标志着中国文学理论史从古代到现代的转型。"词话"亦指散文里间杂韵文的说唱文艺形式，是章回小说的前身，起于宋元，流行于明代。明代把夹带有词曲的章回小说叫做"词话"，如《金瓶梅》也作《金瓶梅词话》。

歌赋

歌赋是生活的镜子，是艺术王国的奇葩。

歌 【謌】
gē

謌（歌）小篆　　謌（謌）小篆

"歌"，异体为"謌"。形声字，从欠，哥声。

"哥"由二"可"组成："可"为快乐，是舒心惬意之称。"歌"的起源应是人在心情愉快之时，将好心情说与他人，言之不足，则咏歌之。"歌"是快乐的产物，故从"哥"。"欠"的甲骨文像人张口呼气之形，"歌"从欠，表示歌唱、歌咏讲究运气，气之舒紧缓急不同，则体现出歌者的心情不同、歌中的意境不同、歌曲的艺术感染力不同。《说文·欠部》："歌，咏也。"本义为歌唱、咏歌，是按一定的乐曲或节拍咏唱。

异体字"謌"从言，从哥，"言"为语言、言辞，强调"謌"是言辞，由人口发声所成，可以像语言一样完整明确地表达情意；歌讲究运气而言注重达意，这是歌与言的主要区别，故正体以"欠"别之。八哥是一种善于模仿人声的鸟。"歌"字中有"哥"，若以艺术起源的"模仿说"理论印证，则"歌"字的造型可以戏说为是以八哥善学人声，喻最初的歌是对自然的模仿，又或为八哥之口发声如歌。

"歌"最早是指在劳动中为解除疲劳或引起劳动的兴趣而引吭高唱，后来逐渐成为一种娱乐活动。有时又专指在音乐的伴奏下、按照一定的乐曲旋律或节拍咏唱的文辞。《诗·魏风·园有桃》："心之忧矣，我歌且谣。"意思是说心中忧愁诉不尽，排遣忧愁唱歌谣。与"歌"有关的成语很多："歌舞升平"形容太平盛世，既歌且舞，庆祝颂扬；"莺歌燕舞"形容歌声婉转如莺，舞姿轻捷如燕，亦用来形容天下太平。欧阳修《丰乐亭游春三首》："鸟歌花舞太守醉，明日酒醒春已归。"因为黄莺的鸣叫是很动听的，故常用"莺唱"比喻人的歌唱得好。曾瑞《清杏子·骋怀》套曲："明眸善睐，歌莺燕舞，各逞温柔，人俊惜风流。"

"歌"可用作名词，指歌曲、歌词。白居易《琵琶行》："岂无山歌与村笛，呕哑嘲哳难为听。"此处的山歌是歌曲的一种，类同于"下里巴人"。古代宫廷中有专门演奏、唱歌的人。以歌为生的男子为"歌工"；以歌为生的女子为"歌女"，亦称"歌伎"。"歌剧"指综合音乐、戏剧、诗歌、舞蹈等艺术而以歌唱为主的音乐戏剧形式。

古代的歌多用来颂扬先人或英雄人物的丰功伟绩，故"歌"有歌颂、赞美之意。"讴歌"指歌颂，用歌唱、言辞等赞美。"歌功颂德"语出《史记·周本纪》："民皆歌乐之，颂其德。"意指歌颂功绩和恩德。

我们现在吟诵的绝大部分诗歌都与音乐有着密切的关系。先秦的周诗、楚辞、汉乐府、魏晋南北朝乐府民歌以及唐宋词、元散曲中的大部分作品都是入乐的歌辞，在当时被人们普遍演唱。歌舞演唱是社交、娱乐、庆典等场合必不可少的内容，也是诗人词客借以传播文名、扩大影响的重要途径。宋代词人柳永的词四方传唱，以至"凡有井水饮处即能歌柳词"，就是一个很好的例证。我国古代非常重视诗教和乐教，认为合乐的诗歌可以"经夫妇、成孝敬、厚人伦、美教化、移风俗"。而诗歌题目中的"行"、"引"、"歌"、"词"等名称，如《兵车行》、《长恨歌》、《凉州词》等，也正是诗歌和音乐之间"血缘纽带"关系的直接反映。

赋 【赋】
fù

金文　　小篆

"赋"，繁体为"赋"。形声字，从贝，武声。

"贝"为贝壳，曾为古代的货币，"赋"从贝，表明与钱财有关；"武"为持戈动武之意。"赋"从贝，从武，强调赋是与战事有关的钱银。《说文·贝部》："赋，敛也。""敛"为收敛、聚拢、征收。"赋"的本义指为行军打仗而征收的钱银，后泛指对财物及人力的征集。此义项的"赋"有田赋、贡赋、赋税、赋役等。"赋"又为吟诵诗歌。诗歌吟诵起来句式整齐，韵脚一致，节奏鲜明，有如串起来的贝壳和珍珠一样整饬美丽，故从贝；古人吟诵诗歌时常伴以剑武或乐舞，故从武，"武"通"舞"。"赋"又引申有给予之意，如赋予、赋命；也特指天生的资质，如天赋、禀赋。

历史上最早的赋是兵赋。春秋时代，在鲁、郑诸国，"赋"专指为筹集兵车、战马等军用品而征发的一种军赋。朝廷向百姓收缴的钱银称为"赋"，这是出钱；古代男子到了一定年龄要服兵役、徭役亦称"赋"，这是出力；若有钱人家不愿服役，也可缴纳钱物相抵，这是以"贝"抵"武"。所以，后来凡是百姓因各色名目缴纳给朝廷的财物以及出卖的劳动力都属"赋"的范畴。"赋"与"税"合称为"赋税"。赋税是朝廷向百姓征集的，故"赋"也有征收之意。如柳宗元《捕蛇者说》："太医以王命聚之，岁赋其二。"太医以皇帝的命令征集这种蛇，每年征收两次。

赋也是诗的一种体裁。赋的鼎盛时代是从汉代到梁朝，隋唐以后作赋者越来越少，后人逐渐把诗和赋分开。虽然对于现代人来说，赋远不及诗词、散文、小说那样脍炙人口，但在古代，特别在汉唐，赋与诗往往并举连称，那时有只作赋而不写诗的文人，却几乎没有只作诗而不写赋的才子。

赋是诗的一种类别，谈赋离不开诗。但是赋又不同于诗。清人刘熙载说："赋别于诗者，诗辞情少而声情多，赋声情少而辞情多。"也就是说，诗多为情而造文，而赋常常为文而造情；诗以抒发情感为重，赋则以叙事状物为主；就性质说，赋可诵不可歌。如果说一般抒情诗较接近音乐，那么赋则较近于图画，是用时间上绵延的语言来表现空间上并存的物态。如果说诗是叙说时间的艺术，那么赋就是描绘空间的艺术。赋介于诗与散文之间，有诗的绵密却无诗的含蓄，有散文的流畅而无散文的直接。

赋又是铺陈写物、直言其事的写作技法。《诗大序》谓诗有六艺，即风、雅、颂、赋、比、兴，并解释说"铺叙其事曰赋"。赋既是写诗的重要技法，也是为文的重要手段。

琴棋

琴棋是情操的表达，是智慧的交流，是德行的写照。

琴 qín

小篆

"琴"，象形字。

"琴"的小篆字形为上"珏"下"人"，写作"琹"，整体像乐器的侧视图形。"珏"像弦和弦柱，下面像琴身。"琹"本义为拨弦乐器，俗称古琴。《说文》："琹，禁也。神农所作。洞越，练朱五弦，周加二弦。象形。"认为"琹"是用来禁止淫邪，以端正人心的乐器，由神农制作。

今体"琴"从琹，今声。"今"的甲骨文为木铎形，木铎是古代的一种乐器，盛行于春秋至汉代，"今"后引申指今天、现在。"琴"从"琹"，从"今"，首先强调了琴是一种乐器，同时也表明琴多由木制，流传至今，一直是人们喜爱的乐器。"琴"后来成为某些乐器的统称，如钢琴、月琴、胡琴、口琴、竖琴、小提琴等。

"琴"的本义是拨弦乐器，俗称古琴，亦称七弦琴。古时的琴是用梧桐木制成的，弦是丝弦，所以琴又叫丝桐。琴有很悠久的历史，相传在伏羲时就有了。神农、黄帝以及后来历代明王，大多数都会弹琴。传说最早的琴有五根弦，到了文王的时候又加了两条弦，因此琴又名为七弦琴。《广雅·释乐》："神农氏琴长三尺六寸六分，上有五弦，曰宫商角徵羽，文王增二弦，曰少宫、少商。"

"对牛弹琴"用来讥笑听话的人不懂对方说的是什么，也用以讥笑说话的人不看对象。汉代牟融《理惑论》："公明仪为牛弹清角之操，伏食如故。非牛不闻，不合其耳矣。""乱弹琴"比喻胡扯或胡闹。"琴瑟失调"指琴瑟演奏的不谐调，比喻夫妇不和，也比喻政令不当，失去调节。"琴瑟"常常用来比喻夫妇。《汉书·董仲舒传》："窃譬之琴瑟不调，甚者必解而更张之。""琴瑟相调"指琴瑟同时弹奏，声音和谐，比喻夫妻恩爱。《诗·小雅·常棣》："妻子好合，如鼓琴瑟。""焚琴煮鹤"指把琴当柴烧，把鹤煮了吃，比喻糟蹋美好的事物。宋代胡仔《苕溪渔隐丛话前集》引《西清诗话》："义山《杂纂》，品目数十，盖以文滑稽者。其一曰杀风景，谓清泉濯足，背山起楼，烧琴煮鹤。""一琴一鹤"原指宋朝赵抃去四川做官，随身携带的东西仅有一张琴和一只鹤。形容行装简少，也比喻为官清廉。宋代沈括《梦溪笔谈》卷九："赵阅道为成都转运史，出行部内，唯携一琴一鹤，坐则看鹤鼓琴。"《宋史·赵抃传》："帝曰：'闻卿匹马入蜀，以一琴一鹤自随；为政简易，亦称是乎！'"

"琴堂"本指弹琴的地方，后用来代指县衙。李白《赠从孙义兴宰铭》："退食无外事，琴堂向山开。""琴心"指琴声所传达的心意，语出《史记·司马相如列传》："是时卓王孙有女文君新寡，好音，故相如谬与令相重，而以琴心挑之。"司马相如善鼓琴，其所用琴名为绿绮，是传说中最好的琴之一。卓文君是临邛县富豪卓王孙的女儿，素爱音乐，而且很有文才，但不幸未聘夫死，成望门新寡。司马相如趁作客卓家的机会，借琴表达了对文君的爱慕之情。后来用"琴心"指爱情的表达。唐代张祜《司马相如琴歌》："凤兮凤兮非无凰，山重水阔不可量。梧桐结阴在朝阳，濯羽弱水鸣高翔。"

古代的诗歌或词曲都是可配着琴声而唱的。琴曲是乐府辞的一类，指与古琴曲调相配合的乐歌。"琴趣"是词的别名，词在起初都是配合音乐歌唱的，因其协律动听，故有此称。宋代黄庭坚词集名《山谷琴趣外篇》。

"琴"又为姓氏。一说琴师的后代，就以乐器琴为姓，形成了琴氏。另一说琴氏为春秋时卫国琴牢的后代。春秋的时候，孔子有一个学生叫琴牢，又名子张，所以人们又称他为琴张。琴牢的后代，以祖名为姓，称琴氏。"琴溪"为水名，在安徽省泾县东北，传说琴高于溪中投药滓化为鱼而著名。

棋

【棊碁】

qí

棊（棊）小篆

　　"棋"，异体分别为"棊"、"碁"。形声字，从木，其声。

　　"木"为树木、木头；"其"常用于代指人或其他事物。"木""其"为"棋"，表明是木头做的用品。古时通称博弈为"棋"。

　　"其"为"箕"的本字，在这里表示二十八星宿中的"箕星"。《风俗通》："风师者箕星也。"最早的风神被称为箕星或箕伯，古人认为箕星有兴风的能力，与战争有关。"木""其"为"棋"，首先表明棋像天空中星斗的罗列，还表明棋由木制。"棋"的本义指古时博弈的子，是文娱项目的一类，亦特指"棋子"，如象棋、围棋、棋盘、棋道。《说文》："棊，博棊也。"

　　异体"棊"字"木"在"其"下，是以"其"代主体，以"木"代指支架、棋几。"碁"字"石"在"其"下，则体现了"棋"的历史演变过程，一开始棋子、棋盘、棋几是木头制作的，后来也用石头或其他材料来制作。

　　中国现存最早的一篇围棋理论文章是班固写的《弈旨》，文中写道："局必方正，象地则也；道必正直，神明德也；棋有白黑，阴阳分也；骈罗列布，效天文也。四象既陈，行之在人，盖王政也。"由此可见围棋不论是棋局布置还是棋子的颜色都有其渊源，其中都暗含着深刻的道理。

　　"瓜剖棋布"意思是如瓜剖分，如棋分布，比喻区分布局，职司有序。宋代叶适《经总制钱》："州县之所趁办者，本不过数条，瓜剖棋布，皆以分隶，一州则通判掌之，一路则提点狱督之。"古代很多建在山上的凉亭中往往有一石桌，桌上往往刻有棋盘。现在很多风景点都能看到石刻的棋盘，例如哈尔滨附近的松峰山就有一个有 800 年历史的石刻棋盘。清代道光年间成书的《宝庆府志》载："棋盘岩在宝庆府城南五里，相传武侯曼兵着棋于此。有石盘，广六尺，其痕尚存。"《三国演义》描写华佗给关羽刮骨疗毒："佗乃下刀，割开皮肉，直至于骨，骨上已青；佗用刀刮骨，悉悉有声，帐上帐下见者，皆掩面失色。公饮酒食肉，谈笑弈棋，全无痛苦之色。"俗语中有"观棋不语真君子，把酒多言是小人"之说，将棋品和人品联系到了一起。"棋品"指评定围棋棋手的品级。《说郛》上引三国时魏国邯郸淳语："夫围棋之品有九：一曰入神，二曰坐照，三曰具体，四曰通幽，五曰用智，六曰小巧，七曰斗力，八曰若愚，九曰守拙。九品之外，今不复云。"

"残棋"指中断的或将尽的棋局。唐代温庭筠《寄岳州李外郎远》："湖上残棋人散后，岳阳微雨鸟来迟。""长安棋局"比喻动荡不定的政局。杜甫《秋兴》之四："闻道长安似弈棋，百年世事不胜悲。""一盘棋"指一个回合的对弈，整个棋盘的势态，比喻各局部之间互相协调，服从全局。

古代通称博弈的子为棋。"举棋不定"指拿着棋子，不知怎么下才好，比喻犹豫不决，拿不定主意。《左传·襄公二十五年》："弈者举棋不定，不胜其藕。""举棋若定"比喻行事沉着果断。"累棋之危"指堆叠的棋子，高则易倒，比喻形势危险。《战国策·秦策》："致至而危，累棋是也。"南朝宋傅亮《司徒刘穆之碑》："迥累棋之危，或堆山之固。""棋布星罗"指像棋子般分布，像星星般罗列，形容多而密集。明代沈德符《万历野获编·内市日期》："但内府二十四监棋布星罗，所设工匠厨役隶人围人，以及诸珰僮奴家属，不下数十万人。"

"棋"做动词，就是下棋的意思。"棋逢敌手"比喻彼此本领不相上下。《晋书·谢安传》："安常棋劣于玄，是日玄惧，便为敌手而又不胜。"唐代尚颜《怀陆龟蒙处士》："事免伤心否，棋逢敌手无。"《三国演义》："棋逢敌手难相胜，将遇良才不敢骄。"这里的"棋"指的就是下棋这一项活动。

"弹棋"是西汉末年始流行的一种棋戏，最初主要在宫廷和士大夫中间盛行。晋代葛洪《西京杂记》卷二："成帝好蹴鞠，群臣以蹴鞠为劳体，非至尊所宜。帝曰：'朕好之，可择似而不劳者奏之。'家君弹棋以献，帝大悦……"。

书画

书如其人，画如其人，书画是艺术家个性气质和修养底蕴的传达。

书 【書】
shū

書 金文　書 小篆

"书"，繁体为"書"。会意字，从聿，从曰。

"書"，上"聿"下"曰"。"聿"的甲骨文是小篆手执笔书写的象形；"曰"为说。"聿""曰"为"書"，意为用笔书写的方式将人所说的话记录下来即为"書"。《说文·聿部》："書，著也。"本义为书写、记录、记载。"聿"又是"律"的本字，"律"为有法则、有规律、有定律之意；"书"从聿，说明文章书写以及书画、书法必有一定的法则。如古时书写一律从右往左、从上至下，书法更是分成楷书、隶书、草书、大篆、小篆等，而画也有写意画、工笔画、山水画等区别。"律"还有约束之意，书写也不能为所欲为，而应该根据人类文明和发展的需要，写该写的文章，著该著的书籍，让读者学有所思，学有所用，学有所进。

简化字"书"源于"書"的草写，由"丨"、"丶"和手的象形组成："丨"为笔，"丶"为墨汁或书上的字，剩余的笔画为手一张张翻书的象形。"书"字形象地展示了书写的动作和姿态。

《尚书序》："书者，以笔画记之辞。"《礼记·玉藻》："动则左史书之，言则右史书之。"古代，朝廷有专门负责记录君王言行的官员，即左、右史官。左史负责记录君王的行动，右史负责记录君王的语言。后来"书"泛指书写、题字。

有文字的纸张装订成册后称为"书"，即书籍、著作。《说文解字·序》："著于竹帛谓之书。"古人以竹简、布帛为书写材料，称为竹书、帛书。最初，"书"专指朝廷拥有的历书、占卜书、刑书，这些均为治理国家的依据。后来"书"又特指人所公认的经典、圣贤之书。《荀子·天论》："传曰：万物之怪，书不说。"杨倞注："书，谓六经也。"六经分别是《诗经》、《尚书》、《礼记》、《易经》、《春秋》、《乐经》（今已失传），是六部儒家经典。其中《尚书》是我国最早的一部史书，简称为《书》。唐朝刘知几《史通·六家》："《易》曰：河出图，洛出书，圣人则之。故知《书》之所起远矣。"

古人把汉字造字和用字方法概括为六种，称为"六书"，即象形、指事、会意、形声、转注、假借。"书"从聿，示执笔写字之意，故"书"也特指文字，而字体、字形也被称为书。

"书"在古代也代指书法，特指书写艺术，尤其是用毛笔写汉字的艺术。

"书"从史官书写的意义引申，还特指簿牒文件。《战国策·齐策》："上书谏寡人者，受中赏。""上书"是指古代臣子向帝王呈递奏章、题本等，有别于供阅读和收藏的书籍，而古代皇帝布告臣民的文件则称为"诏书"。

"书"由传递语言信息的文件引申为书信。杜甫《春望》："烽火连三月，家书抵万金。"

在古代，万般皆下品，唯有读书高。书中自有黄金屋，书中自有颜如玉。人们崇尚"学而优则仕"，读书人读书，求得修身、齐家、治国、平天下之道。许多苦寒之士虽家徒四壁，仍读书不辍。车胤囊萤、孙康映雪，被后人视为勤奋读书的典范。儿童启蒙读物《三字经》激励学子："苏老泉，二十七，始发奋，读书籍。彼既老，犹悔迟，尔小生，宜早思。"有众多的圣贤先哲为榜样，哪怕穷村陌巷、贩夫走卒都知道读书是好事、大事。人们对文字、书籍、读书人都怀有恭敬和羡慕的心理。

书是先人智慧的结晶，书籍是人类进步的阶梯。书应为人所用，人不可为书所累。读书须用心，"书从疑处翻成悟，文到穷时始有神。"读书须选择，近朱者赤，近墨者黑，读好书，才能积极上进。读书要懂得读书之法。北宋文学家苏轼之所以能下笔千言，是因为他总是将一本书分作几次读，每一次都精读熟思。南宋理学家朱熹有读书"三到"（口到、眼到、心到）之说。明代文学家张溥之书房命名为"七录斋"：每读一篇佳作，必抄录之；录完，默读一遍便烧掉；再抄，再默读；反复七次，直至烂熟于胸。清代学者阮元读书提倡"十目一行"，他说："世人每矜一目十行之才，余哂之。夫必十目一行，始是真能读书也。"读书有助于形成健全的人格和积极的心态。自卑的人，因读书而自信；浮躁的人，因读书而宁静；轻佻的人，因读书而深沉；愚鲁的人，因读书而明达。正如汉代学者刘向所言："书犹药也，善读之可医愚也。"

　　书的作用是开发智力、开阔眼界、传播思想、警醒世人，书对读者影响极大。"書"从聿，"聿"为"律"省，寓意写书、出书之人既要律人，也要自律。作者要自律，不引人入歧途、不误导、不篡改；作者要律人，把正确的、有用的、有意义的知识和经验展现给读者，并以此影响读者。书商要自律，合法经营，不惟利是图，防止出坏书玷污读者的心灵。书商也要律人，在出好书的同时，要严格执行并不断完善行业标准、引领良好的行业风气。

画 【畫】
huà

甲骨文　　金文　　小篆

　　"画"，繁体为"畫"。会意字。

　　"画"的甲骨文、金文均像执笔作图之形，本义为绘画、作图；引申为描绘而成的作品，即图画、画作。小篆"畫"像田有四界，"聿"在其上表示划分，意为界限、界划。《说文·聿部》云："畫，界也。"当为"画"的引申义。繁体字"畫"从聿，从畕省，"聿"为"笔"的本字，是写、绘工具；"畕"为疆域。"畫"的字形为用笔对疆域、领土进行规划、谋划，"画"有谋划、策划之意。《说文》又云："畫，计也，策也。"《史记·淮阴侯列传》："韩信谢曰：'臣事项王，官不过郎中，位不过执干，言不听，画不用，故倍楚而归汉。'"

　　简化字"画"中有"田"，周围有框，"田"可理解为心田，处于"画"

的中心，表示作画时应心中有数，先在心中打好腹稿，胸有成竹方能挥洒自如。"画"中之"田"又像画作，"一"与"凵"像画框，是一幅正在装裱的图画之形；"田"又代表耕作，是生活之必需，是世俗：作画也是一种耕耘，其灵感来源于现实中的俗事、琐事，需要生活的积累和提炼。"一"与"凵"将"田"围于其中，寓意作画应有一定的范围，有表现的主题；"田"的字形界限分明、分布有致，表示绘画讲求章法，有主次大小，轻重浓淡，不是杂乱堆砌。

"画"的本义为绘画、作图。成语"画饼充饥"原比喻徒有虚名而于实际无好处，后多用来比喻以空想来安慰自己。"画虎类犬"指没有画虎的本领，结果把虎画成了狗，比喻指理想太高，终无所成，反留下笑柄。在文书、契据上签署名字或记号也叫"画"，即画押、画供。古书中有"画卯"一词，意同"点卯"，如同今天的签到。旧时官府按例在卯时开始办公，官吏们应当按时在衙门签到，这叫"画卯"。

"画"为图形、图画。苏轼《念奴娇·赤壁怀古》："江山如画，一时多少豪杰。"此句中的"画"为名词，指完成的艺术品。画有壁画、国画、年画等多种。国画通常依题材分为人物画、山水画、花鸟画三种。人物画注重神情的体现；山水画着力于意境的营造，追求画中有诗的境界；花鸟画则多精雕细琢，或为写意小品，各具特色。"画"又有用画或图案等装饰之意。有彩绘装饰的佛寺叫"画刹"；用黛色画过的眉毛叫"画眉"。汉字由点、横、直、撇、捺等组成，所以汉字的一笔称"一画"或"笔画"。数笔画是查汉语字典的一种方法。

绘画作品可谓深蕴着画家的情意、心声，需要心意相通才能领悟。绘画是对客观对象进行不同程度的再现、模仿，也是画家思维、思想的折射，较直观地体现了人类对世界的看法。事实上，绘画也是较早反映人类对世界认识的一种途径和手段。世界各地所发现的石器时代留存下来的岩画即可为证。在文字发展史上，较早的文字均是"画成其物，随体诘诎"的象形字。中国夏商时期的甲骨文即象形文字。如今幼儿发蒙识字也常以图画的方式教授，这正是因为画具有形象、直观、生动等特点。

"画"还有比画之意，是用手、脚或器具做出某种动作。成语"指手画脚"指说话时使用各种手势，形容举动浮躁，纵情无忌，现在常用来形容轻率地对人进行批评、指点或者胡乱发号施令。

　　"画"还指划分、划分界限，多见于古文，今天已经不用。《左传·襄公四年》："茫茫禹迹，画为九州。"大禹走过的广阔土地，被划分为九个州。传说在上古时代，人情淳厚，责罚不重。人若有罪，就在地上画个圈，使其立于圈内作为惩罚。这是"画地为牢"的来历，现在比喻只准在指定范围内活动。"画地而趋"指画定某地某处，使人只限于此范围内进退，比喻苦于被礼法拘束。《庄子·人间世》："已乎已乎，临人以德；殆乎殆乎，画地而趋。"

师傅

自己要学会做梦，同时要教育自己的学生学会做梦，然后帮助学生实现自己的梦想。

师 【師】
shī

ᚼ 甲骨文　　**ᚼᚱ** 金文　　**師** 小篆

"师"，繁体为"師"。会意字，从垖省，从帀。

"垖"为"堆"的本字，是小土山；"帀"为"匝"的本字，表示环绕、包围。"师"为士兵在小土山周围围成一匝，表示众多。"师"为军队。《说文·帀部》："师，两千五百人为师。"本义指古代军队的编制单位。《周礼·地官·小司徒》："五人为伍，五伍为两，四两为卒，五卒为旅，五旅为师。""师"是从草书的写法简化而来的。

在商周时代，2500人组成的"师"是最大的军队编制。在我国现行的军队编制中，"师"隶属于军，下设团，最高军事长官为"师长"。

"师"后来逐渐演变成在一定领域里受人尊重的，学识、道义、技能的传授者和施行者，如教师、画师、技师、律师等。然"师"中之"垖"代表知识和理论高度，"帀"代表学术范围，因此为人师，也仅限于在一定的领域中为人师。所以孔子说："三人行，必有我师焉。"

《左传·庄公十年》："齐师伐我，公将战。"齐国军队攻打我国，庄公准备迎战。"师"由我国古代的军队编制，引申为军队。历史上曾有一些"师"非常出名：春秋时的宋襄公为显示以"德"服人，把自己的军队命名"仁义之师"。但他推行的"仁"却是迂腐的"妇人之仁"，在战场上毫无作为，屡遭败绩。秦末楚霸王项羽的军队，骁勇善战，被称为"虎狼之师"。项羽一味逞强，不深究兵法，更不懂政治，导致虎狼之师在垓下被围全军覆没。千军易得，一将（帅）难求。主帅是一支军队的灵魂。主帅的军事素养好，善于治军，统领有方，考虑精当，计划周密，军队就无往而不胜。上古时期，先民认为天有天神，地有地祇，万物有灵，人有祖先，因此非常重视祭祀，专门负责祭祀的有"卜、儒、巫、师、宗、史、祝"等人。这些人的社会地位较高，备受尊崇，成为有知识的人的代称，如儒、师、史等。古代神话中，某些神也以"师"为名，如"风师"、"雨师"等。"师"隐含尊崇之意，又引申为老师。韩愈《师说》："古之学者必有师。师者，所以传道受业解惑也。"老师是专门从事传播道义、教授学业、解答疑难等工作的人。苦练三年，不如明师一点。老师的教导对一个人的成长有非常重要的作用。老师有优劣高下之分：有德有才为"明师"，有德无才为"庸师"，有才无德为"奸师"，无德无才为"恶师"。还有一种人"好为人师"，不够谦虚，好以教导者自居，让人反感。

在某些方面具有相关的专业知识，也被尊称为"师"，如画师、摄影师等。专业技术上有所擅长的人叫"技师"，精通医药知识的技师是"药师"。"师"的尊崇意味在宗教界特别显著：道法精深的修道者被尊称为"大师"，道行达到一定高度、学术或修养承先启后的修道者是"宗师"。

"师"还引申为学习、效法。学习是一个从师受教的过程。《史记·秦始皇本纪》："诸生不师今而学古，以非当世。"学习是有选择性的，"师"什么、怎么"师"是一件大事。出发点没有选好，轻则一生落拓、毫无建树，重则误入歧途、杀身取祸。师法正道、坚持正义从来都没有错，即使不为世人所理解和认可，也要"虽千万人，吾往矣。"

傅 fù

傅 金文　　傅 小篆

"傅"，会意字。从人，从甫，从寸。

"人"是能制造工具并能使用工具进行劳动的高等动物，"甫"原指地中的禾苗，"寸"是手的形状。

"傅"是人用手扶住禾苗，帮助禾苗生长。《说文·人部》："傅，相也。"本义是辅佐、辅助。对禾苗的"傅"是为了防止风吹苗倒，避免苗株不正；对人的"傅"是为了指导其正确的做人，正确的处世，所以"傅"有教育、教导之意。又可将"傅"视为从人，从尃。"尃"又从甫，从寸。"甫"是中国古代对德行兼备、知识丰富、处世有方、修养有度之男子的美称。"寸"为分寸、尺度。"人""尃"为"傅"，意为德行优秀、学识渊博之人可为人师，故"傅"有老师、师傅之意。

"傅"中之"寸"表明：老师、师傅教导学生、徒弟时要注意把握分寸，要视人而教，因人而传，有计划，分步骤，讲究轻重缓急，主次先后，循序渐进。但是，师傅教徒弟往往有很多规矩，如传单不传双，传男不传女，传里不传外等，而且出于"教会了徒弟，饿死了师傅"的顾虑，师傅总是不愿倾囊相授，故意留一手，这样徒弟从师傅那里学到的东西往往有限，所以"傅"中有"寸"。"寸"在"傅"中还表明，一个人掌握的知识再多也有局限性，所以为人应当谦虚谨慎，以众人为师。

辅佐是对君王在政治上的协助。《左传·僖公二十八年》："丁未，献楚俘于王，驷介百乘，徒兵千。郑伯傅王，用平礼也。"丁未，即五月十二日，晋文公把楚国的俘虏献给了周襄王，还献上四马披甲所驾的战车100辆，步兵1000人。郑文公辅助周襄王担任赞礼之职，用周平侯时的礼节来接待晋文公。《史记·留候世家》："子房虽病，强卧而傅太子。"张良虽然有病，在病榻上还在辅佐太子。"傅"表示辅佐，除了从字形上释义以外，还有一个传说：商王继位后，为治理天下，苦思复兴殷商的方略，并深入民间访贤问能。有一天，武丁梦见上天赐予他一位贤人，这个人姓傅名说，奴隶装扮，正在做苦役。武丁醒后想："傅者，相也。说者，悦也。天下当有傅我而悦民者哉！"认为这是个好兆头。天亮以后，武丁就让人把梦中人的形象画出来，在全国寻找，果然找到了傅说。傅说天资聪颖，虽身份卑贱，但精明能干又善于思考。武丁力排众议，拜傅说为相，辅佐国政。傅说上任后，实行了"治乱罚恶、畏天保民、选贤取士、辅治开化"等一系列政策，缓解了各王室宗亲、奴隶主与奴隶之间的矛盾，使殷商出现了政治开明、国泰民安、百废俱兴的局面。

由辅佐之意引申，"傅"在古时又特指帝王的相或帝王、诸侯之子的老师，如太傅、少傅。《孟子·滕文公下》："有楚大夫于此，欲其子之齐语也，则使齐人傅诸？使楚人傅诸？"有一个楚国大夫到了齐国，想让他的儿子学习齐语，是让齐国人教呢，还是让楚国人教？专门向他人传授某种特殊技艺的人也为"傅"，即师傅。师傅带徒弟是一种行之有效的教育方法。手艺、技能和经验通过师傅手把手、不厌其烦地传授，就能代代相传。然而，"师傅领进门，修行在个人。"要想真正继承和发扬师傅的事业，还必须靠自己的努力和悟性。师傅教徒弟，往往"不图徒弟钱，只求徒弟有良心"。作为徒弟，滴水之恩，当以涌泉相报，不忘师傅再造之情，并将师傅传授的本领发扬光大，传承下去。

"师傅"、"太傅"有时也指老师。《战国策·楚策二》："太子曰：臣有傅，请追而问傅。"太子说，我有老师，请允许我追上他而向他请教。西汉著名文学家、政论家贾谊，因受谗言被贬为长沙王太傅，4年后复召回朝，旋拜为梁怀王太傅。梁王坠马死，贾谊郁郁自伤，不久去世，年仅33岁。刘长卿曾以"汉文有道恩犹薄，湘水无情吊岂知"来感叹贤才贾谊不被重用。

无论古今中外，大凡真正有智慧的老师，都注重教导自己的学生如何去发现真理。世上没有不称职的学生，只有不称职的老师。孔子提倡的因材施教、学思并重、举一反三、启发诱导的教学方法，至今对开发学生的潜力仍具有很好的借鉴作用。

硕博

学位代表的只是一种学习经历。没有知识，没有学历，却能体悟人生的大智慧、大境界的人是真正的智者。

硕 【碩】
shuò

硕 金文　硕 小篆

"硕"，繁体为"碩"。形声字，从页，石声。

"石"即石头，自然界中构成地壳的坚硬物质，也是比较常见的物质，给人的感觉通常是坚硬、巨大。"页"的本义是头，以后凡从"页"的字都表示与头有关。"石"、"页"、为"硕"，用大石来形容头，强调了头大。《说文·页部》："硕，头大也。"其本义就是头大。由特指头大又泛指一切物体的大，"硕"为大。"硕"从头，头为头脑、智慧，可理解为"硕"中智慧多多，头脑发达，因此"硕"又用来形容学识渊博、德高望重。

《诗·魏风·硕鼠》："硕鼠硕鼠，无食我黍。"大老鼠啊大老鼠啊，不要再吃我的粮食了。这是带有反讽意味的一首古诗，贪婪的剥削者就像肥大的老鼠一样，吸榨着百姓的血汗，不堪重负的先民们于是发誓说如果再这样下去的话，大家就要弃统治者而去，寻找自己心中的"乐土"了。

"硕"可引申指学识渊博、德高望重的人。《新五代史·宦者传论》："故前后左右者日益亲，则忠臣硕士日益疏，而人主之势日益孤。"若任人唯亲、宠信小人，而疏远忠贞之士、有德之人，那么君王就会逐渐被孤立起来。"硕士"一词，古已有之，在古代指贤德而有学问的人；现代沿用，指一级学位，介于"学士"和"博士"之间。其他词语如"耆儒硕老"，意为年高望重的博学之士；"硕学"，是渊博的学问；"硕彦"，为品节高尚、学问渊博的名流；"硕隽"则指学识渊博、俊拔出众的人才。盖"硕"从"石"，石头是坚硬庞大的象征，知识的掌握不单要多而广，亦须扎实深厚，坚如磐石。

博 ^{bó}

专 金文　博 小篆

"博"，形声字，从十，尃声。

"十"的字形是从一个中心向四面八方发散之小篆状，是遍布十方、通天彻地，表示涉及面极广；"尃"的甲骨文像手在苗圃中布种幼苗之形，引申有铺开、散布之意。"十""尃"为"博"，意为散布于四面八方。《说文·十部》："博，大，通也。"本义为大。"博"由本义引申指宽广，如广博；广泛，如博览群书；众多，如博杂；知识面广，知道得多，如渊博。

"博"又从十，从甫，从"寸"。"甫"是古时对男子的美称，意寓有思想、有抱负的人；"寸"为方寸、分寸，既表示有尺度，也表示范围有限。"十"、"甫"、"寸"为"博"，既表示博学者做人处事应有尺度，也强调博学之范围虽广，却终有局限。正如《老子》所说："知者不博，博者不知。"智者并非全知全能，博者并非大智大慧。

"博"又指懂得多，知识面宽广。故学识见闻很广，上知天文、下知地理、中晓人事的人被称为"博学之士"。《史记·屈原贾生列传》："博闻强志，明于治乱，娴于辞令。"屈原知识广博，记忆力强，明了治理国家的道理，擅长于外交辞令，能应对复杂局面。"博引旁搜"（或"旁征博引"）指考证完备广博，引证资料丰富充足。

渊博的学识不仅需要有广阔的知识面，还需要有丰富的知识积淀。由此，"博"又有众多、丰富之意。《论语·子罕》："博我以文，约我以礼。"意思是说君子研习丰富的文献，而后用礼节来约束自己的行为。成语"博文约礼"就指广求学问、恪守礼法，喻指高标准地提高自己的修养、学习知识。"地大物博"则指国家疆土辽阔，物产丰富。

一个人学识修养达到一定程度，就称作"博士"。虽然博士的古今意义不尽相同，但都保留了博学的含义。战国时期，诸侯纷争，社会动荡，各国为了生存发展，都需要寻求有效的治国之道，因此知识渊博的文人学士之见解往往得到重视，从而形成了一股尊重人才的风气。今山东临淄附近，是当时战国齐都临淄的西南门，亦称"稷门"，齐桓公在此设立了专供各地学者著书论辩、传道授业的场所和机构，因该地在稷山之下，故称"稷下学宫"。稷下学宫历时140余年，繁盛时达"数百千人"。齐国为这些学者提供俸禄饮食，待遇相当优厚。当时各国著名的文学游说之士多曾先后或长期在此著书讲学，互相切磋，形成了空前繁荣、百家争鸣的局面。其规模之大、时间之久，史所罕见，可称中国的学术盛世。当时在此讲学论辩的博学名人有淳于髡、田骈、接子（一作"捷子"）、环渊、宋钘（一作"宋牼"）、慎到、邹爽、荀子等70多人，俱称"稷下先生"，有时也称为"博士"。后秦朝正式设立"博士官"，"博士"一词起源于此，以后各朝各代都承袭这一官衔。唐有"太学博士"、"算学博士"等，直至明清时期有"五经博士"，都既是官名，又是对这些有学问的人的尊称。"博士"还有一层现在已经消失而古时常用的意义：古代"博士"曾特指某些职业，是对茶坊或酒肆伙计的尊称，如词语"茶博士"、"酒博士"，感觉有点类似于现在通用的"师傅"——大约也是他们对于自己所从事的业务比较精通的缘故吧。在现代，"博士"是我国最高的学位，而"博士后"指那些拿到博士学位后以取得科研经验、提高科研能力为目的、继续从事一定时间的科研活动的人。

　　中国传统文化可谓博大精深。所谓"博"，就是应用范围广，涉及各个学科和领域。所谓"大"，就是内容极大丰富，覆盖面宽。所谓"精"，就是精辟，思想直指天道、地道、人心，绝不故弄玄虚。"深"是奥妙无穷，有界无边——一个人身体有"界"（肉体的生、老、病、死）而思想却没有极限；文字有"界"（几万个汉字，常用者不过数千），而文章层出，没有止境。同时这个"深"也表示深广、纵深，能够承前启后，上接古人，下通来者。

传道

教育不是饭碗，不是差事，也不是职业，它应该是一项伟大的事业。

传 【傳】
chuán zhuàn

甲骨文　　金文　　小篆

"传"，繁体为"傳"。会意兼形声字，从人，專声。

"传"从人，表示"传"是人的一种行为，也泛指与人有关的人、事、物；"專"的甲骨文为手转动纺樓纺线形，由此"專"引申有转动之意，与"轉"义同。"人""專"为"傳"，可理解为供人转换车马。《说文·人部》："傳，遽也。"本义为传车驿马，有驿站之意。清代朱骏声《说文通训定声》："以车曰传，以马曰遽。""传"、"遽"皆指驿站所备的车马，表此义时读作"zhuàn"。"傳"从專，强调了转动性，终点又回到起点，往昔重现在眼前。因此"传"引申指记载人物生平事迹的文字，如传记、自传、小传等。

"傳"从專，又可理解为通过不间断的转动运行而达到目的，故有递、转授之意，如传递、传送、传承。"傳"表此义项时读作"chuán"。"傳"也从付，从叀。"惠"由"叀"衍生而来，故若将"叀"看作"惠"的省字，则有好处、优惠之意。"傳"是"付""叀"，是给予好处，是奉献财富，所以要把物质财富和精神财富一代一代地传下去。"專"中的"寸"，古文字似手下一寸形，意指行为，也为分寸，表示尺度、标准。"人"、"叀"、"寸"为"傳"，表示将所掌握的知识教授给他人，此为传授。传授知识要考虑对方的具体情况，如年龄、智力、环境等，要适时而传、适度而授。

简化字"传"从人，从专，强调了"专"的专用、专业、专一之意。"传"是一种推广、散布，如传单、宣传、传播、传媒、传染等。"传"在这里是带有专业性的行为，是特定范围内的专业人士通过专门的途径对本领域进行宣传的一种方式。

古代的驿站叫作"羁"。据推测，一羁的路程大约 30 里，第五羁距王都约 150 里之遥。驿站多为休息、住宿的场所，并供应马匹给养。身藏重要文书的使者看到一个驿站便可换乘马车，休息一下，继续赶路。也有的将文书包袱交给驿站中的另外一个人，让他接着送信。通过一站一站地传递，最终把朝廷的重要消息传到全国各地，或者把地方的重要信息传给朝廷，这就是"传"字最早的意义，为传递、传送。因此"传"又指驿站。玄应《一切经音义》卷七："传，驿也。"驿站是供行人车马食宿的地方，"传"又指由驿站提供的车马脚力。《水浒全传》第一百一十四回："（宋江）问道：'贤弟水路来？旱路来？'燕青答道：'乘传到此。'""乘传到此"指的就是乘坐驿站提供的车马来到了这里。

"传"由传送引申为转达、传授。王安石《次韵徐仲元咏梅》："终无驿使传消息。"诗人等了许久，都等不到有人给自己捎来只言片语。"传"即传达、转达。传达某事，就要把意思清楚地表达出来，"传"又可表示表达、流露。《抱朴子·行品》："而口不传心，笔不尽意。"说话或写作要把意思表达清楚，口或笔必须与心意相通，这样才能清楚心中所想，才能贴切地表达出来。

"传"还为传扬、流传、继承、延续。《礼记·祭统》："知而弗传，不仁也。"自己懂得的道理、学识而不传授下去，是为不仁。人类文明之所以能够一脉相承，传授起到了重要的作用，它就像人类发展史上的驿站，不断为人类文化的发展和进步补充着力量。

此外，"传"还表示文字传记、注释以及阐述经义的文字，读"zhuàn"。如"经传"原指儒家的经文典籍和注释经典的传述，现泛指比较重要的著作。词语"不见经传"，是说某人某事或某种理论未被写进典籍。

"传"从专，"专"为专业。不同的专业需要有不同的人才，因此需要有不同的传递、传授渠道。韩愈《师说》："师者，所以传道授业解惑也。"在传统文化的传承中，老师起着承上启下、传递人类文明的作用，为人师者要进行"业"的传授，更重要的是"道"的教育。

道 dào

委 金文　道 小篆

"道"，会意字，从辵，从首。

"辵"为汉字部首之一，意为行走，"道"从辵，表示与人的行为动作有关；"首"为头，为起始，与"尾"相对，"道"从首，意谓有起点而无终点。

"道"为"首"在"辵"上，是"千里之行，始于足下"之意，足下即为道的起点。《说文·辵部》："道，所行道也。""道"的本义为供行走的路，如道路、大道、小道等。"道"是通往目标的路径，"道"由此引申有方向、途径之意，如志同道合等；表示方法之意，如门道、医道等。学术或宗教的思想体系自成一体，各有其法，故称之为"道"，如道学、传道、修道等。"道"也有说、讲之意。

"道"中有"丷"，有"一"。可以理解为"丷"为阴，即""；"一"为阳，即"—"。""""—"相叠为阴阳。阴中有阳，阳中有阴，阴阳相互转化，此乃阴阳之大道。阴阳之道是宇宙的总法则。"道"中有"自"，为自己、自我。阴阳之道指自己内在的规律和运行法则相互转变，左阳右阴，上阳下阴，阴阳相抱，这就是阴阳之自行之道。将"自"视作内在的静，"辵"为外在的动。"道"是内在与外在的互动，是阴与阳、静与动的交合。"道"为法则、规律，如道理、道德、道义等。而信奉大道自然的思想则称为"道家"、"道教"，又如道观、道士、道姑、道行等。

万事万物皆有道。道路之"道"为有形之道；阴阳之"道"为无形之道。"道"是有形与无形的结合。

"道"中的"首"为头，为首领、首脑、首长，表示尊者、长者、前辈等。人之行事，当以长者、前辈为先，此为合道。"首"也代指思维、思想等。道途多险，行走于道，需要用头脑判断正误，辨别是非，以避祸于无形，享福于长久。

"道"的本义是指人由此达彼所行经的道路。又由本义引申为方法、途径、志向。成语"道不拾遗"、"道听途说"中的"道"就是道路的意思。"道不拾遗"语出西汉时期司马迁《史记·商君列传》:"秦人皆趋令;行之十年,秦民大说(悦),道不拾遗,山无盗贼。"指路有失物,无人拾取,后来,常以此形容民风淳厚,天下太平。"道听途说"泛指没有根据的传闻,语出《论语·阳货》:"道听而途说,德之弃也。"春秋时期,随着人类自我意识的逐渐增强,人们观察到天有天道,人有人道。寒暑更迭、日月交轮,都有固有的秩序;人的出作入息、死生轮续等也体现为一种客观的有序过程。"道"便被引申为规律、法则的意思。

做人的法则就是人之道。人之道就是道德伦理。儒家思想注重在伦理层面上阐释人之道。《论语·里仁》中说:"朝闻道,夕死可矣。"其中的"道"即为伦理意义上的道德、道义。"道"既是一种仁义的境界,又是实现仁义境界的途径。它是尧、舜、禹、汤、文、武、周公、孔、孟所传之精髓。孔子主张"志于道,据于德"。这里的"道"指理想的人格或社会图景;"德"指立身根据和行为准则。因为儒家以仁义为道德的重要内容,故也将"仁义道德"并列。儒家还讲中庸之道、君子之道。《荀子》:"先王之道,仁之隆也,比中而行之。"在人际交往中要"比中而行",礼尚往来的"失中"是不合道理的。《中庸》:"居上不骄,为下不倍。国有道,其言足以兴;国无道,其默足以容。"作为一个君子,应该是身居上位时不骄傲,身居下位时不背叛作乱。当国家政治清明有道时,便力求自己的言论主张可以帮助国家振兴;当国家政治混乱无道时,自己的沉默足以被接受。

《老子》提出了"道生一,一生二,二生三,三生万物"的命题。书中说:"道可道,非常道。"第一个和第三个"道"为化生万物的本源,第二个"道"指言说。"道"是宇宙天地产生的根源,是自然万物运行的规律。老子指出"道"是"先天地生"的"天地之母"、"万物之宗";道"负阴而抱阳","独立而不改,周行而不殆",不依人的主观意志为转移。老子还论证了天道与人道的相对独立性,提出了"人法地、地法天、天法道、道法自然"的思想。庄子的思想承于老子,他认为道"自本自根"(《庄子·大宗师》),"道兼于天","行于万物"(《庄子·天地》)。就是说,道自来如此,没有派生者,它普遍存在于万物之中,是万物之所以为此的最高法则，也是人最高的思想境界。后人习惯地将老庄的学说称为"老庄之道"。《易·传》认为，"道"是以阴阳二气消长的规律性变化为其存在的方式。指出："一阴一阳之谓道。"又说："形而上者谓之道，形而下者谓之器。"（《系辞上传》）意思是说，"道"是一种无形的存在。这种无形的存在分别表现为天地之道和人道。《说卦传》认为："立天之道曰阴与阳；立地之道曰柔与刚；立人之道曰仁与义。"

从宗教意义上看，"道"为宗教教义。道教是我国固有的宗教，因以"道"为最高信仰，并视其为化生宇宙万物的本源。道教于金元时期分为"正一"和"全真"两大教派。正一道偏重于符箓，全真道偏重于丹鼎，主要区别在于修行方式上的不同。道教中人被称为"道士"，奉守道教经典规戒并熟习各种斋醮祭祷仪式。全真派称男道士为"乾道"，女道士为"坤道"。

"道场"是道士或和尚做法事的场所，也指所做的法事。《大唐西域记》卷八："菩提树垣正中，有金刚座……。证圣道所，亦曰道场。"又指某些法会，如"慈悲道场"、"水陆道场"等。道教亦沿用此称，指较大的诵经礼拜仪式。

道教把神仙及道士栖身的地方称为"洞天福地"，其中上天有玉清、上清、太清三大仙境（三清），是道教修行的最高境界，故道观中设有三清殿，内供三清天神。道观中一般还有三官殿，内供天官（尧）、地官（舜）、水官（禹），表示天官赐福、地官赦罪、水官解厄。道教还供奉张天师、吕洞宾、王重阳、张紫阳、汉钟离、邱处机、张三丰等人，山神、土地、城隍、财神、灵官、灶王、真武帝君等神。西岳华山、北岳恒山、江西龙虎山、山东崂山、湖北武当山、江苏三茅山、北京白云观等，都是有名的道教圣地。

授业

教育孩子的第一要务，就是让他学会承担责任。

授 shòu

 小篆

"授"，会意兼形声字，从手，受亦声。

"手"代指行动、动作、行为，"受"有接受、承受之意。"受"中有"爫"、"冖"和"又"，是以上面的一只手（"爫"）将"冖"交给下面的一只手（"又"），来会意恭敬地接受别人给予的东西，虚心地接受他人提出的批评，感激地接受对方提供的帮助。"授"字中有三"手"（"爫"，"又"，"扌"），会意通过第三只手将前两只手接受的东西再授予他人、传授出去。《说文·手部》："授，予也。"本义是给予、交给，多用于比较隆重的事项，如授衔、授勋、授权、授予、授奖等。

"授"是将东西给予他人，难免会有肢体上的接触。《孟子·离娄上》："男女授受不亲，礼也。"男人和女人在互相递交东西时，不允许有身体任何部位的接触。《礼记》："男女非祭非丧，不相授器。其相授，则女受以篚。其无篚，则皆坐奠之，而后取之。外内不共井，不共湢浴，不通寝席，不通乞假。男子入内，不啸不指；夜行以烛，无烛则止。女子出门，必拥蔽其面；夜行以烛，无烛则止。道路，男子由右，女子由左。"上古时期，只有在祭祀或举丧时，男人和女人才能相互传递东西。传递时，男人先把东西放进竹篚，女人再从篚里取出。如果没有竹篚，男人就先把东西放在地上，女人再拿走。内室女眷不能和外边的人同喝一口井水，不能同用一个浴室，更不能在同一个炕上就寝，也不能相互借东西。男人进入内室，不能大声喧哗，指指点点；夜里出入要秉烛，没有蜡烛就哪里都不能去。女人出门要遮蔽脸部；夜里出入也要秉烛，没有蜡烛就停止活动。

路上行走，男子从右，女子从左。

"授"是双手递交实物，以示郑重。君主当众把象征权贵的印绶或印信交付给被任命的人，就是"授印"，表示任命、委任。《楚辞·离骚》："举贤而授能兮，循绳墨而不颇。"推举贤才，将职位授予有才能的人；遵循法度，使政事政令不发生偏颇。《晋书·左思传》："以能，擢授殿中侍御史。"左思才华出众，被朝廷提拔为殿中侍御史。王安石《答司马谏议书》："议法度而修之于朝廷，以授之于有司。"意思是讨论法令制度然后拿到朝廷上修正，再交给有关官吏组织实施。

把官职"授"给别人是任命，把知识"授"给别人是传授。教书育人要有足够耐心，需要手把手地传授，所以"授"字从手。韩愈《师说》："彼童子之师，授之书而习其句读者。"老师把书中的知识传授给孩子们，先从教他们学习断句入手。《三国演义》中，诸葛亮经常对部下"面授机宜"。"面授机宜"即授意，当面传授针对客观情势处理事务的方针办法，与教学里的"传授"、"教授"是同一个意思。

在现代汉语中，"教授"有两种含义：一是传授知识，老师对学生讲解说明教材内容；二是一种职称，高等学校中职称最高的教师。授业解惑是教师的职责，但是授什么、怎么授，在不同的教育理念支配下，会有不同的方法。一位优秀的教师不应只向学生灌输课本知识，而应教学生学会学习，学会做人，学会做事。正如古人所说："授人以鱼，三餐之需；授人以渔，终生之用。"教师向学生灌输的知识毕竟有限，多数只适用于考试升学，而引导他们树立远大理想，掌握正确的学习方法和思维方式，才能使他们受益终生。

业 【業】
yè

金文　小篆

"业"，繁体为"業"。会意字，从丵，从巾。

"業"的本义是古代乐器架子横木上的大版，小篆刻成锯齿状，用来悬挂钟磬。这个意义如今已经不用了。"業"为"凿"、"羊"、"耒"、"木"四字的省写之合写，篆文中，"木"写作"巾"。"凿"是挖槽或穿孔等挖掘用的工具；"羊"是畜牧放养的品种之一；"耒"是古代耕地用的农具；"巾"是纺丝织布的成果；"木"为木材、木板、木料，古代以之筑墙造屋，是重要的建筑材料。"業"字包含木工、畜牧、农业、纺织、建筑等行业，以此会意，"業"为行业。引申为专业、职业、行业，业绩、业务等。

　　"业"要靠实际行动完成，行为的善恶通常导致不同的结果，从佛教的角度来说，称之果报。故而，"业"作为宗教用语，常为佛教所用，意为造作，一般包括身、口、意三个方面，称"三业"。泛指人们的一切善恶思想行为。与因果关系结合，则指由过去行为延续下来而形成的力量，称为业力。一切苦乐之果皆因业力所致，"一世苦乐之果"即指果报，故通常有"业力不可思议"之语。

　　"业"最常用的意义是职业、行业。在某一行业中发展壮大，即为事业、功业。陶渊明《桃花源记》："晋太元中，武陵人捕鱼为业。"又如词语"安居乐业"。诸葛亮《出师表》："先帝创业未半，而中道崩殂。"先帝刘备创立帝业还没有完成一半，就中途去世了。此"业"为家国大业，是王侯将相毕生奋斗的基业。"业"在古汉语中又常可做动词，表示以某某为职业、使乐业或成就功业。如"业儒"是以儒学为业；"业商"是指从事商业；"业网"指打鱼为业。

　　作为佛教名词，"业"通常指"三业"，即身业、口业、意业。"身"指行动，"口"指言语，"意"指思想意志。身业和口业又各分"表业"与"无表业"两种：由言论、行动所表现出来并示予他人的，称为"表业"；只有潜在思想，没有在言行方面表现出来，无法示予他人，不能用感官观察和理解的，称为"无表业"。身业、口业各有表业、无表业，再加上意业，合称"五业"。"业"又分为善、恶、无记三种。恶之三业中，如杀生、偷盗、淫邪属身业；妄语、绮语、两舌、恶口属口业；贪欲、嗔恚、邪见属意业。善之三业中，不杀生等属身业；不妄语属口业；不贪欲属意业。而无善、无恶、无感果之力者，是无记业。

"三业"所造的乖理行为,即坏事、坏话、坏心等,现在或未来能招感苦果、妨碍修行,称为"业障"或"孽障"。此"业"为罪孽之意,多指前生所作之恶业造成今生之障碍,通常指五逆、十恶等业。佛教徒对自己和他人的不规范行为或遭遇到的某种不幸,也称为"业障"。

佛教认为,"业"是形成事物的最直接原因。"业"一旦发生后不会自行消除,而且会引起善恶苦乐等报应和过去世、现在世、未来世等轮回,并提出"业因果报说"。《华严经·世主妙严品》:"若有众生一见佛,必使净除诸业障。"向佛修行的目的之一,就是消除种种业障。佛教对众生说明"恶业"的后果,就是为了不让众生做这样的"恶业",告诫人们从思想到行为上都时刻注意防恶止非、行善积德。

解惑

只有智慧而博学的老师，才会喜欢提问题的学生。

解 【觧】

jiě jiè xiè

甲骨文　　金文　　小篆

"解"，异体为"觧"。会意字，从角，从刀，从牛。

"解"的甲骨文像双手拔牛角形，表示正在宰牛。《说文·角部》认为，"解"就是"判"，本义指用刀分割动物肢体。今体"解"从"角"，从"刀"，从"牛"，寓意为用刀杀牛，并分割成肉块。解牛之道大有讲究，须先熟悉牛身筋骨构造规律，才能达到手法熟练，迎刃而解，与分析解决问题有共同之处，"解"由此引申出解剖、解构、解除、解冻、解决、解释、理解、见解等诸多含义。

"庖丁解牛"的故事出于《庄子·养生主》，说明了熟能生巧的道理。战国时，专门负责为文惠君宰牛的庖丁，解牛时刀法熟练，动作优美，手中的刀在牛体中游走自如，即使闭着眼睛，也能凭着感觉，片刻之间就把一头完整的牛分解得肉是肉，骨是骨。

"解"的对象与含义逐渐延伸，后来既指分解动物，也指分解植物，既指有形之物，也指抽象事理。唐代刘恂《领表録异》："木性如竹，紫黑色，有文理而坚，工人解之以制博奕局。"顺着纹理把木料剖开，可制成条纹美观，质地坚硬的棋子。动植物的构造都有一定纹理，这些纹理的分布具有特定规律。分析复杂问题，正如分解这些纹理，或顺着它们顺藤摸瓜，找到问题的答案和解决方法。

"解"还可以引申为分裂、消散。如《国语·鲁语上》："晋文公解曹地以分诸侯。"晋文公把曹国的封地划分为几块，分给手下的诸侯，作为对他们的封赏。又如《左传·成公八年》："信不可知，义无所立，四方诸侯，其谁不解体。"信义无存，人心涣散，哪里还会有什么稳定和统一？
"解体"就是国家的统治难以维系，只能走向土崩瓦解，四分五裂。天下
大势，分久必合，合久必分，分裂势力的阴谋活动，常使统一国家面临被
解体的危险，古有历代王朝统治的分崩离析，近有超级大国苏联的轰然解
体。国家被解体，无异于牛被宰杀并解剖。"解"又有离散之义，如解散、
作鸟兽散。"解散"通常是集合结束后的口令，也指群众组织、民间社团
使命结束，或被强迫取缔停止活动的结果。

　　"解"又常表示拆解。传统戏剧中常见这般情节：忠臣良将被奸臣陷
害，五花大绑押往午门外就要砍头，紧要关头当朝老臣出面讲情，马上解
脱了罪名，解开了绳绑，解决了问题。可见，司法不能独立的痼疾古已有
之。"解"又表示排解。俗话说，冤家宜解不宜结。如果能够及时排解矛
盾，就不会冤冤相报，代代结仇，影响社会和谐稳定。《礼记·曲礼上》：
"解履不敢当阶。"鞋子脱了，就不能走上台阶，否则就是违反礼仪，对人
不敬。

　　读书学习难免会遇到疑难问题，如果无人指点迷津，往往会原地打转，
事倍功半。所以，唐代韩愈在《师说》中给教师规定了三项职能：传道、
授业、解惑。解惑就是专门澄清谜团，排除疑难，使人如醍醐灌顶，豁然
开朗。其中的"解"，就是通过解释、解说、讲解，使人能够透彻地理解、
了解，脱离一知半解、迷惑不解。《庄子·徐无鬼》："以不惑解惑，复于
不惑，是尚大不惑。"有所惑就要敢于解惑，最终才能无惑，这是古人的
大智慧。但是人性的弱点决定了很多人文过饰非，不懂装懂，把自己关在
了进步的大门外。

　　"解"的用法很多，意义各不相同。"解"相当于书的章节单位，如
《汲冢周书》；"解"是古代的一种文体，特点是侧重于解疑释惑；"解"是
周易六十四卦卦名之一，《易·解》："解，利西南"；"解"是武学术语，
表示练武之人过招时用来化解对方招式的动作；"解"又是解方程所得的
答案，有几个答案就说有几"解"。

　　"解"读"jiè"时，一是指举进士者由地方推荐入京，称为解元，如
明代风流才子唐伯虎；二是表示押送犯人，如苏三起解。解读"xiè"时，
一是表示姓氏；二是表示懈怠，这个意义后被"懈"取代而消亡；三是指

武艺，浑身解数即所有的本领。《西游记》第七十三回："浑身解数如花锦，双手腾挪似辘轳。"

惑 huò

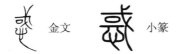

金文　　　小篆

"惑"，形声字，从心，或声。

"或"有或许、也许之意，也表示假设，相当于倘若、假使，意寓不确定或另有选择；"心"为内心。"或""心"为"惑"，可理解为因为无法选择，不知道是真是假，不明白是对是错，从而心疑不定，心神不宁，杂乱无章，烦乱无主。"惑"的本义为迷乱、分辨不清。《说文·心部》："惑，乱也。""或""心"为"惑"，又可理解为心被外物所蒙蔽，故而无从选择。因此"惑"也指欺骗、蛊惑、使迷乱。

人们对自己的内心应是很了解的，但有时却理不清自己很熟悉的东西，因此疑惑顿从心生。"惑"有疑惑之意。《论语·为政》："三十而立，四十而不惑，五十而知天命，六十而耳顺，七十而从心所欲，不逾矩。"孔子30岁时，学有所悟，事业初步成就，40岁教学相长而能无所困惑，50岁便知道天地自然的命运，顺应天命，60岁不生烦恼，70岁达到从心所欲无不合乎规矩的境界。"三不惑"指在酒、色、财方面对自己要求严格。《后汉书·杨秉传》："秉性不饮酒，又早丧夫人，遂不复娶，所在以淳白称。尝从容言曰：'我有三不惑：酒，色，财也。'""惑"亦可作名词。韩愈《师说》："师者，所以传道授业解惑也。"为人师者，就是传授知识、教授技能、解除疑惑的人。

"惑"本指自己的内心存有疑问而迷乱，若是别人故意从外界制造迷乱的环境，就是用不光明的手段而使本来清醒的人迷惑。"惑"有使人迷惑之意。战国宋玉《登徒子好色赋》："嫣然一笑，惑阳城，迷下蔡。"东家之子嫣然一笑，使全阳城的人为之辨不清四方，使全下蔡的人为之迷倒。成语"妖言惑众"指以妖异不经之言欺诳、煽惑众人。"调三惑四"指挑拨是非。《红楼梦》第十回:"恼的是那狐朋狗友,搬是弄非、调三惑四。""眩视惑听"指迷惑人的视听。"染惑"谓外物的影响和迷惑。南朝梁简文帝《为诸寺檀越愿疏》:"常恐虚蕉染惑,永结馺河。""嬖惑"指宠爱、迷恋。清代蒲松龄《聊斋志异·公孙九娘》:"自此昼来宵往,嬖惑殊甚。"

凡是要使别人疑惑、迷乱的人,必定心怀诡计,以欺骗、蛊惑别人来达到自己不可告人的目的,故"惑"有欺骗、蛊惑之意。《荀子·解蔽》:"内以自乱,外以惑人。"在内使自己人迷乱,在外蛊惑众人。"惑"首先是内心迷乱才给别人以可乘之机,如果自己时刻保持着清醒的头脑,就不会被假象所迷惑,心清者无惑。

"惑"是一个佛教用语,佛教称烦恼为惑。"惑"亦有迷恋、迷失之意。佛教中"三惑"为三毒之异称,即贪欲、嗔恚、愚痴等三种根本迷惑,又云三障。台宗将烦恼分为见思惑、尘沙惑、无明惑等三种,因一心中具有此三惑,故必须修三观才能断三惑。见思惑,指迷于三世之道理,迷于现在事象;尘沙惑,比喻人之惑障如尘沙之多;无明惑,指昧于"万有即法界"之理所引起的烦恼。迷于邪说叫惑妄。

"惑"通"或",《墨子·明鬼下》:"请惑闻之见之。"意思是:请你听一下或是看一下。

教育就是一边教做人，一边育人才。

栽

zāi zài

栽 金文　栽 小篆

"栽"，形声字，从木，戋声。

"栽"从木，表示与木材、木料有关；"戋"可视为"载"省，有承载、负担之意。"木""载"省为"栽"，意为以木为材料，使其具备承载、负担作用的过程。《说文·木部》："栽，筑墙长版也。""栽"的本义为筑墙立板，读作"zài"。古代筑墙时，先于两侧立木板，中间层层夯土而成，起到支撑房顶、房梁等的作用。

"栽"读"zāi"时，指种植、养殖。《广韵》："栽，种也。""栽"又由"土"、"木"和"戋"三部分组成："土"即泥土，是植物生长的土壤；"木"即树木，是要种到土里的树苗；"戋"原是一种兵器，这里是指刨土挖坑的工具。"栽"字形象表现了挖土种树的意思。"戋"为"载"省。"裁"是剪裁，有取舍之意，"木""戋"为"栽"，意为有选择、有计划地种植草木。"栽"字由种植树苗引申，专指可以移植的树苗，如栽子、桃栽、柳栽、树栽等。

"栽"指种植。"前人栽树，后人乘凉"比喻前人为后人造福。明代胡文焕《群音类选·清腔类·桂枝香》："那晓得三纲五常，只知道七青八黄，圆鸭蛋里棹桨，竹竿空长，肚里无粮，前人栽树，后人乘凉。""着意栽花花不发，无意插柳柳成荫"意思是有心栽种的花没开，无意插下的柳枝却成了一片柳荫，比喻存心想求得的没得到，不经意的却意外地取得了收获。"倒栽葱"指栽跟斗时头先着地，即栽得很重。清代褚人获《隋唐演义》第三十三回："照脊梁一拳，打个不提备，跌了一个倒栽葱，把一个小孩子也丢在路边啼哭。"

"栽"又可表示插埋的意思，如"栽绒"、"栽电线杆"等。"栽"是把木插于土中。土中本无物，人为地把树放进土里，使之从此在这片土地上生长着，这其中包含着一定的强制的意味。由此，"栽"又可用来表示硬给安上，引申指捏造假证嫁祸于人，如"栽赃"。"栽诬"指捏造罪状以陷害他人。

口语中，"栽"还可用来表示摔倒之义，比如"栽跟头"。这一意义也可虚化为抽象的意思，比喻遭受挫折，遭遇失败，比如"他生意上栽了一个跟头"，就是说他生意上遇到不顺利的事情，遭遇了失败。

栽树指从把树苗放入坑中开始，到树苗成活并长成大树的过程中，栽树的人要付出很多的努力。同样，在一个孩子成长的过程中，老师和家长也要给予其悉心的照顾和培养，帮助其顺利成长。因此，由种树之义，"栽"字又可引申表示栽培、培养的意思。

"临济栽松"为禅宗公案，为唐代黄檗希运与临济义玄师徒间之问答。《临济录》："师栽松次，黄檗问：'深山里栽许多作什么？'师云：'一与山门作境致，二与后人作标榜。'道了，将镢头打地三下。黄檗云：'虽然如是，子已吃吾三十棒了也。'师又以镢头打地三下，作嘘嘘声。黄檗云：'吾宗到汝，大兴于世。'"此公案为黄檗试验临济之道念。深山表示本来成佛之义，黄檗问本来成佛，何故修行。临济表示对自己之信心，故打地三回，并作嘘嘘声，表示感谢之意。

培 péi

墙 小篆

"培"，形声字。从土，音声。

"土"是土壤、土地，"音"是"倍"的省字。"培"为加倍填土，本义是给植物或墙堤的根基垒土。为植物垒土，意在保护并促进其生长；

为墙堤垒土，意在修护使其牢固。《说文·土部》："培，培敦土田山川也。""培"，在物体的根基处垒出土堆：培土使之成堆，培田使之固土，培山使之固本，培川使之固堤。陆游《镜湖》："增卑以为高，培薄使之坚。"填土使地势低下的增高，使基础薄弱的坚厚。"土"为根基，为基础；"咅"是加倍。由此可引申为对人才的培养要注重基础教育，要从幼苗开始培育，使之能够茁壮成长、成材，成为国家的栋梁。

旧时百姓造房，墙基多用泥土版筑而成。遇有暴雨，雨水会冲刷墙基，把泥土一点点冲走；平时由于风化、腐蚀等原因，墙基也会逐渐削弱，出于安全起见，需要定期修补墙基，给墙根培土。日积月累，墙体越变越厚，尤其是房屋的后墙，主人将其垒加得格外稳固、厚实，所以"培"有时特指房屋的后墙。同样，为了保护植物的根部，使之能为植物提供充分的水分和营养，也需要在植物的根部添加泥土，即培土。无论是给建筑物的根基垒土，还是给花草树木培土，"培"都起着保护、扶持的作用。

培育植物需要培土施肥，使其根深苗壮；培养一个人，同样需要从根基抓起。"十年树木，百年树人"，这句话把培育树木和培养人才作比较，说明人的成长与草木萌发有诸多相似之处。台湾心理学家游乾桂打过一个比方，他说：教育需要用"心"一斗，"温柔"三两，"体贴"一瓢，用"欢喜水"煮，一碗煎六分，三小时起锅，才能营造温馨亲子情。培养孩子需要用"心"了解孩子，需要有"三小时起锅"的耐心。

培养、教育一个人，是希望他能往好的方向发展。方孝孺《送李生序》："培之以道德而使之纯，厉之以行义而使之高。"用高尚的道德去教育一个人，使他的心灵变得纯净；用正直的行义去磨砺一个人，使他的思想变得高尚。重情讲义、道德高尚是做人的根本，根基不牢，地动山摇。但是，正如古人所言："欲影正者端其表，欲下廉者先其身。"父母对孩子的影响不可低估，要使孩子成为道德高尚的人，为人父母者必须在言行方面起表率作用。

自古以来，中国人特别强调家长的以身作则，认为以身作则是家庭教育成功的关键所在。孔子曾经说过："其身正，不令而行；其身不正，虽令不从。"就是说，自身公道正派，别人自然跟着效仿；自身品行不端，即使强迫命令，别人也不会服从。他又说："不能正其身，如正人何？"

不能端正自己的行为，又怎么能去规范他人的行为呢？魏晋南北朝时期的思想家颜之推也说过："夫风化者，自上而行于下者也，目光而施于后者也。是以父不慈则子不孝，兄不友则弟不恭，夫不义则妇不顺矣。"这些都是古人的经验之谈，是中国人在长期的家庭教育实践中总结出来。

现代生活中，很多父母都有"望子成龙"、"望女成凤"的思想，一心一意想把自己的儿女培养为人才。身为父母者，首先应该想到，自己是儿女在成长过程中效仿的第一人，家长的言行举止，时刻在影响着孩子。正如中国古话所说的"上梁不正下梁歪"、"老子偷瓜盗果，儿子杀人放火"。父母正则儿女多有积极正面的受益，父母不正则儿女多受消极负面的影响。父母对子女"晓之以理"自然是行之有效的教育方法，但是，"导之以行"则更具决定性的意义。正如李贽所言："动人以言者，其感不深；动人以行者，其应必速。"

训诫

过高的期望，带来孩子的无望；过度的保护，带来孩子的无能；过分的溺爱，带来孩子的无情；过多的干涉，带来孩子的无奈；过多的指责，带来孩子的无措。

训 【訓】
xùn

小篆

"训"，繁体为"訓"。形声字，从言，川声。

"言"为言语、文字；"川"是川流，有顺畅、疏导之意。《说文·言部》："訓，说教也。"本义是用通俗的语言教育、教导、教诲他人，使其明白事理。"川"字左右是岸，中间是流。"训"从川，意为对他人进行教育训导要像长流不息的河水一样，不厌其烦，不厌其详。"川"为水流，水性柔，水性善，包容宽广又逝水无情。训诲教育他人要循循善诱，通情达理，同时也要讲原则，该宽则宽，当严则严，以达到教育之目的。

训导者之言如川流之水，滋润心田，接受训导者洗耳恭听，从善如流，此乃"训"之真意。孔子晚年，一日和学生散步到河边，眼望着奔腾不息的河水感慨道："逝者如斯夫，不舍昼夜。"光阴就像河水一样，昼夜不停地奔流。孔子的话令弟子们心有感悟，他的谆谆教导也如涓涓流水，不倦不息，惠及后世众生。

"训"由本义引申为告诫、训斥。《玉篇·言部》："训，诫也。"正如古人所说，良药苦口利于病，忠言逆耳利于行。有时候，教师对学生、长辈对晚辈、领导对下属，也会爱之深，责之切，出言一针见血，批评不留情面。这时候，受训者更应该深刻反思检讨自身言行举止的错误偏激之处，然后虚心接受，努力改正。

《左传·桓公十四年》："训诸司以德。"意为对官员进行道德教育。历代明君都很重视对各级官员进行爱国为民思想的训导，希望这些国家的上层人员都能拥有高尚的德行。唐太宗是唐朝杰出的君王，在他的统治之下，出现了"贞观之治"的盛世局面。他曾经用"君，舟也；民，水也。水能载舟，亦能覆舟"来提醒自己和告诫官员。为政者一定要知民情，得民心。唐太宗的成功与他善于训导官员是分不开的。

训导是为了规范行为，由此，"训"为名词时又可表示典范、准则。《诗·大雅·烝民》："古训是式，威仪是力。""式"是敬守；"力"是勉励去做。意思是敬守先王之遗典，行事努力合礼节。中国古代社会建立在以"礼"为中心的宗法制度之上，礼仪体系周密完整，并形成典籍，以训导人们遵照执行。这类书有《弟子规》、《孝经》等。古代的各种礼教使人们的行为规范化，有利于社会的和谐和稳定。"训"也可通"驯"，意为驯服。马戏团的狮子、老虎，本是山林中的猛兽，凶猛无比，但经过驯兽师的驯化，可以按照人的意图进行表演。此时"训"的含义是使之按照一定的规则行事。

"训"又有训练之意。天才毕竟是少数，且成功的人不一定就是天才。人们后天的学习和训练是非常重要的，有意识地训练自己是成才必不可少的过程，而这其中自然离不开别人的训导，因此人们也把接受某种知识和技能的教育培养称之为"培训"、"受训"。

诫 【誡】
jiè

小篆

"诫"，繁体为"誡"。形声字，从言，戒声。

"言"为语言，指书面语和口头语，也包括肢体语言；"戒"为警戒、戒备，表示防备、警惕、限制等意。《说文·言部》："誡，敕也。""敕"为告诫之意。本义为警告、告诫，即以言为戒，通过语言的规劝使人警觉、清醒，进而使其自省己过，达到警告、劝诫的目的。"诫"从言，也强调人要戒言，即要戒备、约束和规范自己的言谈举止。说该说的话，以防祸从口出，有意拉开心与嘴的距离，做到想了再说，而不是说了再想，谨言慎行，永远当语言的主人，不当语言的奴隶。

前车覆，后车诫。是说前面的车翻倒了，后面的车应该以此作为警告。"诫"在这里为动词，意思是以此为戒，不要再犯同样的错误。日常用语中经常用到的"谆谆告诫"、"小惩大诫"等词皆有警告其不再犯错之意。古有孟母"断织之诫"的典故：据说孟子小时候读书不用功，整日贪玩。有一天他逃学回家，正碰上母亲在织布。孟母问他为什么这么早就放学了，孟子说读书太辛苦，不愿意读了。母亲听后拿起剪刀就把织机上的布剪断了，并严厉地对他说："你做事这样没有恒心，就好像我辛苦织了大半的布从中而断、半途而废一样！"孟子深为母亲的劝诫所震动，从此以后刻苦用功，终成儒家亚圣。这则故事被编入后世启蒙读物《三字经》，并用"昔孟母，择邻处，子不学，断机杼"的事例，告诫人们做事情要坚持不懈。

"诫"字做名词，表示警诫。《荀子·强国》："发诫布令而敌退。"是说向敌人发布警告，从而威胁敌人，使其撤退。"诫"还可延伸为警醒、提醒的意思，"诫"从言，从戒，十分符合所要表达的意思。

有一种文体叫作"诫敕"，内容是规劝告诫世人的。东汉时期著名女文学家班昭著有《女诫》七篇，历述女子处世之道。清康熙时期的王相把她的《女诫》和唐代宋若莘、宋若昭所著作的《女论语》、明成祖皇后所著的《内训》、王相母刘氏所著的《女范捷录》合编为女四书，作为女子必读的四部经典。"诫"的过程首先是用言语提醒、劝诫，进而告诫、警示，态度和语气难免严厉、强硬，大多会引起被诫者的不快和不满。"良药苦口利于病，忠言逆耳利于行。"因为直言劝诫惹得别人恼羞成怒、避之不及的事例比比皆是。但是，稍有几分理智的人都会明白：只有关心爱护自己，不愿自己走弯路、犯错误的人，才会如此苦口婆心、犯颜相劝。当面告诫的是朋友；背后谩骂的是小人。人生在世，如果身边没有几位这样的诤友，反倒是一种缺憾和悲哀。

讲课

宁可一窍不通去学习，不可一知半解去害人。

讲 【講】
jiǎng

講 小篆

"讲"，繁体为"講"。形声字，从言，冓声。

"言"为言语、说话；"冓"为"媾"省，是恢复亲善友好关系的意思。"冓"又是"溝"（沟）的省字，"溝"为沟通。通过言语沟通，使双方恢复友好关系即谓"講"。《说文·言部》："講，和解也。"本义为讲和、和解。"冓"也是"構"（构）、"篝"的省字。"構"为构造、构建；"篝"为篝火，闪烁火光和火花。为达到和解、求和之目的，讲话要有条有理，层次分明；要讲得环环相扣，层层深入；要讲得明白晓畅，像篝火一样照亮人心。

简化字"讲"从井，是井水、井田，引申为井井有条。讲问题应讲在明处，要如井水之澄明，深入浅出，清澈透明；要像"井"字一样横竖分明，简洁明了，条理清晰；"井"字框出一个方形，表示讲解有范围，不能漫无边际，要突出重点。

"讲"的本义是和解。《战国策·秦策四》："三国之兵深矣，寡人欲割河东而讲。"高诱注："讲，成也。"在这里是割地求和的意思。《史记·苏秦列传》："已得讲于魏，至公子延，因犀首属行而攻赵。"本来已经同魏国和解，到了公子延时，又置备武器攻打赵国。古代国与国之间求和，一方面通过使者的斡旋，一方面强势国家还要向弱势国家提出自己的条件和要求。如割地、联姻、呈献宝物等，最终以满足要求而和解。所以"讲和"说白了就是在商议的过程提出自己的要求，并以对方满足自己的要求而和解。故此"讲"有商议、要求之意。如讲条件、讲报酬等。

辩士在讲和时须有自己的观点和论辩方式，以便在与对方争论时压倒对方，所以"讲"并不只是就单方面而言，因此"讲"引申又指论说、评论。《广雅·释诂二》："讲，论也。"《正字通·言部》："讲，相与论说也。"《礼记·礼运》："选贤与能，讲信修睦。"孔颖达疏："讲，谈说也。"选拔贤能的人，谈说诚信淳穆的德行。

"讲"字从言，说明"讲"与说话紧密相关，通过语言把自己的想法告知对方，由此"讲"也指告诉，有解释、说明的意思。《广韵·讲韵》："讲，告也。"告诉别人某一事情，与人论说，目的就是要让对方明白自己的想法，因此"讲"也有明白、知晓的意思。《礼记·礼运》："协于艺，讲于仁，得之者强。"孔颖达疏："讲，犹明也。"

"讲"又指讲求、注重。如讲文明，讲团结、讲卫生、讲实际等。《论语·述而》："德之不修，学之不讲。"不培养德行，不讲求学问。沈括《梦溪笔谈·官政一》："近岁乃讲月堤之利，涛害稍稀。"近年来重视筑堤的重要性，洪水的灾害稍微少了一些。

有时当向他人讲述一些事情时，由于内容较多或层次较为复杂，常常需要分成若干个段落，并将其称为"讲"。如"第一讲"、第"十讲"等。此时的"讲"为名词。

课堂上教师的"讲"，是学生与教材沟通的桥梁。讲什么，怎么讲，讲多少，在不同的教育理念下，教师有不同的做法。然而无论怎样，精当的讲述、巧妙的点拨和适时的引导是不可或缺的。

课

【課】

kè

課 小篆

"课"，繁体为"課"。形声字，从言，果声。

"课"从言，表示与人的语言有关；"果"为成果，表示经过实践检验，已经被人们认可的成效。"课"意为用书面语言或口头语言来证明所取得的成果，或者以已有的成果为标准进行书面或口头的考核。《说文·言部》："课，试也。"本义是指按照一定的标准进行考核、试验。

"言"是人与人交流的一种方式；"果"是成果与收获。"课"从言，从果，可理解为用语言和文字将前人的实践、经验和研究成果传授给学生。不同的领域有不同的成果，因此，学生根据自己所学的专业选择不同的课程和相应的课目。"课"字引申表示按规定的内容分段教学或学习。这个意义上的词语有授课、上课、听课、课堂等。听课是学生获取知识的途径。通过课堂上老师的传道、授业、解惑，可以使学生得道、受业、惑解。老师的传授是无私的，学生丰富的收获是对老师最大的回报。传统预测学中有"起课"一词，是占卜问事，是用语言告诉事情的结果。

《管子·七法》："成器不课不用，不试不藏。"这是我国古代关于官员考核任免的一句名言。这句话中，"课"和"试"的意思是一样的，都是指考核、考验。对于备选官员，不经过考察不能加以任用。苏洵《上皇帝书》："有官而无课，是无官也；有课而无赏罚，是无课也。"设置官职，却不对官员进行考核，就等同于没有任命官员；而进行了考核，却不赏功罚过，那也等同于没有考察。中国能够跻身于世界文明古国之列，其中一个重要的原因，就在于较早地拥有了世界上最成熟而完善的官吏制度。政府通过各种措施和手段对官吏进行考察，得出结果，将之形诸口头或书面，这就是"课"。旧时朝廷任免官员，都要对其进行考察，最终还要有所总结，下个评语，这也称为"课"。由于关系到切身利益和前途命运，可谓一言即迁，一言即废，所以被"课"的官员都要对考核官自称"学生"，态度毕恭毕敬。

"课"还含有督促、催促之意。《后汉书·方术传·任文公》记载了一个很有趣味的故事：王莽专权，巴郡任文公精于预测，知道天下欲乱，于是"课家人负物百斤，环舍趋走"，督促家里每个人都背负至少百斤的重物，围绕屋子跑了一圈又一圈，别人都不知他的用意。等到王莽篡位，兵灾涌起，百姓多有死伤，只有任文公的家人善于背着粮食长途逃亡，才得以幸免。

《宋书·徐豁传》："年满十六，便课米六十斛；十五以下至十三，皆课米三十斛。"人丁满16岁，就要交纳60斛米作为赋税，15以下至13

岁的，也要交纳 30 斛。"课"在这里是缴纳的意思。其他相关词语如"课役"，即征收赋税、分派徭役。政府或某些官员急于敛财，就会对百姓"课以重税"，征收繁重的税收。农人一年辛苦，被"课以重税"之后，所剩寥寥，致使丰年尚不自足，若遇荒年，则会家破人亡，妻离子散。在大灾、重灾之年，甚至还会出现"人吃人"的现象。

在教育用语中，"课"作为名词首先是指教学的科目或内容，如语文课、数学课等。词语"课程"是指学校教学的科目和进程。其次，"课"也指教材中的章节单位，如"这本书一共有十二课"。此外，"课"也可以作为量词使用，意思是教学的时间单位，如一节课、第二节课、课时等。同时，"课"也泛指有计划的分段教学，如我们熟知的上课、下课等。"课卷"指学生的书面作业；"课堂"是指教学的场所，也泛指所有用来进行教育、教学活动的场所。

书本知识大都来自于狭义的课堂，且偏重于理论；人生所需要的更多的知识则来自于广义的课堂——生活，是理论与实践结合的大课堂。惟有推行素质教育，学校和社会才能回归其本身的教育职能，教师和学生才能真正成为教和学的主体；教育才能有望不再是考试和分数的代名词；才能丰富小课堂，拓展大课堂，从而实现自然、家庭、社会皆课堂，书本、生活、人生皆学问，学问无时不有。

语文

话没出口，你是语言的主人；话一出口，你就是语言的奴隶。因此，要说该说的话，不是说想说的话。

语 【語】

yǔ yù

語 金文　語 小篆

"语"，繁体为"語"。形声字，从言，吾声。

"言"为言语、说话；"吾"即我，自称也。"语"小篆是指我把内心的思想、情感、见解、观点和看法等用书面或口头语言表达出来。《说文·言部》："語，论也。"本义为谈论、议论、辩论。"语"也读"yù"，表示告诉的意思。

《论语·述而》中有"子不语怪、力、乱、神"之句，是说孔子不和人谈及有关怪异、暴力、有违伦理以及关于鬼神的事情。孔子主张"敬鬼神而远之"——对于鬼神之事，他采取了比较明智而谨慎的态度，既不多加评说，同时也不反对别人的信奉。李白《梦游天姥吟留别》："越人语天姥，云霞明灭或可睹。"在这里，李白用书面的语言描写了越人口头谈论的话语：神奇的天姥山，在没有云彩遮蔽或能见度较高时，人们还是可以看出它真面目的。

语言是交流的工具，谈论更是多方交换意见的必要手段，因此"语"有时专指交谈。杜甫《严氏溪放歌》："秋宿霜溪素月高，喜得与子长夜语。"秋天的傍晚，皎洁的月亮高挂天际，夜宿在已经有些寒意的溪流边（本来是很辛苦的），令我欣喜的是可以跟儿子一直交谈到深夜。

言语是思想的载体，一个人心有所感，发之于声，就是言语。因此"语"由动词的说话可以引申为名词，表示言语，即人所说的话。《孟子·万章上》记载孟子的弟子齐国人咸丘蒙问及"舜为天子，尧率诸侯北面称臣"之说是否属实，孟子答曰："此非君子之言，齐东野人之语也。"

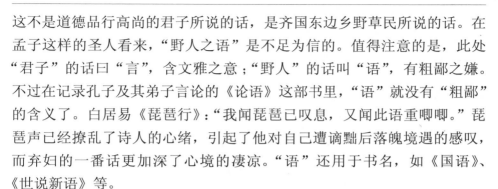

这不是道德品行高尚的君子所说的话，是齐国东边乡野草民所说的话。在孟子这样的圣人看来，"野人之语"是不足为信的。值得注意的是，此处"君子"的话曰"言"，含文雅之意；"野人"的话叫"语"，有粗鄙之嫌。不过在记录孔子及其弟子言论的《论语》这部书里，"语"就没有"粗鄙"的含义了。白居易《琵琶行》："我闻琵琶已叹息，又闻此语重唧唧。"琵琶声已经撩乱了诗人的心绪，引起了他对自己遭谪黜后落魄境遇的感叹，而弃妇的一番话更加深了心境的凄凉。"语"还用于书名，如《国语》、《世说新语》等。

"语"既然可以有书面的表达形式，当然也可以指诗文中的句子。杜甫《江上值水如海势聊短述》："为人性癖耽佳句，语不惊人死不休。"我为人性情古怪偏执，酷嗜绝妙的诗句，如果诗句写得不能触动人心，发人深省，我是至死也不肯歇手的。"惊人之语"本指诗人创造性的语言和文字，后来也被用来指那些奇谈怪论。

用语言交谈是人与人交流的主要方式，但交流的方式却不仅限于用口头交流，还有写文章及其他多种方式。如聋哑人专用的"手语"；通过身体的动作与接触而进行的感情交流叫"肢体语言"；在航海或军事上，如果距离较远无法用言语沟通时，用旗子进行通讯的方式叫"旗语"；控制灯光的明暗、间歇、长短来传达讯息的是"灯语"。

用于计算机上的人机交流语言是计算机语言。俗话说："人有人言，兽有兽语。"鸟兽之间也有交流，所以"语"也可指自然界里鸟兽虫类的鸣叫。如"语风"指在风中鸣叫，"语燕"指会说话的燕子，"花香鸟语"则是一派祥和的景象。总之，不论是什么样的交流方式，都可以称之为"语言"。

"语"从吾，以示我说的话表达的是我的思想和见解，同时还有我对别人的承诺。语是我的，我为我的语负责，同时也为自己负责。通过我的语，人们可以了解我，因此人人都需要修饰我的语，爱护我说的话，如同爱护我的身体、气节一般。

"语"为"言""吾"，表明说我要说的话。人云亦云、随声附和是小人之语、奴才之语，这样的"语"体现不出"吾"，是语之下者，必不为人重视。人有人格，语有语格，有人格为人语，为敬语、美语、善语、良语；无人格为奴语、诳语、恶语、妄语。"语"以"吾"生，亦以"吾"死；"吾"以"言"成，亦以"言"败，"言""吾"相依而存，欲说良语，先做良人，这是"语"字体现出来的道理。语又不仅仅是简单的"吾言"和"言吾"，它还是人心灵的外化，语言的美丑可直接看到心灵的善恶。

文　wén

甲骨文　金文　小篆

"文"，象形字。

甲骨文"文"字形似一人身上刻着花纹，本义为各色交错的花纹、纹理。《说文·文部》："文，错画也。""文"的字形笔画纵横交错，暗合花纹的形态。《说文》又云："象形者，文；形声者，字。"文字当中，通过象形的方法造出来的叫作"文"，通过会意、形声方法造出来的叫作"字"。可见，最初文是文、字是字，但后世不再严格区分，常将"文"、"字"合用。

"文"上之"玄"字头为玄机，高深莫测之意，寓意每一个字都深藏玄机，字与字的组合又可道破玄机。难怪古人传说，当仓颉造出文字以后，"天雨粟，鬼夜哭"，真可谓"惊天地泣鬼神"了。"文"下之"乂"为"爻"字的一半，"爻"是八卦符号，是古人观天地之象，近取诸身，远取诸物，象形取义创造出来的符号。"乂"为平衡之形，象征天地呼应，阴阳融会，刚柔相济，男女相交，生息繁衍，物质与精神统一等。左右平衡即稳定，天下平衡则安定。

"文"最初的意义是纹理、花纹。刘勰在《文心雕龙》中用了许多美丽的词藻描绘自然界的"文"之美：龙凤以鳞羽呈现瑞祥，虎豹以毛色显现雄姿；云霞雕饰出的色彩，超过画工下笔之精妙，草木开花，不经织女的巧手也神奇异常（"龙凤以藻绘呈瑞，虎豹以炳蔚凝姿；云霞雕色，有逾画工之妙；草木贲华，无待锦匠之奇"）。后来"文"字原本所表示的纹

理、花纹之意由"纹"字代替。

由本义引申，"文"有若干层含义：其一，指包括语言文字在内的各种象征符号，进而具体化为文物典籍、礼乐制度。《尚书·序》所载伏羲画八卦，造书契，"由是文籍生焉"。《论语·子罕》所载孔子说"文王既没，文不在兹乎"，都取此义。其二，"文"由纹理之说引申为彩画、装饰、人为修养之意，与"质"、"实"相对。所以《论语·雍也》中说："质胜文则野，文胜质则史，文质彬彬，然后君子。"其三，在前两层意义的基础上，进一步引申指美德善行，这便是"礼减而进，以进为文"。郑玄注："文犹美也，善也。"

"文"与"武"相对。"文武之道，一张一弛。"文臣靠出谋划策，武士靠扬威疆场。历代开国平乱的皇帝多称"武帝"，继业治平者多称"文帝"。文治武功如鸟之双翼，不可或缺。唐代名相魏徵在《谏太宗十思疏》中就提出了"文武并用"的治国方略。古代优秀的帝王及贤臣大都是文韬武略的全才。

古体"文"字，像一个张开双臂、叉开双腿、胸膛上刺有图案的人。远古时代，原始部落都有文身的习俗。春秋时的越国曾盛行"断发文身"。"断发"即剪短头发；"文身"是用针在身体上刺出各种花纹或图案，并涂上颜料以保持长久。因多用深色，故又名"刺青"。《水浒传》中的"九纹龙"史进身上文了九条龙。宋代民族英雄岳飞的母亲在他背上刺下"精忠报国"四字，激励他抵抗外侮、收复失地，这也是文身的一种形式。现代，文身则演变成青年人追求时尚的一种行为。

单独的一个字叫作"文"；有一定条理、逻辑的文字就构成了"文章"；文章语言优美、生动感人就是有"文采"。孔子曰："言之无文，行而不远。"没有文采的文章不会流传久远。擅长写文章的人是"文人"。如果写作文章不是为了宣扬大道，弘扬正气，而是用来遮掩丑恶，文过饰非，便是玷污了"文"美的本质，为无行文人所为。

"文"字上面的"玄字头"说明，文化蕴涵着无穷无尽的玄机，等待我们去挖掘。传统文化是一个丰富的知识宝库，是祖先用智慧和汗水积累下来的文化源泉。传统文化具有独特的魅力，又有广泛的代表性。我们不仅要挖掘它的精髓所在，还应该赋予它崭新的内容。中华民族通用的文字——汉字，是前人创造的复写宇宙万物信息的符号系统，是用文字之象代表万物之象的杰作，是中华民族的宝贵财富，我们有义务深入挖掘，并将其发扬光大。

"文"字一撇一捺相互交叉，寓意文化是多元的，任何时候都不能墨守成规，故步自封。如今多元文化的融合已经成为全球性的现象，我们不仅要保持本土文化的创新与发展，还要学会不断吸收外来文化，吸收人类一切优秀文明的成果并为我所用。

引 导

人生如果没有正确的人生观和价值观做引导，就会变得迷茫和无聊。

引 yǐn

引 小篆

"引"，会意字，从弓，从丨。

"弓"的本义指射箭或打弹的器械，从"弓"小篆的字多与弓箭有关。"丨"既如一支箭，又表示方向，是一种指示符号。"弓""丨"为引，表示确定方向与目标，箭在弦上，即将射发。《说文·弓部》："引，开弓也。"本义为拉开弓。后引申泛指拉、伸之意，如引力、引颈、引而不发、引吭高歌。引弓搭箭，箭头指向一个明确的目标。"引"是有目标、有方向地进发，故而有领、招来之意，如引见、引言、引导、引荐、抛砖引玉。

中国传统养生有"导引功"。"导引"是修炼者以自力引动肢体所做的俯仰屈伸运动（常和行气、按摩等相配合），以锻炼形体的一种养生术，属气功中之动功。道教根据古人所谓"流水不腐，户枢不蠹"的道理，认为人体也应适当运动，通过运动，可以帮助消化，通利关节，促进血液循环，达到祛病延年的目的。"引"中"弓"是弯的，"丨"是直的，既说明当一个人走了弯路之后需要人引导使其走上正路，也表明人之养生，贵在动静结合、刚柔并济。

"引"由开弓引申为拉、牵引。《吕氏春秋·察今》："见人方引婴儿欲投之江中"。弓拉开后处于一种富有张力的状态，具备向箭发方向延伸的能量，所以"引"又引申有延伸之意。引吭高歌、引首、引颈等都是这个意思。由延伸之意，又有了延续、延长等意思。《诗·小雅·楚茨》："子子孙孙，勿替引之。"子子孙孙，不要废弃祭祀。

"弓"是弯的，"丨"是直的，先弯后直，为引导；先直后弯，为引诱。

所谓"引导"，即带领、跟随、通畅的意思。"引流"就是使本来堵塞的河道变得通畅，或者改变河道，使流水更为顺畅。由引导引申出率领之意。《史记·秦始皇本纪》："引兵欲攻燕。"《资治通鉴》："操引军从华容道步走。""引兵"、"引军"都是率领军队的意思。

往不好的方面引导，就是误导、引诱、勾引。这种"引"常常是通过不择手段的招引，把那些不能明辨是非、意志薄弱、幼稚天真的人引诱到歪门邪道上去。可见，为人引领，应当往好路上引；受人引导，也应该有所选择。为了便于人们阅读和了解书的内容梗概，书的前面通常写有引言或设有索引。有的人还习惯在诗文的前面写上小引，以对写作的动机、缘由等做简短的说明。著书立说者为了能充分证明自己观点的正确也常常要旁征博引。

"导引"是中医养生学的重要概念。"引"字先曲后直，形似气流由不顺变顺，正合了中医所讲究的内导外引、以意领气、气随意行、气为血帅、血为气母的养生方法。中医认为，只有通过调身、调息、调心来修炼人身的精、气、神，才能达到强身健体的目的。道教创立伊始，"导引"即被纳入为主要的养生功法和成仙得道的手段。"导引"有术，可疏通人身血脉关窍，荣生机卫体魄，达到祛病延年的目的。

导 【導】
dǎo

導 小篆

"导"，繁体为"導"。形声字，从寸，道声。

"道"为道路，供人行走；"寸"的古字形为手下一寸之处，从寸，表示与手有关，意指行为动作。"道""寸"合而为"導"，可视为用手牵引走上正途。《说文·寸部》："導，引也。"本义为指引、带领，如引导、领导、导游、导航。

"道"引申为道理，表示法则、规律；为门道，表示方法、办法、技术。"寸"也表示分寸，代指尺度、法则。"道""寸"为"導"，寓意做事要按照一定的规律，利用适当的方法，不可越雷池，不可跨越正途的界限。"道"也为说、讲。"導"从道，从寸，强调了"导"要言行并用，用语言感化、讲解，用行动指点、示范。

简化字"导"从巳，从寸。"巳"处于十二地支的中间，表示引导要掌握分寸，恰到好处。"巳"为时间概念，意指时机。"巳""寸"为"导"，强调要瞅准时机、抓住时机。

"导"是使道路通畅的行为，因此既表示疏通之意，如疏导、导管，也表示指教、教诲，如开导、教导、指导、辅导、劝导，又如导论、导读、导言。

给人以引导的人称为导师。"导师"原是佛教语，是对导引众生入于佛道者的通称；现常用来指引路人和在道德、文化、学术或某种专业知识上的指导者，或是为一种事业指引方向、掌握重大决策的人。导演是影视制作的核心人物，是运用影视艺术的特殊表现手段，将剧本的文学形象转换成屏幕上的视听形象的掌舵人。导演在剧本的再创作、演员选择与确定、舞台指挥与调度、后期剪辑与合成等方面都扮演着引导者与指挥者的角色。因此，导演的素质与修养是决定一部片子质量的关键因素。"领导"指率领并引导众人朝一个方向前进，也是"领导者"的简称。所谓领导，实为领道、引导也。"導"下边的"寸"为分寸，表示要用贴切的言语把道理讲清楚。只有把道理讲清楚了，别人才会心悦诚服。但是，任何理论都有一定适用条件和范围，适用于这个时代的道理，不一定能适合另一个时代；在西方社会通行的道理，挪用到东方国家也许会"水土不服"。所以，讲道理也要有所针对、有所变通，不能认死理儿、钻牛角尖。

"导"引申为启发，如开导、教导、因势利导。因势利导，首先要创造一个民主、平等、和谐的氛围，使受教育者能够积极思维，敢说敢做。此外还要注意因材施"导"，即通过多种渠道、多种形式、多种方法点拨、指导，激发受教育者的兴趣，并引导其养成良好的学习习惯和思维品质。

说明

被人利用时不要沮丧，这至少说明你还有价值。

说 【説】
shuō　shuì　yuè

說　小篆

　　"说"，繁体为"説"。形声字，从言，兑声。

　　"言"为语言、言语；"兑"为交换、转换。"说"从兑，表示说不是一人谈，而是互相交换意见，是两个或两个以上的人聚在一起，把各自所思、所见、所闻、所感通过语言进行相互的交流。《释名·释言语》："说，述也，宣述人意也。"本义是讲述、交谈，此时读"shuō"音。

　　"言"代表语言；"兑"有兑现之意，代表行动。"言""兑"，表示言出必行，说到做到。因此，"说"字寓含着能做到才说出口，强调了言行一致。

　　"兑"的本义为喜悦。"说"从兑，表明说是情绪的自然流露，是面对高兴的人说高兴的事。"说"，要怀着喜悦的心情，要说让人高兴的话，使听者愉悦；身为听者，也要高兴地听别人说。"说"表此义项时读"yuè"，后被"悦"字代替。说的方式有多种。"说话"为谈话、讲话；"说辞"为评论、议论。"说服"中的"说"则读做"shuì"音，意为按说者的意图行事，用充分理由劝导，使人心服。

　　说的过程是一个将自己的所思所想通过言语解释，让别人理解的过程，因此"说"有解释之意。《说文·言部》："说，释也。"说是通过讲述使他人明白。《论语·八佾》："成事不说，遂事不谏，既往不咎。"意思是说已经做过的事不用再解释，已经完成的事无须再规劝，已经过去的事不要再责备。《论衡》中有"儒者说五经，多失其实"，这里的"说"也是解释的意思。"说"有评议、谈论的意思。《广雅》："说，论也。"封演《封氏闻见记》:"楚人陆鸿渐为《茶论》,说茶之功效并煎茶炙茶之法。"这里的"说"为谈论。早在唐时,民间就流行一种曲艺形式,后人称为说话、说书,即评书,是由一人演说,通过叙述情节、描摹人事物而敷演历史的曲艺形式。除普通的陈述之外,因在演说历代兴亡时经常搀入说书者对史事的看法评论,故有"说书"之名。即使在今天,人们也常有"说三国"、"说水浒"的讲法。

"说"是对他人说,把事情说给他人。所以"说"有告诉的意思。《广韵》:"说,告也。"宋代词人柳永有句:"愿低帏昵枕,轻轻细说与,江乡夜夜,数寒更思忆。"这里的"细说与"即为告诉。语气严厉的"说"为教训、责备。如"孩子不懂事,你就常说着他点儿"。"说"也有说合、介绍的意思,如说亲、说媒。

"说"也指劝说、说服。翻开中国历史,"尚游说"在春秋战国时期尤为引人注目。说客、辩士在政治、军事、外交舞台上纵横捭阖,他们的重要性甚至可以达到"一怒而诸侯惧,安居而天下熄"的程度。孔子为了实现自己的政治理想,曾用十三年时间周游列国,游说国君;孟子也曾赴齐、宋等国,游说自己王道仁政的主张;韩非子的《说难》可以称为中国"游说学"的滥觞;《鬼谷子》被认为是研究揣摩"说人之法"的专著。

说客们辩丽横肆,各擅胜场。如春秋时期,当秦国和晋国的大军兵临郑国城下时,烛之武受命于危难之际,巧妙地利用秦晋之间的矛盾,向秦伯分析了当时的形势,说明秦灭郑有害无利的道理,最终成功地说退了秦军,救郑国于水火。邹忌是战国时期齐国的美男子,他劝说齐王广开言路、纳谏除弊的方法婉转含蓄:通过妻、妾、客人阿谀自己美貌的例子现身说法,"小题大做",使齐王接受了邹忌的劝谏,广纳贤言,改革弊政,奠定了齐国在七雄中的地位。

"说"是古代的一种文体,多为一事一议,短小犀利,相当于现代的论说文、杂文之类。如韩愈的《师说》、柳宗元的《捕蛇者说》等。"小说"是我们熟悉的文学体裁。若追溯起来,在汉代才出现比较接近于现在意义的小说文体。桓谭在《新论》中说:"若其小说家,合残丛小语,近取譬喻,以作短书,治身理家,有可观之辞。"桓谭把小说视为"残丛小语"、"短书",虽有轻视的意味在里面,但也不无道理。因为一开始的

"小说"非常短小，以至于只有寥寥数字。到后来，小说经历了唐宋传奇、宋元话本、明清章回小说各阶段，篇幅不断加长，作为一种文体逐渐成熟，以至后来成为文坛霸主，这时的小说才不"小"了。

明 míng

甲骨文　金文　小篆

"明"，会意字，从日，从月。

"明"的甲骨文字形像月照窗棂，或从日月朗照，皆会光明、明亮之意。《说文》篆作"朙"。"朙"从囧（jiǒng），"囧"即是窗户的象形，日月之光从窗子里照进来，使得黑暗的屋子顿时明亮起来。"朙"的本义皆为明亮。《说文·明部》："朙，照也。"

今体"明"从日，从月。"日"为太阳；"月"为月亮。日、月乃光之源，"明"为日月同辉，意为光明、明亮、明朗。"日"、"月"挂于天际，一目了然，"明"引申表示明白、清楚，如明显、明晰、明了、明确。而日月之光的照耀又使万物无所遁形，"明"也表示公开、不隐秘，如明说、明讲、明处。公开则能够看清事物、不模糊、不犹豫，如明察秋毫、耳聪目明、眼明手快。

"明"中"日"在"月"前，意为外表像阳光一样光芒四射、端直勇武，内心像月光一样温和柔顺，充满智慧。"明"用于形容为人，有睿智之意，如英明、贤明。

太阳代表白天，月亮代表黑夜。金乌西坠，玉兔东升，日月的起落永不颠倒，黑夜与白天永远界限分明。"明"由"日"、"月"相合而成，鲜明地体现出黑白分明之意。

《荀子·天论》："在天者，莫明于日月。"白天，天空中太阳最亮；夜晚，夜空中月亮最明。日月有时同现天际：农历月中的傍晚，西边红日还没有完全落山，东边明月就挂上柳梢；月底的清晨，月牙还没来得及西沉，朝阳就从东方喷薄而出。除了太阳和月亮，金星是天空中最明亮的星，故金星称为"明星"，也叫"启明星"、"太白星"。《尔雅·释天》："明星谓之启明。"郭璞注："太白星也，晨见东方为启明，昏见西方为太白。""明星"也指传说中华山仙女名。《太平广记》卷五十九引《集仙录》："明星玉女者，居华山，服玉浆，白日升天。"后用来泛指表现出众的人才。

天亮后阳光普照大地，"明"由本义照耀引申为天亮。《诗·齐风·鸡鸣》："东方明矣，朝既昌矣。"东方天色已明，群臣都已经上朝。天亮是新的一天的开始，故"明"又引申为今之次，如明年、明天。王维《宿郑州》："明当渡京水，昨晚犹金谷。"昨晚还在金谷流连，明天却要横渡京水。苏轼《九日次韵王巩》："相逢不用忙归去，明日黄花蝶也愁。"重阳节过后，菊花逐渐枯萎凋谢。后用"明日黄花"比喻过时的事物。

眼力好的人看东西明白清楚，"明"代指视力。曹植《洛神赋》以"明眸善睐"形容女子顾盼生辉。日月照耀下的物体清晰可见，故"明"引申为明确。《荀子·成相》："君法明，伦有常，表仪既设民知方。"君主法令制度明确，判断决定有一贯标准，准则设立，百姓就知道方向。

看清楚事物，明白其本质，触类旁通，将明了许多与之相关的事理，迷惑不解的现象也就有了答案。《老子》："知常曰明。""常"指宇宙万物的普遍规律，弄清这些规律才可称为"明"。"明心见性"是佛教禅宗的主要修持方法。"心"是可以转变的，即转迷为悟；但"性"是永远不变的，只要悟了自心本性（佛性），就能成佛。

"明"是日月同辉，光照天地。世界没有日月的照耀，将混沌黑暗；人生没有智慧的引导，将蒙昧无知；社会没有开明的环境，将因循守旧。大智慧为"明"，有贤能为"明"，懂事理为"明"，敢公开为"明"，持操守为"明"。为人要光明磊落，做事要明辨是非，当官要清正廉明，处世要正大光明，作文要开宗明义，识人要明察秋毫，断案要公正严明，如此种种才可拥有一个朗朗乾坤。

叙述

智者不言，言者不智，是言说的辩证法。

叙 【敍敍】

xù

甲骨文　　小篆

"叙"，异体为"敍"、"敍"。形声字，从攴，余声。

"余"为余数、剩余，指排列在后面的数字或物品；"攴"表示人的行为。"敍"为把数字、物品等按次序排列，意为次、次第。《说文·攴部》："敍，次第也。"

今"叙"从又，余声。"余"为人称代词，代指我；又为剩余，可表示别人不知道的人、事、物；"又"为重复之辞。"叙"为叙述，是把他人不知道的人、事、物重复说明。

"叙"的本义是秩序、次序。《淮南子·本经训》："四时不失其叙。""长幼有叙"亦作"长幼有序"，指年长者和年幼者之间的先后尊卑。《孟子·滕文公上》："圣人有忧之，使契为司徒，教以人伦，父子有亲，君臣有义，夫妇有别，长幼有叙，朋友有信。""叙"又引申做动词，为按顺序排列。《荀子·致士》："德以叙位，能以授官。"按顺序排列就是要把多余的排除出去。"叙"由此义引申，又指评定等级、次第。清代吴敬梓《儒林外史》："阎王叙功，从地狱里把你提上第十七层来。"

"叙"最普遍的意思就是叙述、述说。说话也要注意语言次序安排，安排得当，井井有条，自己说起来轻松、连贯，别人听起来也容易，不会一头雾水，懵懵懂懂。说话和写文章一样，不一定必须按照前后顺序，也可以是倒叙、插叙、补叙等，但是无论是哪种，都有内在的逻辑规律，要排列好。"平铺直叙"或作"平铺直序"，形容说话或写文章不加修饰，按顺序直接叙述，也形容说话或写文章平淡乏味，重点不突出。清代钱谦益《读苏长公文》："吾读子瞻《司马温公行状》之类，平铺直序，以为古今未有此体。""套言不叙"的意思是套话不多说了。清代文康《儿女英雄传》第三十八回："敬启者：彼此至好，套言不叙。"

"叙"引申为记述、著述。写文章和说话是一样的，排列好语言的顺序是十分关键的。说话如果顺序不合适或者有什么遗漏，可以随时补充，随时添加，但是写文章就不同了，虽然可以补叙、插叙，但也是有限度的。如果反复改来改去，或不停地添加，就会越写越不知道该怎么写了，思绪都成了一团乱麻。"叙事"是一种表达方式，有叙事文、叙事诗等。"叙事诗"是诗歌的一种，包括史诗、民谣和韵文传奇故事。"叙事文"则是用于描述某一事件的经过，通常按时间先后顺序展开。叙事中，语言的顺序和文章内在的逻辑顺序非常重要。

"叙别"就是话别。"又"为反复，"攵"为鞭策，话别时，因为要分离，所以话就特别多，而且反反复复用那几句相似的话来叮咛对方、督促对方、鞭策对方。"叙旧"就是在一起谈论跟彼此有关的往事。很多人多年不见，久别重逢之后，感觉特别亲切，于是用谈论旧事的方法唤醒彼此的记忆和从前在一起时的深厚友情。"又"是再次，从前的很多事被再次提起；"又"是反复，说到很多事时，引起对方的共鸣，于是双方都反复地说着同一件事；"又"为手，说到动情之处，人们总是十分兴奋，手舞足蹈；"又"为"攵"，为鞭策，有时候说起以前很多事，人们总是通过过去的一些事来鞭策现在的自己，总是希望回到曾经纯真无邪的过去。

述 shù

金文　小篆

"述"，形声字，从辵，术声。

"辵"本义为走路，表示慢慢行走；"术"指术语、规律、方法、要求。"述"会意为遵循规律，循序渐进，本义为遵循。《说文·辵部》："述，循也。从辵，术声。""述"又表示陈述、记叙，"述"从"辵"，从"术"，意寓陈述、记叙要遵循规律，讲究条理。

"术"为术语。学术研究是为了表述准确，记述、陈述要使用专业术语。而文学作品中的陈述、述说，则是娓娓道来，有其内在的手法和规律，而不是信口开河，或像记流水账。"术"为学术、主张。学术主张、观点的形成和发展，离不开吸取先人著述的成果，同时要潜心钻研，并继承发扬，这个过程不能贪多求快，更不能放卫星。"述"从"辵"，表示慢慢行走，从"术"表示遵循规律，提示了著述阐发要求扎实沉稳，不可穿凿附会，随意杜撰。

"述"为遵循。如《书·五子之歌》："述大禹之戒以作歌。"孔传认为，其中"述"即"循也"。《礼记·中庸》："父作之，子述之。"由父亲创始，儿子阐述。古人推崇述而不作，所观原创的东西不多，学术研究通常都是表现为后人阐发前人的著作。东汉班固《汉书·艺文志》："祖述尧舜，章方武。""述尧舜"就是遵循尧舜的做法。颜师古认为："述，修也。言以尧舜为本始而遵修之。"《诗·邶风·日月》："报我不述。""述"通"术"，也就是"道"。意思是丈夫报我不遵循常道。

"述"由本义引申指阐述前人的成说。《论语·述而》："述而不作，信而好古。"皇侃疏："述者，传于旧章也。"孔子在这里所表达的意思是，我传述古籍而不随便创新，相信而且爱好古代的文化。朱熹注："述，传旧而已，作，则创始也。孔子删《诗》、《书》，定礼乐，赞《周易》，修《春秋》，皆传先王之旧而未尝有所作也。故其自言如此。""述而不作"一词谓只阐述前人成说，自己却无所创作。清代顾炎武《〈音学五书〉后序》："已正其音而犹遵元第，何也？曰：述也。""述"又用来泛指著述之作。如《广韵·术韵》："述，著述。"《论衡·对作》："《五经》之兴，可谓作矣。太史公《书》、刘子政《序》、班叔皮《传》，可谓述矣。"说《五经》的兴起，可谓创新之作。而太史公《书》、刘子政《序》、班叔皮《传》则是阐述前人成说。如南朝宋范晔《后汉书·赵岐传》："岐多作述作，著《孟子章句》、《三辅决录》传于时。"这里又提到"述作"一词，《礼记·乐记》："作者之谓圣，述者之谓明，明圣者，述作之谓也。"能够创新的人可称之为圣，能够阐述前人成说的人可以称之为明，那么，明圣之人，也就是对能够在阐述前人成说基础上又有自己的创新学说的人的称呼了。"述作"泛指著作。

"述"引申为陈说、记叙。如《仪礼·士丧礼》："筮人许诺，不述命。"筮人答应，不再复述命筮辞。郑玄注："既受命而申言之曰述。"宋代范仲淹《岳阳楼记》："此则岳阳楼之大观也。前人之述备矣。"这就是岳阳楼的全景了，前人的记叙已经很完备了。清代高其倬《碧云寺》："作诗述胸臆，以俟采风辀。"西汉司马迁《史记·屈原贾生列传》："上称帝喾，下道齐桓，中述汤武，以刺世事。"向上称颂帝喾，向下称道齐桓公，中间陈说商汤、周武，以此讽刺世事。"述评"指叙述并评论，也指一种夹叙夹议的文字；"述说"是叙述说明；"述职"指诸侯朝于天子。《孟子·梁惠王下》："述职者，述所职也。"

"述"是古代的一种文体。《颜氏家训·文章》："夫文章者，原出五经：诏、命、策、檄，生于《书》者；序、述、论、议，生于《易》者也；歌、咏、赋、诵，生于《诗》者也……。"明代徐师曾《文体明辨述》："按字书云：'述，譔其人之言行以俟考也。'其文与状同，不曰状，而曰述，亦别名也。"

"述"字通"鹬（yù）"，是指一种古代冠饰，以翠鸟羽制作。如《后汉书·舆服志下》："通天冠，高九寸，正竖，顶少邪却，乃直下为铁卷梁，前有山，展筩为述，乘舆所常服。"

"述"亦作为姓氏使用，见《广韵·术韵》："述，姓。《风俗通》云：'鲁大夫仲述之后也。'"

分析

不符合逻辑的分析只是空洞语言的堆积。

分　fēn　fèn

𠔀 甲骨文　分 金文　分 小篆

"分"，会意字，从八，从刀。

"八"像二物相背离之形；"刀"为剖物利器。"分"的字形为以刀剖物，使其支离，意为分开、分割，读为"fēn"。《说文·八部》："分，别也。"从字形上看，"八"为数词，代指多，"分"为八刀，施八刀于一物，其物必支离破碎，故"分"又有分散、分离等意。

"分"有分开、派分的意思，与"合"相对。《尚书·尧典》："分北三苗。"孔传："分北流之，不令相从。"是说把北边的三个苗部分开，使他们不聚在一起。西汉司马迁《史记·项羽本纪》："三分关中，王秦降将，以距塞汉王。"是说把关中的土地分开成三份，封秦朝的降将为王以抗拒刘邦。《韩非子·显学》："儒分为八，墨离为三。"儒家分为八个流派，墨家分为三个流派。

"分"由本义分开引申为离、散之意。《论语·季氏》："邦分崩离析而不能守也。"何晏集解引孔安国注："民有异心曰分。"民心离散、邦土分离却不能够守卫。《水浒全传》第九十一回："当先取盖州，以分敌势。"这里的分就是分散、分离的意思。

"分"由本义又引申为分支，指从主体分出的部分，如"分会"、"分局"、"分册"、"分队"等。《谷梁传·庄公三十年》："燕，周之分子也。"范宁注："分子，谓周之别子孙也。"燕是周的旁系子孙。"分"还可引申为分配、给予的意思。《玉篇·八部》："分，施也，赋也，与也。"西汉司马迁《史记·李将军列传》："广廉，得赏赐辄分其麾下。"李广性廉洁，得到的赏赐都分发给部下。好东西大家共享，责任当然也是大家分担，因而"分"还可引申为分担之意。《史记·孙子吴起列传》："（起）与士卒分劳苦。"吴起和士兵一起分担劳苦，就是同甘共苦的意思。

"分"由分别又引申为相异、区别的意思。《玉篇·八部》："分，隔也。"《易·系辞上》："方以类聚，物以群分。"物区分为不同的群体，是说性质接近的事物，往往集聚一处。《汉书·五行志上》："贤佞分别。"贤臣和奸臣是不同的。

事物之间的区别须要分辨清楚，因此"分"也引申有明、清楚的意思。《吕氏春秋·察今》："是非之经，不可不分。"高诱注："分，明也。"是与非之间，不可不清楚。人若卷入是非之中，被别人误会，则须要辩白以洗冤。因此"分"还有分解、辩白的意思。清代吴敬梓《儒林外史》第五回："到家替他分说开。"就是替他辩解的意思。

在古时"分"又指春分、秋分。《左传·僖公五年》："凡分、至、启、闭，必书云物。"杜预注："分，春、秋分也。"孔颖达疏："春之半，秋之半，昼夜长短等，昼夜中分百刻，故春、秋之半称春、秋分也。"这里的"分"表示一半。再如《公羊传·庄公四年》："师丧分焉。"何休注："分，半也。师丧亡其半。"

"分"作为量词，可表示时间、角度、长度等。时间单位"分"等于1/60小时，或60秒；角度测量单位"分"等于1/60度；长度单位"分"是寸的十分之一。用数字表示的质量等级常以100分为最高等级，并根据某种规定的方案，对一些指定的重要特征（如形态、皮毛的情况、香味等）分配分数，总分恰为100分，即常说的百分比。分也指成数，一分即一成，通常指十分之一。

分读作"fèn"时，一般用作名词。可指所分之物整体中的一部分，此时常与"份"通用。《礼记·乐记》："分夹而进，事蚤济也。"孔颖达疏："分，谓部分。"又引申出成分的意思，如"水分"、"养分"、"肥分"等。分还有度、分量之意，如"恰如其分"就是说程度正好合适。由度的意思又引申出制、原则的意思。《荀子·荣辱》："况夫先王之道，仁义之统，诗书礼乐之分乎？"先王的道，是以诗书礼乐为体制的系统。完备的制度需要人们各守其职，因此"分"又引申出职分、身份的意思。

《礼记·礼运》："男有分，女有归。"男子守其职分，女子有所归属。《礼记·礼运》："故礼达而分定。"孔颖达疏："分，谓尊卑之分。"是说在礼的体系中，人各有其尊卑的身份。古人又认为"富贵在天"，人的命运天注定，即使是自己的资质也是早就注定的，因此"分"有缘分、命运、机遇的意思，又引申有资质之义。清代朱彝尊《解佩令·自题词集》："料封侯白头无分。"是说预料封侯这样的事自己这辈子是没有缘分了。清代尤怡《杂感》："天分固有定，躁进非良谋。"天分即资质，资质则是早就注定了的。"分"还有情分的意思，如三国曹植《赠白马王彪》："恩爱苟不亏，在远分日亲。"假如恩爱不变，即使远离，情分也会日益增加。

分读作"fèn"时，又用作动词，料想、意料中、应当如此的意思。《汉书·苏建传附苏武》："自分已死久矣。"是说自己料想早就该死去了。宋代刘辰翁《乌夜啼》："不分榴花更胜一春红。"没有料想到石榴比春天的花开得还要红艳。

唐代王维《终南山》："分野中峰变，阴晴众壑殊。""分野"是古代星象学术语。古代占星家将天上星空区域与地上的国州互相对应，称作分野。古代占星术认为，地上各周郡邦国和天上一定的区域相对应，在该天区发生的天象预兆着各对应地方的吉凶。分野之说最早见于《左传》、《国语》等书，其时的分野大体以十二星次为准，战国以后也有以二十八宿来划分分野的，后又因十二星次与二十八宿互相联系，从而两种分野也在西汉之后逐渐协调互通。具体说就是把某星宿当作某封国的分野，某星宿当作某州的分野，或反过来把某国当作某星宿的分野，某州当作某星宿的分野。唐代王勃《滕王阁序》："豫章故郡，洪都新府。星分翼轸，地接衡庐。"是说江西南昌地处翼宿、轸宿分野之内。

析 ^{xī}

甲骨文　　金文　　小篆

"析"，会意字，从木，从斤。

"析"从"木"，表示与树木相关；"斤"是斫木之斧。"析"字像以斤伐木之形，即用利斧将木劈开。"析"意为劈、剖，引申为分开、割裂。《说文·木部》云："析，破木也。""木"由树木泛指一切事物，"析"将破木层层剥离引申为分析、解释，即寻找事物本质的过程。

"析"本义为劈砍树木。《声类》解释为："析，劈也。"侧重于体现劈、砍的动作。《诗·齐风·南山》中有："析薪如之何？匪斧不克。"怎么去砍伐柴禾呢？没有斧头是做不到的。古文中常见的"析薪"指的就是劈柴。

劈砍柴禾，就是把整株柴禾分成许多部分。由此，"析"引申为分开、散开。《书·尧典》："厥民析。"意思是把民众按老迈少壮划分开。《左传·宣公十五年》："鄙邑易子而食，析骸以爨。"其中的"析骸以爨"指把死人的骨骼拆开当柴烧，极言被困日久，粮尽柴绝的困境，也用于形容战乱或灾荒时期百姓的悲惨生活。"析箸"指把筷子分开，筷子是居家必备的餐具，所以"析箸"后来成为分家的代名词，有时也叫"析居"。成语"分崩离析"形容国家、集团、组织分裂瓦解。"析交离亲"谓离间亲友。化学中的"析出"指溶质从溶液中分离出来，或固体物质从气体中分离出来。

"析"引申为分析、解释。古人用刀斧剥桦树皮时，划开一层揭掉一层，最终见到新鲜的树干。分析问题同样是由浅入深，由表及里，最终找到问题的关键和症结。二者有着相同之处，所以"析"字引申为分析、解释。分析问题的能力体现着人的综合能力，身为领导在复杂矛盾中理不出头绪，抓不住关键，看不出危险，辨不清是非，分不清轻重缓急，就会处处陷于被动境地，把事情弄得一团糟。

分、析、剖、解都表示分开，而它们组成的同义复合词"分析"、"剖析"、"解析"等都表示解释、探究。《庄子·天下》中有："析万物之理。"即分析探索世间万物的本质哲理。东晋陶渊明《移居》："奇文共欣赏，疑义相与析。"意思是奇妙的文章要大家一起来欣赏，其中的疑问大家一同分析探讨。成语"析精剖微"指剖析精妙深奥的道理。"析言破律"指巧说诡辩，曲解律令。只有分析透彻，看得仔细，才能真正认清一个人的内心。所以，人们就用"析肝刿胆"、"析肝吐胆"或"析肝沥悃"，来表露心迹，以显示自己的赤诚之心。

辩论

有智慧的人从不与人争辩，因为他知道"辩"字的双方都辛苦。。

辩 【辯】
biàn

辯 小篆

"辩"，繁体为"辯"。形声字，从言，从䇂。

"言"为言词、言语、言论，表示若要"辩"，首先要具备能言的条件——能说、会说、善说；"䇂"为二"辛"："辛"字的甲骨文是刀子的象形，最早也是刀子的意思。两"辛"示"用刀剖分两半"的意思，言外之意是指辩论、争辩问题都是双方介入，言辞如刀，各不相让。古时往往用"辛"作刑具使用，故引申为惩罚、罪人。《说文·䇂部》："䇂，罪人相与讼也。"在古时，官司的双方皆称为罪人。"辩"是双"辛"，指打官司的双方言辞激烈地进行辩论、争讼。

"辛"有辛苦、辛辣之意。"辩"字左右均为"辛"，表示辩论起来，左右均辛苦，言辞皆辛辣，双方都费神；也表示双方在争辩时互不相让，语言尖酸、辛辣和犀利。

《说文·䇂部》："辩，治也。"《说文》的释义为引申义。"治"就是整治、修治。"辩"可作为修政治国的法门，这种认识缘自战国时期的纵横家。春秋战国时期是中国历史上绝无仅有的"处士横议"的时代，也是中国历史上最为辉煌伟大的"辩士时期"。晏婴、甘罗、蔺相如、毛遂、范雎皆是一时之佼佼者，而施行"合纵"、"连横"之道的苏秦和张仪之辩才尤为人所称道，真可谓是纵横捭阖，运七国于股掌。这些人奔走于各国之间，所凭借者并不是国家、氏族的强势背景，也并非能征善战的军队，更不是富可敌国的家私，而是个人的能力。确切地说，是以他们的三寸之舌而雄辩天下。就如《文心雕龙》中所说："一言之辩，重于九鼎之宝；

三寸之舌，强于百万之师。"正是这批人的兴起及取得的成功，才奠定了"士人阶层"在中国政治活动中的特殊地位，进而使"士人文化"成为中国传统文化的重要组成部分。

然而，"辩"既能拯救一方危难，也能带来祸患，其区别在于"辩"的前提和动机。口舌之争的辩论不但辛苦，有时还要为"辩"之结果承担责任。俗话说"言多必失"。若喜辩、嗜辩而不知节制，则会祸从口出，伤人伤己。所谓"与其能辩，不如能容；与其能防，不如能化"。辩论不如包容，防范不如教化。所以，原则的事情可寸步不让，据理力争；但生活中鸡毛蒜皮的琐屑之事，并非定要咄咄逼人，一较短长。

"辩"也并非都是有理才辩，有时无理也辩，这就是狡辩；而表面上看来是言之有理，但实际上却违反了逻辑规律的辩论就是诡辩。诡辩实际上是颠倒黑白、混淆是非的议论。

"辩"是一门学问，更是一种人格和追求。在真理正义面前，要立言侃侃；在威逼利诱之下，不轻启一言；深究学术问题、阐发宏旨精义，口若悬河、滔滔不绝并不为过；哗众取宠，欺世盗名，与其炫人耳目，倒不如三缄其口。

论 【論】
lùn lún

 小篆

"论"，繁体为"論"。形声字，从言，仑声。

"言"为语言、言语，"仑"为条理、伦次，两者相合，意为语言有条理，主次不颠倒，是非不混淆，伦次很清晰。《说文·言部》："论，议也。"本义是对事理进行议论、评论、分析。"侖"从亼，从册。"亼"像三方会合之形，是汇集；"冊"即"册"，即简册，是书籍。只有汇集许多知识、学问，分析问题才能有序，判断问题才能正确，评论问题才能切中要害。

"论"也可作为名词，表示言论、主张、学说等。"论"又是一种文体，即议论文。议论文是就某事物而发表自己观点的文体。起自明朝的八股文，其实就是一种议论文，只不过这种体裁被王权严格限定在一个框子里面，以致成为一种缺乏生命力的文体。《论语》是儒家经典著作之一，是孔子弟子及其再传弟子关于孔子言行的记录。"论"读为"lún"，与"伦"相通，意思是有关人伦方面的论述。

三国时期诸葛亮《出师表》："先帝在时，每与臣论此事，未尝不叹息痛恨于桓、灵也。"这是刘备死后，诸葛亮在出师讨伐曹魏之前写给后主刘禅的奏表，规劝他要继承先父遗志，匡复汉室江山。这里的"论"便是议论、讨论之意。政事需要讨论，教育活动也常采取讨论的形式。现在很多教师都注重利用课堂和课后讨论对学生进行思维品质的培养。课堂讨论有助于鼓励学生积极思考，各抒己见，从而激发学生迸射出思想的火花。

"论"也表示衡量、评定。《礼记·王制》："凡官民材，必先论之。"句中的"论"就是评定。由此引申，"论"还有定罪之意。白居易《重赋》："税外加一物，皆以枉法论。"古代的王室朝廷为了增加收入，苛捐杂税层出不穷。白居易深知百姓生活的艰难，提出税收应该按照国家法律规定进行，若在法定税收项目之外另行收税，都应该以违法处置。这里的"论"即为定罪。

讨论是大家在一起积极发言，陈述自己的观点，所以"论"也含有陈述、叙说的意思。《文选·张衡〈西京赋〉》："众形殊声，不可胜论。"外形不同，声响也不同，不能够描述出来。其中的"论"就是陈述、叙说。"论"字还含有依据、按照等意。如论斤、论件、论年纪、论技术等等。《史记·萧相国世家》："既杀项羽定天下，论功行封。"论功行封，就是按照功劳大小进行封赏。

经过讨论、分析，可以预见将要出现的新情况，由此，"论"由本义引申为推知。《淮南子·说山》："以小明大，以近论远。"从小的细节，可以领悟大的意义；从眼前的情况，可以推知将来的发展。有预见必然有所准备，在行事上也会有所考虑，所以"论"又可进一步引申为顾及、考虑。李斯《谏逐客书》："今取人则不然，不问可否，不论曲直，非秦者去，为客者逐。"这是李斯劝谏秦王的话。他指出秦王选用人才不问是否适用，也不考虑是非曲直，只要不是秦国人就得离开，凡是客卿都要被驱逐，这一做法是错误的。

教育教育，教人是途径，育人是目的。

启【啟啟】
qǐ

甲骨文　　金文　　小篆

"启"，繁体为"啟"，异体为"啟"。会意字，从户，从口。

"户"为门户，是单扇门；"口"为开口，是出入通过的地方。"户"为单门，门开口即为"启"。《说文·口部》："启，开也。"本义是打开。"户"又指人家，"口"为说话、言语。可视为把想说的话写在信笺上送到对方家中，"启"为书信、文书。在门户之中开口说话，是向某人陈述，"启"为禀告、启奏。"啟"中有"支"，其甲骨文是手执鞭杖的象形，是鞭策、督促、严格。启蒙、启迪、启发是使人心灵之门洞开，使思想之户豁朗，这不仅需要语言文字的学习（口），也需要言传身教、鞭策引导和严格督促（支）。

"启"为启封、启户、启齿。《左传·昭公十九年》："启西门而出。"《文选·郭璞〈游仙诗〉》："灵妃顾我笑，粲然启玉齿。"这里的"启"是启齿，指露齿而笑，表示开口。现多指向别人有所请求，如"难以启齿"、"不便启齿"。

"启"由打开的意思引申，又可以表示开拓、开创。《韩非子·有度》："齐桓公并国三十，启地三千里。"齐桓公先后吞并了三十个小国，开拓了三千里疆域。又如"启土"指开拓疆域；"启设"指创设；"启业"指开创基业等。开启、打开象征着开始，因此"启"又可以引申为开始、出发。动身上路叫做"启程"或"启行"；轮船启航叫做"启轮"或"启锚"。金星每天在东方升起后，天色就越来越亮，它开启了一天的光明，预示着一天的开始，所以被称作"启明星"。"启"由"开启"还可以引申为出土、萌生。《荀子·天论》："繁启蕃于春夏，蓄积收藏于秋冬。"农作物在春天和夏天繁衍和萌生，在秋天和冬天收集贮藏。

人们在看信的时候需要先把信封拆开，信封上常写"收信人某某启"，即让某某打开的意思，所以"启"也就用来指代信件了。苏轼《与王敏仲八首》："方欲奉启告别。"正要拿着信告辞。"启"表示信件时，一般有隆重和正式的意味，服虔《通俗文》："官信曰启。"这里的"启"特指官方文件。

成语"开门揖盗"即把门打开，请贼进来，比喻外来的祸患由自己招致，由此，"启"可引申为招致、引起。《左传》中有"晋不可启"，晋国是不能招惹的，招惹了就会引起灾祸。无独有偶，在西方神话里有一个"潘多拉的盒子"，也是不可随便开启或招惹的，里边充满了各种灾祸和诅咒。

"启"为陈述、报告。《古诗为焦仲卿妻作》："堂上启阿母。"焦仲卿向他母亲陈述事情。《明史·刘基传》："宿卫宦侍有过者，皆启皇太子置以法。"宫中那些宦官侍卫，凡是有过失的，都报告给皇太子按律法处置。古时皇帝上朝，臣子有本要奏的时候，总是先说"启奏陛下"，"启奏"指臣子对皇帝进言、上书。

开启思维之门，即启发、开导、教育。《说文·攴部》："启，教也。"人在认识事物的过程中难免会遇到疑难，通过启发、启导可以颖悟、开化。我们常说的启迪、启示等词，就据此而来。现代的教育理念提倡素质教育，反对应试教育；注重启发式教学，反对"满堂灌"的填鸭式教学。

实际上，古代中国的教育者不仅十分注重启发，而且很讲究启发的技巧、火候和方法。在中国，"启发"一词，源于古代教育家孔子的"不愤不启，不悱不发"。意思是不到学生们想弄明白而还没有弄明白时，不去启发他。学生"愤"、"悱"之际，才是引导学生破解疑难的最佳时机。《礼记·学记》中也提出"导而弗牵，强而弗抑，开而弗达"的教育思想，主张要启发学生，引导学生，而不硬牵着他们走；严格要求学生，却不施加压力；指明学习路径，却不代替他们给出结论。

迪 【廸】
dí

迪 小篆

"迪"，异体为"廸"。形声字，从辵，由声。

"辵"为行走；"由"为经过、理由或顺、随之意。"由"意为从"田"正中间伸出头来。"田"为区域、范围。"辵""由"为"迪"，表示在一定的范围内摸索出符合规律的一套理论，它可以引领人们走正确的道路。引申为做事情必须遵循法则、规律，遵循事物的发展方向而行事。《说文·辵部》："迪，道也。"本义是道路、道理。

"迪"有引导、开导的意思。"迪"字篆文亦从心，强调了对心智的引导。《尚书·太甲上》："旁求俊彦，启迪后人。"孔颖达疏："乃旁求俊彦之人置之于位，令以开导后人。"意为收罗人才，量材取用，以广泛地用来引导人。不仅任用人才如此，学者治学亦当秉承此信念：以严谨的治学态度，对后人负责的心态，使所做的文章、所说的话对后世有所启迪，令其读完之后有所进益，而不是误人子弟或是辱没斯文。

"迪"的字形表达了思想由迷途之径走向光明之意。故而当人身陷囹圄、困苦潦倒之际，也许一句话，或一篇文章，其中闪光的思想就足以令他受到启迪，重新鼓舞起生活的勇气，激起昂扬的斗志，最终脱离困境，走向成功。思想如不付诸实践，那只能算是空想。圣人教导人们要"博学之，审问之，慎思之，明辨之，笃行之"（《礼记·中庸》），最后的落脚点仍然在实践上。思想受到启迪之后，行动上就会有所体现。所以"迪"还有实践、蹈行的含义。《广雅·释言》："迪，蹈也。"《法言·先知》："为国不迪其法而望其效，譬诸算乎！"李轨注："迪，蹈。夫算者，不运筹策不能定其数；治国者，不蹈法度不能致其治。"治理国家，不执行法律却希望治理有效，这是谋算的失误。

"迪"在教育、教学工作中，是指教师或家长启发、引导下一代，使他们沿着正确的思路、采用正确的方法行事。教师不应满足于做职业的教书匠、知识的"传声筒"与信息的"转运站"，而应力争做一名启迪学生智慧、塑造学生心灵的教育家。启迪学生的智慧，教师不仅要积极地创造点燃学生智慧火花的条件，适时运用激励和启迪的语言，还要有目的地培养学生勇于实践、敢于质疑、善于创新的兴趣与能力；塑造学生心灵，教师不仅要走进孩子的内心世界中去，做学生的朋友与知己，做学生人生道路的"导航器"，心理健康成长的"咨询师"，还要通过自己的道德人格、言行举止，启发学生如何为人处世。用爱心、耐心与智慧开启学生的心智，可以说是成为一名成功教育家的不二法门。

批评

多看别人的优点对自己有好处，多找自己的缺点会让自己有进步。

批 pī

"批"，形声字，从手，比声。

"批"从手，表示与人的行为、手的动作有关；"比"的甲骨文是二人并列之形，具有人与人碰触、挨着的意思。二人用手碰触、击打对方为"批"，本义为用手掌打。《广雅·释诂三》："批，击也。""批"又为批评、批判，是就某事物或行为进行评论、评判。批评的前提是对事物加以比较、找出差异，"批"中之"比"为比较；批评的行为是在两个或两个以上的人之间进行，"比"字从二"人"，体现了这一特点；批评的目的是为了促进、提高，从而使被批评者能够赶超比较对象。

"批"为量词，用于众多人或大宗货物。"比"为连续、频频，具有繁多之意，表明成"批"的事物其数量必多；一批或批量是就同一类事物而言，"比"是两个人并列，代表只有同类或相同属性的事物方可言"批"。如一批货物、这批新产品、一大批年轻人。随着语言的演进，在现代汉语中，"批"另有几个普遍的用法：用作副词，表示大量，如"批购"指成批购买商品；"批发"原指成批出售商品，后来也指成批购买。用作名词，读儿化音，指棉麻未捻成线或绳时的细缕，如麻批儿、线批儿。

痛恨一个人，忍无可忍，就会按捺不住，起手便打。《左传·庄公十二年》："批而杀之。"遇见了仇人，先是反手击打，进而杀死他。"打人不打脸，说人不说短"，打人耳光含有羞辱的意味，是一种极端痛恨的行为。《宋史·吕夷简传》："郭后以怒尚美人，批其颊。"郭皇后迁怒于尚美人，抽打她的脸颊。后用"批颊"指打耳光。古代衙门里有一种专门用来打犯人的刑具，叫"批头竹片"，由若干竹片做成，一头扎紧用于持握，另一头劈分成很多细条，又硬又韧。竹条上有很多细小而尖利的竹刺，在打犯人时常常刺入其身，疼痛无比。

"批"由打引申为削、斜劈。杜甫《房兵曹胡马》："竹批双耳峻，风入四蹄轻。"那匹西域良马两个耳朵尖长且直，像竹批一样；跑起来四只蹄子自然生风，轻捷异常。粗通武术的人都知道，反手打击和正手打击的路径不同：正手通常与肩齐平，线路比较直；而反手则由下到上，路线是斜的。反手"批"往往出人意料而且效果强烈。不管是正打还是斜劈，在出手者的眼里，被打之人或物都是他厌弃的，务必除尽为快。由此"批"又可引申为排除、抛弃。《战国策·秦策三》："正乱，批患。"要消除国家的动乱，首先要排除那些危害政体或社会的隐患。殴打别人，给人带来肉体的痛苦，犯颜批评别人，则会使人难堪，因此"批"又引申为批评、指出别人的错误。所谓批评，既要"批"，又要"评"，并应更侧重于评，作出评论、评判。批评要客观、中肯。"批"从手，"手"又可代指行为，表明不能做没有根据的批评。"比"有比较、对比之意。即批评人时不能一味揭人之短，也要善于发现人之所长。通过长短对比，指出其不足之处，而不是故意刁难别人、与别人过不去。

"批"引申为书面的评语，即"批注"或评论文章。古人读书或者看亲友来信时常有批注的习惯，就是在原文旁边随读随批。沈括《补笔谈》："前世风俗，卑者致书于所尊，尊者但批纸尾而答之。"从前的风俗，地位卑下的人写信给他敬重的人，后者常常在信笺后面随便写几句就算答复。这个风俗沿袭流传，就连皇帝的诏书也概莫能外。《旧唐书·李藩传》："制敕有不可，遂于黄敕后批之。"诏令有不妥之处，就随手在正文后面批改。这里的"批"不仅指答复，还包括修改意见。沿用至今，如教师批改作业，官员批阅文件。"批"由此引申为批写的内容，即批示、批复、审批或批语。米芾《书史》："王献之日寒帖有唐氏杂印，后有两行谢安批。"王献之所书《日寒帖》上钤有唐氏的几方印章，帖尾有晋人谢安的几句批语。

评 【評】
ping

"评"，繁体为"評"。形声字，从言，平声。

　　"言"为语言、文字，"平"为公平、平等、平和、平常、平静。《广雅》："评，议也。"本义是议论是非，评判高下。"评"为评点、评判、评断、评讲、评论等。"评"从平，意为评人、评事、评物，要以平常人的心态，平心静气地用语言或文字的方式表明自己的态度。同时，评论之词不能主观片面或褒贬不实，而要公平、公正，言之有理，以理服人，不可因关系亲疏、个人好恶而携私怀忿，诋毁中伤。每个人都很看重别人对自己的评价，对于学生来说，教师的评价更是举足轻重。作业批语、个别谈话、上课发言、考试分数、学期总结，评价无处不在。教师的评价是学生身心健康发展的导航器。这就要求教师对学生要用心观察、善于发现，勤于交流、用语谨慎，讲究评价的艺术。另外，"评"本身有评比之意。所谓旁观者清，在比赛中，作为评判者，态度必须中立。只有站在一定的高度看待被评之事物，才能做到出语公平，论断准确。

　　"评"又可以引申为评语、评论，表示带有结论性质的话，偏重于书面语。文学评论作为一门专门的学问，最早兴起于汉朝。最有影响的著作是魏文帝曹丕的《典论》，其后是南朝时期刘勰的《文心雕龙》以及钟嵘的《诗品》。六朝以后，名家名作更是层出不穷。文学评论发展到后来，成为一种专门的文体，而"评"也就成为一种文体的名称。如今还有影视评论、文艺评论、新闻评论、时事评论等。

　　黄昇《〈诗人玉屑〉序》："诗之有评，犹医之有方也。"人生病了，需要医生开方抓药，吃了药才能治好。同样，写文章也需要别人适当而正确的评论，才能发现自己的欠缺，从而有所提高。作家风格、作品特色及其深刻、独到之处，有时连作者本人都意识不到，而慧眼独具的评论家却能进行挖掘、总结和阐发。如明末清初的金圣叹点评屈原赋、杜甫诗、《水浒传》、《西厢记》等，颇多真知灼见，受到时人的普遍认同。

　　某些文艺形式或流派的兴起、成型、发展和没落，以及作家自身的成长、成名，无不受到评论的影响，甚至被舆论和媒体所操控，即所谓的"捧红"、"封杀"或"炒作"。尽管作家的成就、作品的高下是客观存在，但对作家、作品的命运而言，有时说"成也评论，败也评论"，并不为过。

勉励

对方的优点要欣赏，对方的缺点要包容，对方取得成绩要勉励，对方遇到曲折要鼓励。

勉 miǎn

小篆

"勉"，形声字，从力，免声。

"免"为免去、去除、避免，"力"为力气、力量。想竭尽全力做事却心有余而力不足，或力气用不到点儿上，是力不济而强做，即勉强。若不顾客观条件、不顾他人意愿，一味强求别人去做力不能及的事情，就是"勉为其难"了。然而，人若在精神上受到鼓励，生理上会处于一种激发状态，进而斗志昂扬，做任何事情都不觉费力，从而收到事半功倍的效果，所以"免""力"为"勉"，又有勉励之意。

"勉"从力，"力"即用力、尽力。由此"勉"可引申为用尽自己所有的力量。所谓"谋事在人，成事在天"，凡事尽力去做，成功与否先不考虑，这是一种积极入世的态度。《论语·子罕》："丧事不敢不勉。"孔子说，办丧事不敢不尽力而为。做人之本，孝敬父母。即使穷人家平日难以温饱，但在丧事上绝不敢马虎。古典戏曲小说中有"卖身葬父"、"卖身葬母"之说，力不能及却尽力而为，真可称其为"勉"。

"勉"有勉励、鼓励之意。勉励往往是长辈对晚辈、父母对子女、领导对下属、教师对学生，有时也用于朋友之间。勉励能使人坚定抱负、明确目标、增强信心、受到教诲。《中庸》："人一能之，己百之；人十能之，己千之。"是说人家一次就学会的，我如果花上百次的功夫一定能学通。人家十次能掌握的，我要是学一千次，肯定也会掌握。人的智力天生各异，有高低之分，但是孔子并不因为某个弟子的脑袋笨，领悟力差，就讥笑他，排斥他，甚至放弃他。相反，却一个劲儿地勉励他，用慈爱的语气告诉他，只要用心刻苦就可以做成和别人一样的事情。套用现在的话说，只要自己不放弃，世界就不会放弃你。劝勉他人是激励他人奋发向上的灵药，而自勉则是个人立业修身的妙方。蒲松龄幼年才华出众、志向超群，他勤奋攻读、热衷举业，希望能博取功名，名垂史册。谁料却命运多舛，屡试不第。为了人生有所成就，他在压纸用的铜尺上刻下了自勉的诗句："有志者，事竟成，破釜沉舟，百二秦关终属楚；苦心人，天不负，卧薪尝胆，三千越甲可吞吴。"他以项羽破釜沉舟、勾践卧薪尝胆的典故激励自己发奋写作，终于完成了短篇小说集《聊斋志异》，成为名传后世的文学巨匠。更多的人则喜欢将一些名言警句放在自己的书桌上或贴在墙上甚或铭记于心，用来激励、鞭策自己。比如"梅花香自苦寒来，宝剑锋从磨砺出"是家喻户晓的自勉联。宝剑锋利出自磨砺，梅花清香生于苦寒。同理，人生若想事业成功有所作为，同样要倍尝艰辛而后才能苦尽甘来。《儒林外史》的作者吴敬梓写了一副对联勉励自己要坚持不懈："读书好，耕田好，学好便好；创业难，守成难，知难不难。"同样的，郑板桥也有一副自勉的对联"曾三颜四，禹寸陶分。"曾三是指孔子的弟子曾参，他说过"吾日三省我身，为人谋而不忠乎？与朋友交而不信乎？传不习乎？"忠实、守信、温习三个方面，所以称为"曾三"。颜四是指孔子的弟子颜回。因为他主张"非礼勿视，非礼勿听，非礼勿言，非礼勿动"。四个非礼勿做的动作，所以称为"颜四"。"禹寸"是说大禹珍惜每一寸光阴，三过家门而不入。"陶分"是指学者陶侃珍惜每一寸时光。板桥先生化古人之名言，勉励人们要珍惜时光，积极进取。

　　勉励是催人奋进、争取成功的不竭动力；是加强修养、励精图治的重要手段；是鞭策意志、获得成功的坚固基石。

励　【勵】

lì

　　"励"，繁体为"勵"。形声字，从力，厉声。

"厉"为严格、严厉、切实，"力"为力量、力气。力有方向、大小和作用点。"厉""力"为"励"，表示方向正确，力度适宜，严格要求，不盲目出力，不懒惰省力，该出力时则出力。《字汇·力部》："励，勉力也。"本义为勉力、努力，有鼓励、奖励、励志等。

《尚书·立政》："继自今立政，其勿以憸人，其惟吉士，用励相我国家。""用励相我国家"就是努力扶助我的国家。尤袤《思贤堂三赞·毕文简公》："二百余年，遗风髣髴。励相国家，流泽未已。"文中赞扬了毕士安一生为人正直，勤于政务，竭尽全力辅佐国家，使福泽惠及后人的奉献精神和敬业精神。

"励"引申为振作。人的一生若不奋起做出一番事业，就会虚度光阴。丘迟在《与陈伯之书》中有"相早励良规"的句子，意思是希望你早一些振作起来，为自己找到好的道路。成语"励精图治"是说振作精神，发奋努力，有所作为。

"励"从厉，从力。"厉"的本义是磨刀石。"励"的字面意思就是用力推磨。所谓"玉不磨不成器，人不学不知义"。磨刀石可使霜刀锋利，重发光彩。人的成长也需要良师益友的帮助和鼓励，特别是当人处于逆境、遭受不幸的时候，若能得到他人真诚的鼓励，则常能重新鼓起生活的勇气。所以"励"对自己而言，是发奋振作，若是对别人，则有劝勉、勉励、激励的意思。《小尔雅·广诂》："励，劝也。"《国语·吴语》："请王励士。"请大王勉励士人。"励志"为勉励意志；"奖励"是用具体的奖品激励别人；"鼓励"是激发、勉励；"策励"是督促勉励；"激励"是激发鼓励。

激励对人的正面影响是显而易见的。有效、适时的激励可激发人的自信心，使其更加自尊、自爱、自强。而长期得不到激励或备受责难的人，则会自卑、抑郁甚至堕落、绝望和毁灭。常言道"数子十过，不如奖子一言"。特别是教育孩子，鼓励比批评更有效，让孩子在赏识、激励的教育环境中愉悦地健康成长，比强迫他们参加多少辅导班、请多少家庭教师都更有意义。同样，学校教育也要重视鼓励。对于教育者而言，鼓励是一种肯定、是一种态度、更是一种理念。当代教育强调构建民主、和谐的教育环境，而赏识、鼓励正是教师帮助学生树立自信心、挖掘自身潜能、发挥学习主动性的重要手段。

问答

提出的问题越多，探索世界的答案也就越多。

问 【問】
wèn

甲骨文　金文　小篆

"问"，繁体为"問"。形声字，从口，門声。

"问"的甲骨文、金文、篆文都是门内一张口。"门"的甲骨文像双扉柴门形，本义为双扉门；"口"为发声器官，也为气流出入口。"门""口"为"问"，意为人若出门、入门都要多问。《说文·口部》："问，讯也。"本义为询问，由此引申出多个义项。提出的问题强迫被问者回答是责问、追问、审问；提出问题检验被问者的学识是考问；礼节性的问候拜访是访问；教师检查学生学习情况是提问等。

"口"在"门"内，意为门外汉无法向门内人提问，也不知如何问，只有入门者才能就学问而问，进而得到真正的知识。"门""口"为"问"，问门内之人，门内之人即行内人。问是学的前提，"非问无以广识"，"君子学必好问"，要问中求学，要好学勤问、不耻下问。"门"有限而学无止境，故而多问则博学。

"门"中一"口"可理解为"问"是就所学而问。"问"要有突破口，有针对性，追求学问要一步一个脚印，问题一个一个提出，难题一个一个解决。古今中外的成功者都认识到了"思维是从疑问和惊奇开始的"，"提出一个问题，往往比解决一个问题更重要"的道理。问能解惑，问能晓理，问能达情。"善教者，必善问。"

古人云："学起于思，源于疑。"首先要培养"善问"。"小疑则小进，大疑则大进，无疑则不进。"其次要"敢问"。再次要会问。"问题"意识的培养是提高学习能力的基础。

答 【荅】

dá dā

（荅）小篆

"答"，异体为"荅"。形声兼会意字，从竹，从合。

"竹"为竹子，常绿多年生植物；"合"为合并、相合、符合。"竹""合"为"答"，可理解为将竹子合并起来用于遮挡的篱笆，其本义为以竹补篱。竹子可制乐器，故"竹"引申指管乐器。古人受了别人的恩惠，或遇到知音时，常以音乐的形式相互应和作为回报的方式，以此表达心声。"答"为答谢、报答。古人又常以竹木制成"符"，作为取信的凭证，双方各执一半，以验真假，因此"竹"代指竹符。

"竹""合"为"答"，表示以一对一，两物相应合，所以"答"又表示回话、回复之意，如回答、答复。"答"具有针对性，针对问题所回复的内容为"答案"。竹的茎节明显，喻指有一定的次序，不杂乱无章；竹竿笔直，意谓直截了当，不闪烁其词。"竹""合"为"答"，强调了"答"要有条理，有顺序，直接对具体的事物而做出切合的反应。

"答"既是以丝竹之声抒发情感，也是以虎符相合求得确切的信任。"答"上"竹"下"合"，意为使竹与竹相击，所发出的声音为"答"，读做"dā"。"答"字强调了两者相合，表示同步调、同节奏。故而"答"是以彼此认同、互相支持为前提，然后才有"应"的态度和行为，这就是答应、答理。

"答"是一个多音字，一读"dā"。用于名词时，有"答应"一词，指清朝服侍皇帝的低级嫔妃。"答应"也用于动词，有同意、应允之意。"答理"一词表明对别人言语行动的一种态度，多用于否定句。如"他为人傲慢，不爱答理人"，也常写作"搭理"。此外，"答"字还做形容词用，形容粗厚。如"答布"就是粗厚的布。

"答"使用更多的是应对、回答之意，此时"答"读"dá"。《仪礼·乡射礼》："上射退於物一笴，既发，则答君而俟。"这里的"答"就是应对之意。"对答如流"指回答问话像流水一样迅速、清晰，形容思维敏捷，口才好。"答非所问"指回答的内容与提的问题无关。陶潜《桃花源记》："见渔人，乃大惊，问所以来。具答之。"居住在世外桃源的人见到渔人，很是吃惊，就问他是从哪来的，渔人一一回答。如是地位高的人（上级）对地位低的人（下级）所请示的问题给予回答、回话，那就是答复、批复。《礼记·儒行》："上答之，不敢以疑；上不答，不敢以诌。其仕有如此者。"君王采纳他的意见时，他侍君不敢有二心；君王不采纳他的意见时，他也不以谄媚奉迎求得升迁。这是儒者对出仕做官的态度。

对他人的问话做出回应为"答"，对他人帮助自己的行为给予回报是报答。我国是礼仪之邦，讲究"滴水之恩，当以涌泉相报"，提倡"我施不图回报，施我没齿难忘"。对每个人来说，拥有报答之心是非常重要的。时时以感恩的心面对生活，就会生活在阳光之下，就会使生活充满欢乐和幸福。

教育工作中，教师辅导学生要有耐心，尊重其求知欲和自尊心，对他们提出的问题要认真对待，百答不倦。既不可敷衍应付，含糊其辞，更不应冷漠厌烦，讥笑嘲弄，否则就会挫伤学生提问题的积极性，丧失发展学生智力、引导学生创新的机会。同时，教师也要注重培养学生思路清晰、逻辑严密、条理清楚、见解独到地回答问题的习惯。

记忆

一个人对过去不要去怀念但必须有记忆，对未来只有企盼与希望。

记 【記】
jì

記 小篆

"记"，繁体为"記"。形声字，从言，己声。

"言"为语言、文字、言辞，又为说话；"己"的甲骨文字形似弯绕之绳，用以缠束丝或他物。文字发明以前，人类是通过结绳来记事的，所以把所说的话、所做的事写下来即为"记"。《玉篇·言部》："記，录也。"本义是记录。"记"中之"己"又为自己、自我、自身，表示"记"不但要把自己想说的话、说过的话记录下来，同时也要把自己对人与事的亲身感受用文字记载下来。"记"既为用笔记录，也指把自己的所见、所闻、所感、所思记在心里，这就是"记忆"。

"记"由本义引申为记叙事情的书册、文体。如在"传记"、"游记"、"杂记"、"日记"等。现在的"记者"，是指专门从事新闻事件采集、记录工作的职业人员。"记"亦可指印记，即可供辨认的标志、记号。《水浒传》："仓廒内自有官司封记。"以官家加盖的印章作为记号。由记号的意思扩展开来，"记"也可指印章，如"戳记"、"图记"等。"记"也可为表示动作的量词，如"一记耳光"。

把事情记录下来就不会忘记，所以"记"指把印象保留在大脑中，即"记住"、"记忆"。记忆是以信息解码的形式储存在大脑一定的皮层细胞里的，当大脑皮层受到某些外来刺激时，这些信息就会被激活，于是印象会再现，也就是人们常说的"记忆"、"回忆"。辛弃疾《永遇乐·京口北固亭怀古》："四十三年，望中犹记，烽火扬州路。"这里的"记"是想起、回忆的意思。李清照《如梦令》："常记溪亭日暮，沉醉不知归路。"我还

时常记忆起那次傍晚时分在溪亭，畅饮归来，醺醺然都找不到回家的路了。

记忆实际上是人的大脑对外来信息进行处理的过程。心理学研究表明，即使人在婴幼年时期，外界事物也会作用于大脑，留下记忆，这种记忆通常转化为潜意识，虽然不能清晰记起，但是会一直影响他的成长。记忆分为短暂记忆与长久记忆，短暂记忆不断强化就会成为长久记忆。无数的知识经过这种反反复复不断的强化就会逐渐积累成为我们的知识财富。所以《广雅》曰："记，识也。"古人将"记"解释为"识"是很有道理的。记忆连接着人们心理活动的过去和现在，是人们学习、工作和生活的基本机能。一个人某种能力的获得、良好习惯的养成、道德品质的培养，都是以记忆活动为前提的。对于教师来说，培养学生良好的记忆品质，使其掌握加强记忆和防止遗忘的规律，对其学习和成长具有重要的意义。

忆 【憶】

yì

"忆"，繁体为"憶"，形声字。从心，意声。

"憶"中含"心"，表示与心理活动、思想意识有关；"意"就是情感、情意、意义。"憶"是对于有一定意义或价值的事物的追忆和回想，是情深意厚或印象深刻的体现，本义是思念、回想。

简化字"忆"由"心"和"乙"构成，"乙"为天干第二位，代指序数第二。因为"忆"毕竟是心中对过往事物的再现，人永远得面对现实，而不能活在记忆中，所以"忆"中有个"乙"，说明回忆或空想比起现实来永远居次要地位。"乙"回环曲折，又寓指感情的宛转缠绵，难以忘怀。

"忆"字引人浮想联翩，动辄就会触发多情男女们对于爱恨情仇不绝如缕的追忆，同时也体现着多愁善感的文人墨客的职业病倾向。武则天在感业寺做尼姑时曾写诗："看朱成碧思纷纷，憔悴支离为忆君。不信比来长下泪，开箱看取石榴裙。"如此雄才大略、心狠手辣的女皇帝，年轻时竟然也会儿女情长，整日思念心上的人儿，以致精神恍惚，如梦如痴，红绿不分。尽管"情"字魔力无穷，"忆"字令人伤心无限，可是政治斗争一升温，武则天很快就丢掉了儿女之情，变成无人能及的美女政客，最终成为历史上颇有作为的女皇帝。可惜，跳出情的困扰，又掉进欲的深渊，身为天下至尊，这位女皇帝却不顾影响，包养了张昌宗、张易之哥俩，日理万机之余还搞出了种种绯闻，为天下人所诟病。

值得追忆的美好事物很多。白居易忘不了江南美景，在《忆江南》中动情地写到："江南好，风景旧曾谙，日出江花红似火，春来江水绿如蓝，能不忆江南？"把江南描绘得如诗如画，如人间仙境一般。到过江南的人，能不魂牵梦绕？未到过江南的人，又怎能不无限神往？

回忆给成功生活带来的永远是温馨和快乐，给痛苦潦倒的人生带来的总是悔恨和失落。现实越是艰难、失意，就越容易沉迷于对以往的回忆；而越是陷入当年的回忆不能自拔，现实就越不容乐观。当然，时间能够冲淡一切苦难的记忆，岁月足以抹平一切情感的创伤，但是人类却不能够失去对于屈辱和痛苦历史的记忆。

《梁书》："读书数行并下，过目皆忆。"一目十行，过目成诵，这样好的记忆力，真是令人羡慕。好的记忆力有先天的因素，但后天的训练也很重要，掌握了记忆方法，就会事半功倍，死记硬背只能事倍功半。

记忆可以说是一切发明创造的基础。古今中外有很多具有超常记忆力的人。《三国演义》第六十回描写的张松过目成诵，记忆力非凡。张松在杨修那里看到了曹操新作《孟德新书》一十三篇，张松看后故作不屑一顾地说此书是战国无名氏所作，并且当着杨修的面将《孟德新书》从头至尾背诵一遍，没有丝毫差错。杨修为之大惊："公过目不忘，真天下奇才也！"五代王仁裕《开元天宝遗事》记载："开元中，张说为宰相。有人惠说一珠，绀色有光，名曰'记事珠'。或有阙忘之事，则以手持弄此珠，便觉心神开悟，事无巨细，涣然明晓，一无所忘。说秘而至宝也。"宝珠能够使持有者神清气爽、过目不忘，由此也可看出古人对超常记忆力之崇拜。

考试

教育的辛勤工作，不要只是为了让学生学习大量的考试之后很快遗忘的课本知识。学生努力学习并不是为了提高生存的能力，而是为了得到被人看重的考试成绩。

考 kǎo

甲骨文　　金文　　小篆

"考"，形声字，从老省，丂（kǎo）声。

甲骨文、金文的"考"字均像驼背老人扶杖而行之状。"考"从耂，从丂。"耂"为"者"的省形，意指人，"丂"形为人弯腰弓背执杖之状。"考"可理解为弓背弯腰手执鞭杖者，即老人，又特指父亲。

《说文·老部》："考，老也。"本义是指人的年纪老迈。"考"又假借为"攷"，意为人执杖弯腰敲打之状，可以理解为探究事物的真相或检验事情的结果，如考察、考古、考试、考评等。

《尔雅·释亲》："父曰考，母曰妣。""考"由本义引申为那些值得尊重的德高望重的老年人。俗语说："家有一老，如有一宝。"老年人阅历、经验丰富，具有较强的判断力，所以能够对年轻人进行指点，使之少走弯路，免入歧途。如果从伦理观点来讲，"身体发肤，受之父母"，每个人都是父母生养，从呱呱落地直到成年，有哪一刻能离得开父母的精心养育和谆谆教导？"老吾老，以及人之老。"年老之人理应得到全社会的尊重。

《礼记·曲礼》："生曰父，死曰考。"除当父亲讲外，"考"还可指已去世的父亲。《公羊传·隐公元年》："惠公者何？隐之考也。"惠公是谁呢？就是现任君主隐公的先父。先人的灵位或坟冢墓碑上也往往镌刻上"先考某某"的字样，"先考"就是指去世的父亲。

"考"做动词，假借为"攷"，意为敲、击。苏轼《石钟山记》："而陋者乃以斧斤考击而求之。"笨拙的人欲凭借斧子敲击而使之发出这种声音。这里的"考"假借为"拷",有拷打之意。我们常讲"严父慈母"。在孩子的眼里,母亲永远是慈祥、慈爱的,而父亲却常是板起面孔,一刻不停地督促孩子的学业、考察其功课、纠正其行为。"考"由此引申出核查、考试的意思。

《书·舜典》:"三载考绩,三考黜陟幽明。"3年考核一次政绩,考试3次后进行罢免或提拔,并明确公布。此后"考绩"一词就用以表示政府职能部门对于下属官员工作成绩的检查、考试,并且依据实际情况作出任免决定。

"考试"在"应试教育"中是学生的一大难关。虽然单就考试本身而言,定期检验学生成绩,可使教师对学生掌握知识的情况有比较详实的了解。

考试务求精准,治学也是如此,不能凭空臆造,要通过研讨、考据、论证而完成,"考"由此引申为研究、思索。如"考古"是根据古代的遗迹、遗物和文献研究古代历史;"考究"则是查考、研究。在俗语里,"考究"多用于表示"讲究"(如服装、饮食)的意思。元代马端临在其《文献通考》自序中说到著此书和为之命名都源于"研精覃思,悠然有得",可见欲加"考"之名,必先有考之"实"。因学术著作都是反复研究考证的结果,所以后世学术论文或专著多以"考"为名。如康有为《新学伪经考》等。

试 【試】
shì

骭 小篆

"试",繁体为"試"。形声字,从言,式声。

"言"是语言、行为,"式"有法度之意。《说文·工部》:"式,法也。""试"是以法度作为预定的标准,考评言行,以考查其是否符合法度、规矩。故"试"是指按照预定想法非正式地实施过程。如试用、试验、试点、试工等。"式"又为方式、方法。"试"是按照一定的方式方法用语言或行为进行测验、考查。如考试、测试、试题、试探、笔试等。

《说文·言部》："試，用也。"本义为使用、任用。《诗·小雅·大东》："私人之子，百僚是试。"富家子弟官运亨通，几乎各种官职都可以上任。柳宗元《哭连州凌员外司马》："灭名竟不试。"说的是虽然凌准为唐顺宗即位立下了大功，但他至死也没有被朝廷重用，在元和三年寂寞地死于任职地连州的一个佛寺中。

"试"为考查。白居易《放言五首》："试玉要烧三日满，辨才需待七年期。"名贵的玉石经得起大火焚烧，考查人才则需要相当长的时间。路遥知马力，日久见人心。要了解一个人的真心，看其到底有没有才华，有没有思想，一时半刻是不够的，需要慢慢地观察、测试。

"试"为非正式地去做某事，也就是尝试。《广雅·释诂三》："试，尝也。"吴涛《绝句》："桃花飞尽野梅酸，游子春衫已试单。"春天悄悄过去，夏日姗姗来迟，眼前还有一地粉红的落英，梅子已经露出青涩的脸庞，温暖的阳光令离家在外的游子尝试换上夏日的单衣。尝试的目的是希望了解，往往伴有一定的危险，不能贸然行事，所以"试"又表示刺探、查看。《韩非子·外储说左下》："主贤明则悉心以事之，不肖则饰奸而试之。"伴君如伴虎，如果君主贤明，明辨是非，直言上谏并无大碍；若是皇帝昏庸，说话做事就得先小心翼翼地试探，否则随时有被杀头的危险。

我国的考试制度已经有1000多年的历史了。在古代称为"科举制度"，而现代则称之为"高考制度"。科举，就是由国家设立科目，定期举行统一考试，通过考试来选拔官吏，也叫"开科取士"。中国的科举制度创立于隋代，完善于唐代，发展于宋代，中落于元代，鼎盛于明代，终结于清代。科举制度建立以后，通过科举考试进入仕途几乎是古代读书人惟一的出路，正所谓"十年寒窗无人问，一举成名天下知"。

相对而言，宋代的科举取士最为公平。宋代改唐代"朝廷选官，须公卿子弟为之"的录取风习为"取士不问家世"，有意识地为寒门子弟拓宽仕进之路。并推行弥封、誊录之法，最大限度地防止了考场内外的徇私舞弊活动。明朝直至清末一直实行的是八股取士制度。考试内容只许在四书五经范围内命题，文体严格限于八股文。因此，在科举这条道路上，无数文人为求得知遇而皓首穷经。

阅读

要想一生不虚度，惟一的捷径是读书。

阅 【閲】
yuè

閲 小篆

"阅"，繁体为"閲"。形声字，从门，兑声。

《说文·门部》："閲，具数于门中也。"本义是在门内考察、计算事务。"门"是房门、屋门、室门，这里可引申为书籍，因为书籍是人类走向知识殿堂的大门；"兑"是交换、兑现。"兑"在"门"内，示意人独自在屋内读书并与作者交换思想，交流情感。又，"兑"是"悦"的本字。《说文·儿部》："兑，说（悦）也。"本义为喜悦。阅读、阅览、翻阅书籍是一件令人愉快的事情。"阅"为察看、视察、考察。《管子》："常以秋、岁末之时阅其民。"齐桓公经常在秋天和年末的时候视察民众，考察人口与土地，把户口按什、伍组织编制起来。十人一什、五人一伍，实行严格的人口管理制度，以便发展。军队是国防的支柱，历朝历代的统治者都非常重视军队的训练，每隔一段时间就要对军队进行检阅，称作"阅兵"。

读书也为"阅"。书籍是人类进步的阶梯，是一个取之不尽、用之不竭的资源宝库，人们可以在书籍中汲取各门各类有用的知识。阅读不仅要熟读，还要深思。孔子说过"学而不思则罔，思而不学则殆"。阅读应该有所选择，不能漫无目标。要选择一流的书和一流的作者写的书来读，边阅读、边思考，才能使自己有所收益，有所感悟。根据阅读目的的不同，可以选择不同的阅读方式，如朗读、默读、略读、精读、慢读、快读、连读、跳读等。

我们常称某人见多识广为很有阅历。一个人耳闻目睹的事情多了，社会经验自然也就丰富了，"阅"引申为经历。"阅历"指过去所经历的事情。为人处世时，阅历浅的人常是心余力绌，阅历深的人则比较从容自如。当然，一个人的阅历再深，也会有他所涉及不到甚至无法涉及的领域，所以任何人的阅历都是有限的，不可绝对、片面地看待问题。洪应明在《菜根谭》中有一段妙述："涉世浅，点染亦浅；历事深，机械亦深。故君子与其练达，不若朴鲁；与其曲谨，不若疏狂。"说的是一个人的生活阅历越浅，所受恶习的沾染就越浅；一个人饱经世事，他心中的巧诈虚伪就可能越深。所以一个德才兼备的君子，与其处事圆滑世故，倒不如保持质朴直率的天性；与其事事拘谨小心，倒不如狂放豪迈一些为好。

读

【讀】

dú dòu

 小篆

"读"，繁体为"讀"。形声字，从言，卖声。

"言"既指说、讲，也用以表示言论主张；"賣"为卖出，意为以货物换钱，需要动脑筋研究销售策略，同时也要出声叫卖以吸引顾客。"言""賣"相合为"讀"，意指口中发出声音，将书上的内容出声朗诵并动脑分析理解。《说文·言部》："讀，诵书也。"

"賣"要先备齐货物，然后售出。卖货的目的是获利，获利之后再引进货源，如此反复。"言""賣"为"讀"，与此理同，以言为前提，然后以读为学习的过程。读书的目的是为了获取知识，而最后的结果是成一家之言。

也可将"讀"视作从言，从士，从罒，从"貝"。"士"为贤士、士人，是古时对男子的美称，旧时又特指读书人；"罒"为横"目"，意为全神贯注、精力集中，辨别好坏与对错；"貝"为古时的一种货币，代指财富，意为有所收获。"言"、"士"、"罒"、"貝"四部分组成"讀"字，表明"讀"是贤人志士所为。读书需要集中精力，选择好书，获取有益的知识充实和提高自己。

简化字"读"从言，从十，从冖，从头。"十"字意为十全十美；"冖"字像将物体收回、勾住的形状，意喻被人掌握，有收获意；"头"意为头脑、思维。"头"在"冖"下，意为埋头苦读以获得知识。"读"字强调了思考和理解的重要性，只有动脑分析，才会使做人求知尽可能趋近完美。"读"还有一个读音为"dòu"，表示句中的短暂停顿。古人所说的"句读"，指文章的句中停顿——极短的停顿为"读"，稍长的停顿为"句"。韩愈《师说》："彼童子之师，授之书而习其句读者也。"古时文言一般没有标点，习句读而抑扬顿挫是古人读书必须掌握的基本功。读书不仅可以获取知识，还可增长智慧，陶冶情操。悬梁刺股，凿壁借光，囊萤映雪，这是古人勤奋读书的例子，今人仍然耳熟能详。现在，书籍的种类和数量极为丰富，读书的条件也远比古人优越。许多人很爱逛书店，也很爱买书，可买回来之后，觉得已经据为己有，什么时候读都可以，于是束之高阁，不再翻看。这正如古人所说："待有暇而后读书必无读书之时。"等到闲暇的时候再去读书必定没有读书的光阴。

读书时，根据方法和目的不同，可以选择略读、跳读、精读、泛读、抄读等多种方式。有的书要精读，深入钻研，细细品味，独立思考；有的书只需快速浏览，观其大略。陶渊明在《五柳先生传》中写道："好读书，不求甚解；每有会意，便欣然忘食。"精读书可掌握扎实的基本功，这是日后广泛涉猎的基础，也是读书的基本步骤。苏轼对此颇有感触，他说："学者须精熟一两书，其余如破竹数节，后皆迎刃而解。"无论选择哪种读书方法，在读书的过程中，都要用心去读，同时还要养成独立思考的习惯。正如孔子所言："学而不思则罔。"读书不思考，就如同吃了食物不消化一样，难以转化成真正的知识与能力，还容易在书山文海中迷路。

研究

求知不要图数量，而要求质量。

研 _{yán}

研 _{小篆}

"研"，形声字，从石，开（jiān）声。

"研"从石，表明"研"与石头有关；"开"为偏旁时常写作"开"，"开"意为分割、割裂。"石""开"为"研"，意为开石，即不断地将石头分割，由大到小，由小至碎块、粉末。

《玉篇·石部》："研，磨也。""研"的本义是把石头等硬物碾磨成细碎的小块或粉末。"研"是一个开石的过程，要将石头等硬物研磨成粉，必然要付出巨大的艰辛。因此，凡与"研"字搭配组成的词语大都表示了费时费力、深入进行的意思。探求事物的真相、性质和规律的活动为"研究"；以钻研的态度去阅读为"研读"；边试验（或实验）边研究制作的行为是"研制"。"石"为石头，在这里表示难关、难题；将"开"视作二"干"，表示有干劲、有才干，能干、敢干。"研"从二"干"，强调了要想深入事物内部，攻克难关，探明真相，就要培养自己的能力，发挥自己的才干，还要敢干、实干。

研究问题、钻研学问就如同开石，只有"精诚所至"，才能"金石为开"。"研"从石，比喻问题的艰难、困苦、复杂。研从开，意为石头具有坚硬的外表，里面到底如何，仅凭表面观察往往无法知晓，只有打开石头看个究竟，方能知道问题的实质。"石开"，需要有耐心和毅力，需要有"开石"的功夫和熟练的技术。只有仔细琢磨、反复钻研才能"石开"，只有"石开"，问题才能一目了然，研究才能有所深入，才能知晓事物的本质。

春秋时，楚人卞和，在山中得一璞玉，献给厉王。厉王命玉工辨识，玉工说是石头，厉王以欺君罪断卞和左脚。后武王即位，卞和又献玉，武王又以欺君罪再断其右脚。及文王即位，卞和抱玉，在荆山下哭。文王派人去问，他说："吾非悲刖也，悲夫宝玉而题之以石，贞士而名之以诳。"文王使人剖璞，果得宝玉，遂封卞和为零阳侯，卞和辞而不就。这个故事告诉人们：研究是透过现象看本质的认识活动。研究必须深入、细致、严谨，只看表面现象，只做表面文章，而没有"开石"的精神，就会"身在宝山不识宝"。

"研"字启示人们：学习的过程是一个不断深入的研究过程，是攻克一个个坚硬"顽石"的过程，是一个不断"开石"的过程。而"开石"首先需要研究者具备渊博的学识、丰富的经验、智慧的头脑，即要具备开石的武器、工具、方法，才能向顽石发起进攻。而这些能力的获得需要研究者从小不断地学习，平日里不停地实践，勤于思考，坚持探索。

其次，要对"开石"的艰辛过程有充分的认识，具有不畏艰辛和克服困难的勇气。要树立研究的志向，并不惜为此付出自己的毕生精力；要认识到研究的过程必然充满坎坷，不能寄希望于投机取巧；要有长期作战的心理准备，不要希冀一蹴而就；要具备越挫越勇的心理素质，不能浅尝辄止，遇到困难就退缩；要认识到研究是一个漫长的过程，必须有始有终，做到石不为开，誓不罢休。

究 jiū

小篆

"究"，形声字，从穴，九声。

"穴"是洞穴、窟窿，形容空间范围有限；"九"是数目中的大数，在中国传统理念中，"九"表示最大，已达极限。"穴""九"为"究"，意为洞穴的极限、尽头。《说文·穴部》："究，穷也。"本义为达到尽头、极限。要穷尽事物本相，涉及事物的每一个方面，就需要探求和调查。因此，"究"引申有探索、推求、追查之意，如研究、推究、讲究、追究、深究。进而引申表示极、到底之意，如究竟、终究。

"穴"是极有限的范围，引申指极小；"九"泛指多、广，又喻指不断、反复。"究"为九穴，表示数量多，范围广，这里意指领域众多。"穴""九"为"究"，寓意人类进行研究的目标永远是无限发展的。"究"为穴中有九，表示一个领域中又分有无数个点，进行的研究总是有限的、阶段性的。在无限的世界面前，未知永远大于已知。"究"字表明，研究的课题通常只是众多领域中的一点，而研究需要从点滴入手，抓住一点不放，并且不断地深入下去，直至获取真知。一个穴已经极小，又分作多个部分，极言研究的东西也许微不足道，却足以让人为其呕心沥血，终其一生。

"究"有九穴，可理解为难关众多，从此穴入彼穴，门路不清，对错难断，研究之路跌宕曲折充满艰辛。因此，研究者必须具备深入探索、不畏坎坷的精神，对问题的探究要不断地深入，反复地探求。"九"字作形容词时通"久"，表示时间长。"九"字表明研究通常要经过很长的时间，甚至投入毕生的精力。研究者决不能半途而废，应该一究到底。

研究是人类无止境的探索活动。"看似寻常最奇崛，成如容易却艰辛。"研究如"穴"中探险，必须不畏艰难险阻，具备追根究底的决心。研究成果的取得，是禀赋与努力、才气与毅力等因素的综合。从事研究，需要研究者具有浓厚的兴趣、丰富的经验和智慧的头脑。研究的过程长路漫漫，要舍得放弃休闲娱乐，要学会忍受清苦孤独；研究充满艰难困苦，研究者要有锲而不舍的精神、坚定执著的信念、淡泊名利的心境。只有这样，才能独览无限风光。正如王安石在《游褒禅山记》中所云："而世之奇伟瑰怪非常之观，常在于险远。""穴""九"为"究"，"穴"小但却要分成9个部分，可见研究是将大的方面细分成众多的部分，然后不断深入，不断探求。研究是针对小的领域的深入研究，而不是对大范围的表面性了解。"穴"从外表看上去虽然狭小，事实上却深不可测。研究也是如此，越走到深入，越感到浩淼无涯。

"穴"又为穴位，是布满人体的关键点，研究也要抓住关键点进行。

研究者一定要慎重行事，头脑冷静地分析所研究事物的关键所在，抓住关节点，选好切入角，突出重点，突破难点，这样才能取得事半功倍的效果。科学研究在人类研究领域中占有非常大的比重。人们往往将"科学"与"研究"并称，简称为"科研"。"究"中有"宀"，意味着范围、限制。研究可选择的天地虽然广阔，但也并非毫无限制。自然科学的研究成果虽然给人类带来了无穷的便利，促进了社会的发展，但若毫不控制，提倡科学研究的绝对自由，奉行绝对的民主，失去了约束力，就会物极必反。可怕的事实让越来越多的有识之士意识到，科学研究也该设立禁区，若再任其盲目发展，所谓的科研成果必将成为毁灭人类和地球的罪魁祸首。

琢磨

教育并非万能，自悟才是根本。

琢　zhuó zuó

珬 小篆

"琢"，形声字，从玉，豖声。

甲骨文"玉"字，像一串用绳子贯穿的玉璧，本义指玉器，泛指玉石。玉石精细加工后属贵重宝器，是古代王室贵族随身之物，是身份的象征。"豖"是"啄"的本字，本义为鸟用嘴取食。"玉""豖"为"琢"，《说文·玉部》："琢，治玉也。"本义为雕刻加工玉石，读作"zhuó"。意为一块玉石要经过精细雕琢才能成为宝物。玉之加工为"琢"，石之加工为"磨"。"琢""磨"连用，意为思索、思考。

制作上等的玉器，除了要求材料质地良好以外，还需要工艺精细。玉料要经过一番精心雕琢，才成为精品，其过程可以说是"豖豖难行"。《礼记·学记》："玉不琢，不成器；人不学，不知义。"玉石不经过加工雕琢，就不能成为有价值的宝器；人如果不学习，就不能明白事理。

经过雕琢的美玉通常用作装饰品，"琢"又引申为装饰。曹丕《大墙上蒿行》："白如积雪，利若秋霜。马交犀摽首，玉琢中央。""玉琢中央"即中间像有美玉装饰一样。

《诗·卫风·淇奥》："有匪君子，如切如磋，如琢如磨。"有这样一位君子（卫武公），他文质彬彬，如同精雕细琢过的美玉一样。雕刻骨器叫切，雕刻象牙叫磋，雕刻玉器叫琢，雕刻石器叫磨。切磋琢磨形容人文采美好，治学修身、精益求精。"琢磨"一词，最早见于南宋王融的《三月三日曲水诗序》："斧藻至德，琢磨令范"。意思是说，品德的修养、文章的修饰，学问的钻研，要像制作玉器一样精细加工。人们在生活中遇到一些难释难解、悖情拂意之事，就会冥思苦想、寻求解决的办法。这种思考、研究的过程也称为"琢磨"（"琢"读"zuó"），即对事情或问题反复权衡、考虑。

不论雕琢还是打磨，都需要下功夫，动脑筋，使巧劲儿，这与文章修改润色的过程一样，所以"琢磨"，又比喻撰文时的修改润色。苏轼《和致仕张郎中春书》："浅斟杯酒红生颊，细琢歌词稳称声。"在文学创作中，"琢"即为锤炼语言，润色文字，力求使歌词有吸引力和感染力。对文章适度加工、修饰，会使文章文采飞扬、活色生香。但是，过于讲究寻章摘句，"俪采百字之偶，争价一句之奇，情必极貌以写物，辞必穷力而追新"（《文心雕龙》），反而会使文章失去"清水出芙蓉，天然去雕饰"的质朴之美。所以，古人既赞赏贾岛"吟安一个字，拈断数茎须"、杜甫"为人性癖耽佳句，语不惊人死不休"的琢句炼字的态度，又反对文章过分雕饰、"乖隔晦拙"，强调"琢琢之风不可长"。

磨　　mò mó

"磨"，形声兼会意字，从麻，从石。

"麻"为细碎、细密；"石"为岩石、石头。"麻""石"为"磨"，意为使石头变得细碎。"磨"读"mó"，本义指磨制石器，引申为磨擦。《尔雅·释器》："玉谓之琢，石谓之磨。"加工玉器叫"琢"，加工石器则叫"磨"。"麻"是麻类作物的总称。"麻"在"石"上，会意人们对麻类作物所进行的加工活动。通常人们将麻在石头上反复捶打或用石砸麻，以去掉最外层没有价值的皮，留下里面白色的筋来使用。"磨"由本义引申指一种用石头制作的、用来加工粮食的工具，也叫磨子、石磨，读为"mò"。凡磨子的磨合面都布满了浅浅的凹槽，就像麻点儿一样，所以"石"上有"麻"。

古人最初借助粗陋的石头对粮食进行粉碎加工，后来有了石制的杵臼，但都比较费力，效率也不高。再后来出现了石磨，上面是放倒的圆石柱，下面是石制圆盘，表面都凿上密密的浅槽，合在一起，通过人力或畜力推着转动碾压，把粮食磨成粉末。王安石《拟寒山拾得》："作马便搭鞍，作牛便推磨。"朱骏声《说文通训定声》："以磨碎物亦曰磨。"俗语"有钱能使鬼推磨"形容有了钱什么事情都能办到，金钱万能。晋代鲁褒《钱神论》："有钱可使鬼，而况人乎。"

把粮食磨碎需要慢工夫，时间越长磨得越细，费时费力，"磨"引申为拖延时间、耗工夫，如"磨蹭"指行动迟缓，做事拖拉，缺少效率。"磨洋工"指懒散地工作，出工不出力。"消磨时间"就是消遣、打发时光。

《论语·阳货》："磨而不磷，涅而不缁。"最坚硬的东西磨也磨不薄；最洁白的东西染也染不黑，比喻真正的君子不受外界环境的影响，能经得起考验。磨可以把物体磨碎，时间久了，磨石也会受到磨损，"磨"引申为经过长时间而消耗或消灭。韩愈《送穷文》："人生一世，其久几何，吾立子名，百世不磨。"人生一世，草木一秋，大多数的人都是身死名灭，只有那些建立了丰功伟业的人才能名存史册，永垂不朽，原因在于他们的功勋不会在时间中磨灭，或他们的精神光耀千古，不可磨灭。《后汉书·南匈奴传》："千里之差，兴自毫端，失得之源，百世不磨矣。"后世用"万古不磨"形容永远不会消失。

磨的动作多为转动，所以"磨"又引申为转动、运转、掉转，如"磨豆腐"。"磨子兵"指到处流转而人数很少的军队；"磨兑"指兑换；方言"磨趄子"就是打转儿的意思；"把桌子磨过来一些"指移动桌子。

"磨"也引申指用磨料磨物体，使其光滑、锋利等，如"磨刀"。《木兰辞》："小弟闻姊来，磨刀霍霍向猪羊。"刀要经过磨才锋利，刀锋利了用来削砍器物才能得心应手。所谓"磨刀不误砍柴工"，这里的"磨"常用于引申义。

背诵

死记硬背是对大脑和智慧的摧残。

背 【揹】

bèi bēi

背 小篆

"背"，异体为"揹"。从月，北声。

"肉"俗称"肉月"，凡从"月"者多与人或动物的身体有关；"北"是二人背脊相贴、朝向相反的象形。"背"的本义是脊背。《说文·肉部》："背，脊也。"古人以南方为尊位，有"面南背北"之说，所以人体的北面为"背"。

脊背位于人体后侧，"背"引申为事物的后面或反面。晋代干宝《搜神记》："即以斧破其背，得剑。"指用斧子砍开它的后面，得到了剑。明代魏学洢《核舟记》："其船背稍夷。"船的背面比较平。

"背"与"正"相对，由此意，"背"引申为反叛、背弃、违背。"背道而驰"指朝着相反方向的道路奔跑，比喻彼此方向目标完全相反，也指与积极向上的、顺利的大趋势相反。西汉司马迁《史记·项羽本纪》："言沛公不敢背项王也。"意思是说刘邦不敢违背项羽的意愿。成语"背本就末"指背离根本，追求次要的末节。"背"还引申为不顺利。例如背时、背霉、背运等。

古代的老师为考察学生对书中内容掌握的情况，通常让学生脊背对着书、在看不到书中内容的情形下进行朗诵，以达到记忆的目的，此为"背诵"，闭卷记忆之意。古时候，读书人都要通读经书，达到熟读成诵，这里的"诵"就是指背诵，是在熟读的基础上倒背如流。

为了不让别人看到自己的行动，就要躲开别人的视线，背着他人去做。由此"背"引申为避开、离开。成语"背井离乡"就是指离开家乡，家乡在背后之意。《庄子·盗跖》："好面誉人者，亦好背而毁之。"喜欢当面夸耀别人的人，也喜欢在避开别人时诋毁对方。所以要"背后不议人非，当面不说人是"。

人们在运输某种较大的货品时，习惯用脊背驮住它，表达这个意思的时候，"背"读作"bēi"，或写为"揹"。唐代罗邺《雁》："早背胡霜过戍楼，又随寒日下汀州。"大雁早晨刚刚背着胡地的风霜飞过了军兵戍守的城楼，又伴随着寒冷的阳光飞到了汀州。背上重物，脊背就会感到累，觉得有了负担。"背"又引申为负担、承受。如"背利"指负担很重的或长期的利息；"背罪"指承担罪责。

脊背是人体的重要部位，脊背是否挺直，直接影响一个人的外观。脊背的弯曲会导致整个人不能完全展示其美好，而且背部也因长期弯曲变形，使背负重物的能力下降。所以做人一定要从小做到背部挺直，才能拥有健康和完美的身体。外形如此，内在也如此，为人一定要挺直脊背，是一种内在的精神不倒。为人处世要堂堂正正，有正义感，不可为了私利，而弯曲自己的脊背、低下自己的头颅、出卖自己的良心。"脊背"引申为脊梁，喻示着一个人、一个民族的性格和尊严。

诵 【誦】
sòng

小篆

"诵"，繁体为"誦"。形声字，从言，甬声。

"言"为语言、文字，"甬"为钟之象形。钟被有节奏地撞击后会发出有节奏的声音。"诵"为用语言有节奏地读书和背书，本义为朗读、背诵。《说文·言部》："诵，讽也。"古人把读文章、背诵文章称为"讽"。"甬"又为通道、过道，引申为沟通、交流、通顺、精通、熟记。意为"诵"以"通"为前提，对语言文字不通则无法诵。

"诵"也表示名篇、诗篇。《诗·大雅·烝民》："吉甫作诵，穆如清风。"吉甫写了一首庄严而柔和的送别诗，听后好像在清风里沐浴一样舒畅。《广雅》："诵，言也。""诵"，述说。述说是对事实或事件的陈述，可以客观冷静，也可以有声有色地描述。韩愈《答陈生书》："聊为足下诵其所闻。"暂且为你描述一下所见所闻吧。给朋友"诵"可以直言不讳，如果对方是皇帝，就要讲求策略和方法：话说轻了得不到采纳，说重了又容易引来祸端。古代有言事权的谏官，绞尽脑汁寻求万全之策：既能使皇帝纳谏，又要保全自己，这种策略就是"讽谏"，也叫"诵"。

"诵"指用抑扬顿挫的声调朗读，带有强烈的感情色彩。苏轼《赤壁赋》："诵明月之诗，歌窈窕之章。"朗诵是有节奏、有韵律地读，它和文章的音律（内在的音乐性）有很大关系，人们称读诗词为"吟诵"。几乎所有上古时代的歌谣（词谣）都以传唱的形式流传下来。"哼呦嘿呦"是劳动号子，"诗三百"则大部分采自百姓传唱的民歌，后来发展到古诗和律诗，仍然和音律有关。宋词有固定的音律套数，元曲是和乐可歌的文学形式，所有这些作品仍然保留着歌谣的形式和节奏。散文带有平仄相间的节奏，内容或哀婉、或激昂，读起来朗朗上口，同样适于朗诵。今天，朗诵已经成为一种专门的艺术形式，可以充分展示作品的艺术魅力，有陶冶情操、增进修养的作用。

朗诵诗文可以照本宣科，如果能默记背诵，就能解放双手，辅以手势增强气势，从而增强诗文的感染力。"诵"引申为背诵。杜甫《可叹》："群书万卷常暗诵，孝经一通看在手。"书不仅是用来读的，暗中默记也是一种行之有效的学习方法。

俗话说："三分文章七分读。"我国是诗的国度，优美的诗歌作品最适合诵读。吟诵是引发读者对作品直觉感受和深入体味诗歌"滋味"的重要方式，因此古代非常注重对诗歌的吟诵。声情并茂的反复吟诵，能传达作品宛转和谐的韵律，再现作品的意境美和形式美。反复吟诵还能达到目视其文、口发其声、心同其情、耳醉其音的艺术效果。同时，通过诗歌朗诵也能体味到诗人内在的感情韵律。诗的节奏与感情表达有直接关系，四声歌诀就清楚地表明了这一点："平声平道莫低昂，上声高呼猛烈强，去声分明哀远道，入声短促急收藏。"句子间的平仄搭配与作品感情的高低起伏、歌唱声音的抑扬婉转和谐统一。诵读可以愉悦耳目，激动心灵，触发情思，对于作品意义和情感的把握有着积极的作用。

实践

脚踏实地出真知，勇敢攀登结硕果。

实 【實寔】

shí

金文　　　（實）小篆　　　（寔）小篆

　　"实"，繁体为"實"，异体为"寔"。会意字，从宀，从贯。

　　小篆"實"从"宀"表示与房屋和家有关；"贯"为古代的钱，旧时把方孔钱用绳子串起来，每1000枚叫一贯。"實"为家里都是钱，意为家底殷实。《说文·宀部》："實，富也。"本义为充足、富有，与"虚"相对。由此引申指丰满、充满之意，如实心、充实、虚实。

　　异体字"寔"从宀，从是。"是"与"否"相对，表示肯定，意为是家，一个实实在在的家。故而"寔"也表示符合客观情况，意为真诚，如实话、实惠、实际、实践、实情。

　　简化后的"实"从宀，从头。"头"为有头脑。有头脑的人做事扎实，为人踏实，生活过得十分充实。"实"中有"宀"表示物质；"头"为思维，表示精神。"实"是填满、装满，是物质与精神双方面的最佳结合。"头"为头脑，也表示首领、主人之意。"宀""头"为"实"，表明家中由有头脑的主人操持打理，会使物质上殷实，精神上充实。

　　"实"由本义引申为财物，故"实"有财富、财物的意思。《礼记·表记》："其君子尊仁畏义，耻费轻实。"这里的"实"表示的是财物，与"费"同文互义，同指财物。"实"由财富、财物之意引申为指物资，器物。储光羲《观范阳递俘》："皇皇轩辕君，赞赞皋陶谟。方思壮军实，远近递生俘。""军实"即军器，也就是辎重。"实"由货物充实于房屋，引申具有盛、填塞的意思。连文凤《蜜蜂》："群居崖谷间，不食人间食。春风百花场，来往无虚日。采花酿为粮，仓廪自充实。"繁体的"實"字以

"貝"为底，会意为家底。一般人是不愿意透露家底的，而"實"却露出了家底，故"实"又表示为人真诚不虚假、没有欺骗和欺诈，也指淳朴的品质，不受外界事物的诱惑而保持纯真的本质。诚实、实话、实在、实心、真实、诚实等都是描写为人真诚、淳朴的词语。

"实"亦有事实、实际的意思。"盛名之下，其实难副"中的"实"就是事实。成语"实事求是"源自《汉书·河间献王传》："修学好古，实事求是。"它意指根据实证（实据、实情、事实），求索真理。实事求是是一种正确的思想方法。无论什么人，无论做什么事情，都要本着实事求是的态度，从实际情况出发，不浮夸炫耀，不隐瞒真相，正确对待和处理问题。

"实"亦是中国传统哲学中的一个名词。中国传统哲学中的虚实之说主要源于道家。《老子》："道可道，非常道；名可名，非常名。无名，天地之始；有名，万物之母。故常无欲，以观其妙；常有欲，以观其徼。"精辟论述了天地之间既具"虚"（无）又有"实"（有）的属性。

"实"是真实、实在、实际，与"名"相对。《庄子·逍遥游》："子治天下，天下既已治矣，而我犹代子！吾将为名乎？名者，实之宾也。"意思是你现在治理着天下，天下已经治理得很好了，可是我还要再来代替你，我难道是为着名声吗？名为主，实为次啊！中国古代哲人对"名"与"实"的辩证关系有着非常透彻的认识。"名由实生，故久而益大。"名声是由实际业绩产生的，所以时间越长久名声就会越大。这是因为"名者实之宾也，实有美恶，名亦随之"。名声的好坏完全依赖于自己行为的善恶。而且"实二而名一，则名立而不毁矣"。能力大而名声小，则名声就能站得住脚而不受到毁伤；相反若"盛名之下，其实难副"，即实际情况与名声很难相符，就会"徇名则功浅"。专务虚名不会有什么功效。因为"征实则效存"，只有求实才能产生效果。所以为人做事还是实事求是为好，所以"世间唯名实不可欺"矣！

"实"与"虚"相对。中国传统文化对美的认识，集中表现在对"阴"（虚）与"阳"（实）的认识。可以说，道家的"有"与"无"的思想是中国传统美学虚实观念的渊源。在中国传统审美思想中，没有绝对的"实"，也没有绝对的"虚"。而是崇尚虚中有实，实中见虚，虚实相间。

践【踐】

jiàn

踐 小篆

　　"践"，繁体为"踐"。形声字，从足，戋声。

　　"足"就是脚。《说文》："戋，贼也。""戈"有残害之意。"足""戈"为"践"，意为用脚残害的行为、动作。《说文·足部》："践，履也。""履"是踩在上面。"践"的本义为踩、踏，引申有履行、实行之意。"戋"为小、少，寓意循序渐进，不急躁。"践"从"足"，从"戋"，表示一步一个脚印，从小做起，不放过每个细节，不漏掉每个环节，善于总结与摸索，踏踏实实地前进，或者遵照一定的规则采取行动。"践"字强调了行为的确定性，表示言出必践，落实于实际行动。

　　"践"为踩、踏。《诗·大雅·行苇》："敦彼行苇，牛羊勿践履。方苞方体，维叶泥泥。"大意为：丛丛芦苇生道旁，别让牛羊来踩伤，芦苇含苞茎儿长，叶子茂盛长得旺。"践冰履炭"即踩冰踏炭，比喻历经各种艰险。《三国志·魏志·陈思王植传》："今臣与陛下践冰履炭，登山浮涧，寒温燥湿，高下共之，岂得离陛下哉？""践土食毛"指蒙受君恩，亦泛指起居生活。"毛"泛指土地上生长的粮食、蔬菜等植物。《左传·昭公七年》："封略之内，何非君土？食土之毛，谁非君臣？"

　　"践"引申为实践之意。实践出真知。古人对实践作用的认识十分深刻，"耳闻不如目睹，口说不如身行"，"纸上得来终觉浅，绝知此事要躬行"，"读万卷书不如行万里路"等等，这些格言警句无不说明，要想真正得到人生的真谛，必须亲身去实践，而不能"纸上谈兵"。进行实践活动必须用实事求是的态度来对待。即使错了，也敢于承认。其实，实践是一个自我修养的过程，我们的习惯开始于无意的观察、细节的暗示与经验，而这些与自身实践是分不开的。我们所说的气质、阅历都是一个人实践的积累。随着不断地实践，思想趋于成熟，甚至可以改变个人的习惯和思维方式。心之所至，言必随之，行必践之。一个成功者从来不会半途而废，因为只有通过反复实践，才能最终达到成功。

从"实践"之意可以看出,"践"强调的是行动,所以"践"有行为、履行的意思。实现、履行某一种承诺是"践诺";履行事先的约定是"践约"。"践墨随敌"指根据敌情的变化,来实施计划。"墨"即绳墨,指计划。《孙子·九地》:"践墨随敌,以决战争。""蹈矩践墨"指遵守规矩。明代唐顺之《与严介溪相公书》:"其如某最迂阔樗散,徒有蹈矩践墨之小节,本无经时理物之长才。"

"践"由踩踏引申出践踏、摧残的意思。《释名·释姿容》:"践,残也,使残坏也。""践踏"指践蹦、摧残。践踏青青草地,是对美丽自然的摧残;糟践大米白面,是对辛勤汗水的亵渎;作践虫鱼禽兽,是对芸芸众生的踩蹦。"人活脸,树活皮。"践踏人的尊严,是对高贵人格的侮辱;践踏法律的尊严,是对国家制度的冒犯。所以,应当实践、践约、践诺,而决不能践踏、作践、糟践。

"践土之盟"指公元前 632 年城濮之战胜利后,晋文公大会诸侯于践土(今河南原阳西南),参加会盟的有晋、鲁、齐、宋、蔡、郑、卫、莒等国,周天子也派代表参加。晋文公自此成为中原诸侯的霸主。

撰写

经验是前人留下，可以做阶梯，历史是后人撰写，可以当镜子。

撰 zhuàn

"撰"，形声字，从手，巽声。

"手"为握笔之手，是书写；"巽"为"选（选）"的省字，而"选"有挑选、选择和选材、选题等意。"撰"从手，从巽，可理解为根据选材、选题，有选择地将自己的思想、见解、情感等用文字书写记录下来，如撰写、撰文、撰稿、编撰、杜撰等。

"撰写"即持笔书写，撰写的内容往往是心里的想法，故"撰"引申为想法、内容。《论语·先进》："异乎三子者之撰。"曾点对孔子说，我和他们三人的想法不同。"撰"由持笔书写之意又引申为持、拿着。屈原《九歌》："撰余辔兮高驰翔。"握着缰绳飞快地奔驰，仿佛飞腾一样。"撰"由撰写又引申为建造、制造。罗大经《鹤林玉露》："韩平原作南园于吴山之上，其中有所谓村庄者，竹篱茅舍，宛然田家气象。平原尝游其间，甚喜曰：'撰得绝似，但欠鸡鸣犬吠耳。'"宋代权臣韩侂胄在吴山建造了一座南园，其中有一处景点叫"村庄"，内有竹篱笆、茅草屋，宛然农家景色。韩侂胄曾在里面游玩，非常满意，说："造得像极了，只缺鸡犬等禽畜了。"

《左传·襄公二十四年》："太上有立德，其次有立功，其次有立言；虽久不废，此之谓不朽。"这就是著名的"三不朽"论，它奠定了中国传统的人文精神的基础，对儒家思想影响极深，为中国古代知识阶层所认可。"立言"居"三不朽"之末，著书立说向来不太被看好。大家都熟悉的陈思王曹植就是一个典型的例子。曹植饱读诗书，十几岁便言出为论，下笔成章，连他的父亲曹操都非常惊异他的文学才能。但是曹植自己的人生理想却是像父亲那样立功边陲，决战疆场，名挂史笔，事列朝策。他在给杨修的信中表达了对"立言"的不屑一顾，他写道："辞赋小道，固未足以揄扬大义，彰示来世也。昔扬子云，先朝执戟之臣耳，犹称'壮夫不为'也；吾虽薄德，位为藩侯，犹庶几戮力上国，流惠下民，建永世之业，流金石之功，岂徒以翰墨为勋绩，辞颂为君子哉？"然而，命运好像故意要和他开玩笑，他倾心追求的政治理想成了镜花水月，而那些寄慨遥深的诗歌作品却在后世广为传诵。

　　撰写文章和著作并非易事。以倚马可待的激情写一两篇惊世骇俗的文章不难，但要洋洋洒洒撰写几十万到几百万字，却绝非易事，所以有"发愤著书"一说。西汉司马迁创作《史记》，既要忍受宫刑带来的精神耻辱，还要遍游三秦旧地，寻访搜集大量真实材料。北宋司马光编撰《资治通鉴》，是在与改革派交锋失利之后，远离国都，跑到洛阳，于故纸堆中将孤独寂寞升华。面对历史，撰写者的笔必须真实。秉笔直书，靠的是一种对历史忠诚、虔诚的情怀，这就是"撰"的精要所在：以卑恭之心握坦诚之笔。

xiě　xiè

 小篆

　　"写"，繁体为"寫"。形声字，从宀，舄声。

　　"宀"为屋宇，是容身落脚之所；"舄"为木底鞋子，引申为移动。"寫"是把东西移置屋中。《说文·宀部》："寫，置物也。"本义是移置、放置。

　　简化字"写"从与。"与"强调的是一种交换、互动的关系，如交与、付与。"写"是纸与笔的互动，是抄写，如传写；写是情与思的结果，是抒发，如写怀；写是外界景物与内心情感交融后见诸纸墨，是描绘，如写照。"写"从冖。"冖"为"冥"字头，可引申为深沉的、内在的；"与"为给予的意思。"冖"也可引申为深奥的、无穷的，以示可写之物、可写之事、可写之情无穷无尽。

《周礼·地官·稻人》："以浍写水。"意思是用田间水沟排水。"写"由移置之意引申为输送、送出，进而引申为倾注、倾泻。洪水需要倾泻、输送、疏导，感情如潮汹涌时同样也需要宣泄，"写"为倾吐、抒发、宣泄。如抒发内心感情叫"写情"，抒发思念之情叫"写念"。忧愁、烦恼需要及时排遣，以求"写意"（"写"读"xiè"）。性格外向的人乐于与人相处，交友也广，大家聚集在一起，畅谈一番，纵然不足以解忧，亦可慰藉心灵。性格内向、沉郁的人解除愁闷，多寄情于物、寄情于景。"写"又引申为消除。《广雅》："写，除也。"《诗·邶风·泉水》："驾言出游，以写我忧。"架着马车去游玩，以此来消除我心中的忧愁。

汉朝以后，"写"字用于写字或作画。上古以结绳记事，后来创造了文字。殷商时期的文字是用刀刻在龟壳和扁平的兽骨上、竹简上或青铜器上，不称为"写"，而称为"书"，意思是书写、记录。汉朝发明了造纸术后，在纸上写字或作画叫作"写"。

"写意"是国画的一种画法，不求工细，着意表现神态和抒发作者的意趣。"写生"指画人的肖像。画像要看着人面描画，故"写"又引申为仿效、描摹。临摹别人现成的作品，叫"抄写"。用手抄写的书称为"手写本"或"手抄本"。印刷术发明以前，书都是手抄的。《晋书·王羲之传》中载有王羲之"写书换鹅"的故事："书圣"王羲之很喜欢鹅，一个道士于是暗中养了很多鹅，每当王羲之经过道观时，就把鹅赶出来。王羲之见到又肥又大的白鹅自然十分喜爱，便请求道士把鹅卖给他。道士说可以把所有的鹅送给他，但条件是要王羲之为他抄写一本《黄庭经》。王羲之爽快答应，很快抄好，然后带着一群白鹅高高兴兴回家了，而那个聪明的道士也因此得到了王羲之的真迹。

另外，"写"为写作、创作。孙犁《秀露集》："文章写法，其道则一。心地光明，便有灵感，入情入理，就成艺术。"创作小说、诗歌等作品称写小说、写诗歌。在孙犁看来，创作文章的诀窍只有一个，那就是心地光明磊落，所见所想，触发灵感，合情合理就算得上是艺术。

编辑

编辑的过程不仅是与作品对话的过程，更是与作者心灵对话的过程。

编【編】
biān

甲骨文　　编　小篆

"编"，繁体为"編"。形声字，从糸，扁声。甲骨文的"编"是个会意字，由"糸"（mì）和"册"构成："糸"是丝束连结之形；"册"是书简、简册。纸张发明以前，人们所使用的书册通常是用丝绳将竹简串连而成，称为"编"。现在的"编"字是由隶书和小篆演化而来的，由"糸"、"户"和"册"组成。"户"为门户，为户籍，可引申为分门别类的有关资料；"册"为简册。故"编"是用细绳将户籍档案和各自相关的资料顺次排列编结在一起。《说文·系部》："編，次简也。""次简"就是用绳子依次序编联竹简成册。

自汉朝开始实行"编户齐民"的制度后，健全的编户制度便成为完善中央集权的必要措施。"编"由简册之意引申，可代指书籍、图书文献，如"编简"指书籍、史册。由于书册是一部分一部分编出来的，所以"编"又可做量词，指一部书或某部著作的一部分。

"编"从糸，含有交织、编结之意。因为丝线只有交织编结在一起才能成为有用之物。《红楼梦》："总编一根大辫，黑亮如漆。"这里是说把长长的头发分成几股，按照一定的次序相互缠结成发髻。现在"编花篮"、"编竹篓"的"编"都是指将细条或带形的东西按照一定的方法交叉织成某种式样。

把竹简编连成册需要绳子，这些绳子大多是用麻或皮革做的，所以"编"由本义引申开来，代指穿连竹简的皮条或绳子。

《史记·孔子世家》："孔子晚而喜《易》……读《易》，韦编三绝。""韦"

是皮革，"韦编"是编连竹简的皮条绳子。孔子到了晚年十分喜欢读《易》，因为经常捧着读，竹简翻的次数太多，以至编连竹简的熟牛皮绳子都断了好多次。后人用"韦编三绝"这个成语形容人读书非常勤奋刻苦。

要把一片片的竹简编成册，首先必须把它们排列整齐，才能依次串起来，于是"编"又有按顺序排列整齐之意。"编列"指按次序排列；"编年史"指按照年代顺序记述历史事件的史书，以分年布事为叙事的基本特征。我国史书编撰大体分为两种：一为纪传体，一为编年体。在中国古代史学史上，《史记》和《资治通鉴》被誉为古代史学的两部代表性著作。《史记》是纪传体史籍，而《资治通鉴》把1362年的历史条分缕析地呈现给世人，是继《左传》和《后汉纪》之后，集我国古代编年体史书之大成的历史著作。《资治通鉴》叙事疏而不漏，内容信而有征，行文删繁就简，清晰地反映史实发生发展的概貌，并在人与事的相互联系中总结出历史治乱递变的规律与原因，体现了史学家司马光驾驭文献和状写复杂历史事件、人物事迹的卓绝能力。

"编"也有编辑、创作之意，指把素材加以适当的组织排列而成为书籍、报刊、广播电视节目等。如编小说、编剧本、编纂等。竹简依次而编则井然成书，若打乱顺序编次，必然会造成内容文字的讹误，这就是胡编、乱编和瞎编了。现实生活中有些人为了挑拨是非、欺世盗名会编造各种谎言。但是，谎言惧怕真实。谎言编造得再美丽也总有被戳穿的那一天。说谎者也终会因为谎言而付出沉重的代价。因为，一旦谎言被戳穿，连他的真话也不会有人相信了。

辑 【輯】
jí

輯 小篆

"辑"，繁体为"輯"。形声字，从车，咠声。

"车"是陆地上的交通工具；"咠"的本义为附耳窃窃私语，引申有凑拢、聚集之意。"车""咠"为"辑"，是以什物汇集于车中来表示聚集之意。《说文·車部》："辑，车和辑也。""和"即"合"，"辑"与"集"同。由众多工匠把众多材料汇合在一起制作成车的过程为"辑"。"辑"字也由"车"、"口"、"耳"组成，示意把所说、所见、听闻、所学、所做而积累起来的知识或经验、感悟写出来，汇集在一起，依次序、分步骤、按类别地整理编排成整套书籍或资料的过程为"辑"。如纂辑、辑录、剪辑等。

"辑"的本义是车箱。由什物汇集于车中之意引申，"辑"主要表示合、聚的意思。《国语·周语上》："和协辑睦于是乎兴。"说的是一个国家，其上层机构必须团结为一个整体，这样才能引导民众团结一致，共同努力向前，从而使整个国家兴旺发达。

"辑"也指各类资料按内容、类别、时间顺序等划分出来的各个分段，如第一辑、第二辑等。辑录是把搜集到的有关资料或者著作按照一定的顺序和规律组合起来编纂成册。图书编辑是对文章进行整修、补合，所以"辑"又可表示整修、补合。一辆车子不是木材、铁钉、布等等材料的简单相加，而是有序且和谐的组合，由此"辑"有和谐、和悦的意思。此外，举凡幽默的故事、精彩的语言、人生的经历、名人的著作、珍贵的资料等皆可辑录下来以供保存、鉴赏和借鉴。"辑本"的编纂是一项很有意义的工作，尤其是古籍辑本，它对文献进行搜集、整理、完善、考证，还文献典籍以历史的原貌，尤有学术价值。如我国现存最早的药学专著《神农本草经》，是先人在实践中所积累的用药经验的总结，有着极其珍贵的医学价值。它的原本早已散佚，我们今天所能见到的几种辑本，大都是根据《证类本草》、《本草纲目》中所引用的《神农本草经》中的内容辑录而成的。

如今，对文字进行编、改、修、辑的工作已经由专门人员——编辑来承担了。编辑的职责是对文字或图形、影像、声音等资料进行修改、完善，或对版面及整体布局进行策划。编辑工作是一项由众多环节组成的"系统工程"，根据岗位和职能，分为文字编辑、影视编辑、美术编辑、网络编辑等；根据承担的责任，分为责任编辑、版面编辑、执行编辑等。完善文字，需要将编辑的内容有机地整合在一起，使之辑成一篇（部）层次清晰、语言优美的文章著作。

校对

校对的不是文字，而是作者对待文字的态度。

校

xiào jiào

 小篆

"校"，形声字，从木，交声。

"木"为木制器具；"交"为人双腿交叉形，意为双腿受限。《说文·木部》："校，木囚也。""校"读"jiào"时，指拘捕犯人的木制刑具，后成为刑具枷械的统称。这种刑具用木料制成，两根木头交叉并用绳索捆绑，用以限制犯人的手脚，类似于现在的脚镣和手铐。限制有罪之人的自由，目的是为了使其改正错误，悔过自新。"校"由此引申指订正、改正、校正。人要走正道，走正道就需要接受教育。教育、培养、引导人走正道的场所称为"学校"，其"校"读"xiào"。

"木"又是建造房舍、教室以及制作课桌、板凳、戒尺、教棒等教学用具的材料；"交"又为交流、传递、交待。学校是重要的交流场所和传承数千年思想、文化、知识、经验的场所，需要对先人有所交待，也需要对后人有所交待。"十年树木，百年树人"，学校是树人的场所，故"校"从木。

"校"原本是用来囚禁不良之人的刑具，是以暂时限制人身自由的方式教育他们改邪归正。古人将牛马圈养在栅栏中，以便于改造、豢养和驯化牲畜，所以把"栅栏"也称为"校"。

《汉书·司马相如传》："天子校猎。""校"在这里是用木栅阻拦的意思。由此，负责圈养牛马的人就叫"校人"，亦是周礼中的官名。刑罚是手段，不是目的。限制犯人手脚是希望通过这种教育、处罚使其改正错误。因此"校"有规正、矫正的意思。《礼记·学记》："比年入学，中年考校。"每年新生入学，到学期的一半时就要考试一次。考试的目的是为了及时纠正学生的学习错误，故曰"考校"。由矫正之意引申，"校"又有订正、校对之意。《汉书·张安世传》："后购求得书，以相校，无所遗失。"说的是后来购买的书籍经过校对，再没有遗漏丢失的现象了。沿袭到现代，"校勘学"已经成为一门专门的学科——即通过对同一部书的不同版本和相关资料进行比较，考订文字的不同，最终确定原文正确意义的学问。

考订和校对需要对相关资料、文字等进行比较，所以"校"有比较、较量的意思。《战国策·秦策》："韩、魏之强，足以校于秦国矣。"韩国和魏国的强盛，是足以同秦国相抗衡的。不过最终由秦完成了统一大业，说明仅靠强大的国力还不足以在天下这个大校场里称雄问鼎。"校场"又名"较场"，是用以较量的场地、场合。古代科举制设有武举、武进士。同文人科举考试一样，那些通过武学修炼来博取功名的年轻人，也要进入校场比试各种技艺，角逐优胜，以便从此步入仕途。"校"后来也用在衡量功绩、才能、指挥管理素质达到某种水准的军衔级别中。古代军阶的"校尉"是一职，现代军队将校尉分开，成为两级军阶，校在尉上，如少校、大校。

我国在 4000 年前就出现了学校。有意思的是中国最早的学校教育诞生在"养老院"里。据记载，虞时学校称为"庠"，夏时称为"序"，殷时称为"瞽宗"，周时称为"辟雍"，是为教育上层贵胄子弟而设立的最高学府。"庠序"最初是指氏族养老的场所。原始社会末期，随着生产力的发展，老人可以不再参加劳动，到"米廪"附近的"庠"、"序"度过晚年。但他们也承担教导后代、传授生产经验和社会行为规范的职责。"庠"、"序"后来便成为学校的代称。

周代以后，学校分官学、私学两大类。官学是指各级官府所办的学校，分国学和乡学。国学最初是指东周设在王城及诸侯国都的学校，分小学和太学两种。后代的国学是京师官学的通称，主要指太学和国子学。太学是古代贵族子弟读书的处所。汉武帝时，设太学，立五经博士，招募博士弟子入学受业，教学内容是六艺（礼、乐、射、御、书、数），后来博士专管经学传授。汉以后，各朝都设太学。晋时设国子学。到北朝北齐时，改国子学为国子寺，设置祭酒，专门管理教育，这是中国历史上最早的教育行政部门。隋朝时，改国子寺为国子监。后代沿袭，清末设学部，废除了国子监。国子监是中国古代教育管理机构和最高学府。在监读书者称为"太学生"。所谓"国子"是指公卿大夫的子弟。晋朝时规定，只有五品以上官员的子弟才允许进入国子学，而太学则是六品以下的子弟与庶民优秀子弟的求学之所。乡学始于西周，是地方办的学校，与国学相对。乡学在后来的发展过程中，有小学、书馆和义学。小学是古代的蒙学，开始于西周，后代沿袭，相继设立，教授幼童学习。小学还是汉代训诂学的专称。汉代书馆教授幼童蒙学，也称"小学"，以教授儿童识字为主。义学是清代的地方学校，它是对省立的书院而言的。凡是州县子弟年纪在 12 岁以上、20 岁以下者均可入学。对于贫困的学生还发给补贴。

西周以前，由官府办学，只有贵族子弟才能入学，春秋战国时期，官学开始衰落，私学开始创设和繁荣起来。私学就是历代私人创办的学校。一般认为孔子首先创办了私学，此后私学一直与官学并存。民间教书的地方称为塾，又称私塾。富有人家一般都在家里设立书馆，延请老师教授自己的子女或同族的孩子学习。通常学习的课本就是《童蒙训》、《三字经》、《百家姓》等。

古代学校的另一种形式是书院，由私人或官府创建，是以藏书为基础，将学术研究和教学传授结合在一起的机构。书院始于五代，宋朝时期最为兴盛，其中白鹿书院、岳麓书院、应天书院和嵩阳书院并称四大书院。宋代著名理学家朱熹、程颢、程颐都在书院讲过学，传播儒家思想。

对 【對】
duì

甲骨文　　金文　　小篆

"对"，繁体为"對"。会意字。

"對"的甲骨文由"丵"、"又"构成。"丵"为"業"的省字，是古代筑墙时夹土所用的木版；"又"的甲骨文像手，表示把持、持握或劳作。古人以版筑夯土筑墙时，用竹木版夹出墙宽，以泥土填实并夯捣坚实。"對"字形为手执筑版，因筑版隔墙相对，成对使用，彼此平齐，所以"對"会意为两个、相当、相对和找齐。

"業"又为笏板，是古代大臣朝见天子时手中拿的狭长板子，按官品大小分别用玉、象牙或竹制成，其上记写向君王所陈之事，以备遗忘。手执笏板为"對"，是君王向大臣问事，大臣执笏而答，故"對"有回答、应答之意。小篆"對"中有"口"，说明"對"与语言有关。

"對"的金文由"丵"、"土"、"寸"构成。"丵"为"凿"省，意为确凿；"土"为大地，代指敦厚、诚实；"寸"为分寸、尺度。可以这样理解，"對"指对答，内容要真实确凿，态度要诚实敦厚，措辞要把握分寸。

简化字"对"中的"又"与"寸"的甲骨文均像手形，一为单，二为双，故"对"又指双，如"成双成对"。

"对"有应答之意。《广韵》："对，答也。"《诗·大雅·桑柔》："听言则对。"《论语·述而》："叶公问孔子于子路，子路不对。"又如"无言以对"、"对嘴"、"对理"、"对状"等。"洒扫应对"意思是洒水扫地，酬答宾客，是古时儒家教育、学习的基本内容之一。朱熹《〈大学章句〉序》："人生八岁，则自王公以下，至于庶人之子弟，皆入小学，而教之以洒扫应对进退之节，礼乐射御书数之文。"

"对"又指两者相对、面对。唐代柳宗元《童区寄传》："贼易之，对饮酒，醉。"又如"对峙"、"对酒"、"对酌"、"对月"等。"楚囚对泣"比喻在情况困难、无法可想时相对发愁。"楚囚"原指被俘到晋国的楚国人，后泛指处于困境，无计可施的人。《晋书·王导传》："当共戮力王室，克复神州，何至作楚囚相对泣邪。"相似的成语有"新亭对泣"，语出南朝宋刘义庆《世说新语·言语》："过江诸人，每至美日，辄相邀新亭，藉卉饮宴。周侯中坐而叹曰：'风景不殊，正自有山河之异。'皆相视流泪。""针锋相对"出自北宋释道原《景德传灯录》："夫一切回答，如针锋相投，无纤毫参差。"比喻双方在策略、论点及行动方式等方面尖锐对立。"形影相对"形容无依无靠，非常孤单。三国魏曹植《上责躬应诏诗表》："窃感《相鼠》之篇，无礼遄死之义，形影相吊，五情愧赧。""对"还有针对意，如"对症下药"意思是针对病症用药，比喻针对事物的问题所在，采取有效的措施。西晋陈寿《三国志·魏志·华佗传》："府吏倪寻、李延共止，俱头痛身热，所苦正同。佗曰：'寻当下之，延当发汗。'或难其异，佗曰：'寻外实，延内实，故治之宜殊。'即各与药，明旦并起。"由两者相对、面对引申为相当、相配，如《诗·大雅·皇矣》："帝作邦作对。"由相对之意又引申为比照着检查，如北宋沈括《梦溪笔谈》："以两司奏状对勘，以防虚伪。"

因为"对"所指对象总是成双出现，所以"对"又可针对二者关系当相互讲，如"对调"、"对换"。"对待"、"对付"，是单方的行动；"对光"则是摄影专业术语；古代诗文讲究"对仗"，即音韵和意义的协调一致。"吟诗作对"被古人视为风雅，一人出上句，另一人对下句，出得高明，对得绝妙，都能大显才华，博得赏识。其实，"对仗"是古人学写文章的基础，通常从学"天对地，雨对风，大陆对长空"开始。"对联"又叫作"对子"，出现于明朝，流行至今。很多古老建筑，大门左右都贴有对子，有的祝愿，有的明志。

"对"本义是回答，回答要与问题相应，不可答非所问，所以"对"可表示相当。事物相当才有可比性，于是两者相比称"对比"、"对照"，比照后查缺补漏称"核对"；双方难分高下，即互为"对手"，"对"因此引申为势均力敌的两方一争长短，即"作对"。

南北朝时有一对夫妻在战乱中分离，临别时将一面镜子分成两半，各带一半，作为日后相认的信物。后来二人重逢，就把两片镜子拿出来相拼，合成一个圆后方才相认，这就是"破镜重圆"的来历。古人相信缘分，天下之大，世事纷扰，能够相识相爱，结为一对，似乎是前世因缘，命中注定。

"对"为正确，与"错"相对。步入婚姻殿堂的恋人，开始动不动就要争个是非对错。其实，感情是无所谓对错的，争执只能导致裂痕和距离。与其冲动地争执，流着泪伤感，还不如冷静地反省自身的不足，多想想对方的优点。如果彼此都能宽容一些，又有什么化解不了的矛盾呢？

纲要

纲要是作者思想的目录和读者的导航仪。

纲 【綱】
gāng

綱 小篆

"纲",繁体为"綱"。形声字,从糸,冈声。

"糸"为丝,表示丝绳;"冈"的篆文从"网",从"山",表示与渔猎用的网有关,本义为山脊,意为事物的主体,起主要作用。"糸""冈"为"綱",强调渔网是起提挈作用的绳类。"綱"为渔网网口处一圈粗大结实、用来收网撒网的总绳,是整个渔网网线编组的"总头"和收网撒网的"总线"。《说文·糸部》:"綱,维纮绳也。"本义为渔网的总绳。"糸"又为缠绕、联系;"冈"为山脊,山脉,是明了、依靠,也为坚实。"綱"为像丝一样相互连接的山脊,即"山的主干",引申为事物的根本、概要、总领。如纲要、纲目、提纲。"纲"可指法度,即在国家政治中起决定作用的部分,是国家政治的总领、根本、依靠,法度必须明了、坚实,与人们的生活有密切的联系。"纲"又指纲常、纲纪,是维持正常秩序的必不可少的行为规范。

《尚书·盘庚》:"若网在纲,有条而不紊。"比喻事情就像渔网被总绳维系着一样,条理清晰,丝毫不乱。唐代杜甫《又观打鱼》:"苍江渔子清晨集,设网提纲取鱼急。"苍江的渔人清晨下网,捕到鱼后急忙提起总绳收网。

由总绳在整个渔网中的重要地位,"纲"可引申为事物总要、概要,如大纲、总纲。"纲举目张"指提起网上的总绳,网眼会全都张开。比喻抓住主要环节以带动其余,或抓住要领、条理分明。《切韵·序》:"法言却烛下握笔,略记纲纪。"说的是《切韵》的作者陆法言在烛光下记录本

书的概要。"纲纪"指大纲。李时珍《本草纲目》中的"纲目"也指概要。

"纲"也指古代尤其是北宋陆路和水路运输货物的编组,如盐纲、茶纲。《宣和遗事·大观四年》前集:"后岁岁增加,遂至舟船相续,号作花石纲。"北宋徽宗时的花石纲专门去东南民间搜索奇花异石,然后编组派专员运送回京。《水浒传》中的"智取生辰纲",是写青面兽杨志为蔡太师押送生辰纲,而被吴用等人设计所劫的故事。"纲"也引申为现代生物学的分类系统上所用的等级之一,如哺乳纲、双子叶植物纲。

西汉董仲舒在《春秋繁露》中提出一套伦理标准,被历代统治者认为是维持正常社会秩序必不可少的行为规范,俗称"三纲五常"。"三纲五常"的核心是强调人的角色和责任,倡导为人忠信,待人以礼,相互尊重,彼此关爱。"三纲"即君为臣纲、父为子纲、夫为妻纲。要求为臣、为子、为妻者,要服从于君、父、夫;为君、为父、为夫者,要为臣、子、妻做出表率。"五常"指仁、义、礼、智、信,是用来调整君臣、父子、兄弟、夫妇、朋友关系的行为规范。这套理论来源于孔子的"君君、臣臣、父父、子子"和韩非的"臣事君、子事父、妻事夫"等学说,直到宋代,由朱熹正式提出了"三纲五常"的说法。

要

yào　yāo

金文　　小篆

"要",象形字。

"要"的金文为双手叉腰状,另有字形是在其下面加一"女"。小篆体的"要"突出了人双手叉腰站立的样子。"要"是"腰"的本字,本义即为腰。《说文》:"要,身中也。"

"要"的本义是腰,指人体胯上胁下的部分,后作"腰"。"不得要领"意思是抓不住要领或关键。"要"为古"腰"字;"领"指衣领。"要领"比喻关键。西汉司马迁《史记·大宛列传》:"骞从月氏至大夏,竟不能得

月氏要领。""要膂"指腰和脊骨，比喻重要部位；"要章"指腰间所佩的印。《墨子·兼爱中》："昔者楚王好细要，故灵王之臣皆以一饭为节。协息然后带，扶墙然后起。比期年，朝有黎黑之色。"楚灵王喜欢细腰，他的臣子们为投其所好都节食，在上朝之前都是屏住呼吸而后再系腰代，把腰勒得很紧，以至于扶着墙壁才能站起来。后宫妃嫔为了使腰变细，采取极端的减肥方式，有的竟然饿死了。《资治通鉴》卷四十七："楚王好细腰，宫中多饿死。""要"由腰的意义引申用为动词，为系在腰间的意思。

"要"有邀请之义。《诗·鄘风·桑中》："期乎我桑中，要乎我上宫。""要"即邀请之意。"要"还有约言之义，以盟誓的方式就某事做出庄严的承诺或表示某种决心；亦指所订立的誓约、盟约。要约在现代经济生活中很常见，它指当事人一方向他方提出订立合同的要求和建议。要约分口头与书面两种，口头要约在对方了解其内容时发生效力，书面要约一般在送达对方时发生效力。要约中通常规定承诺期限，要约人在此期限内受其要约的约束。"要"由此引申为相约、交往之义。《论语·宪问》："见利思义，见危授命，久要不忘平生之言，亦可以为成人矣。"见到私利时要先想到道义，在危难之际要敢于不顾自己的生命挺身而出，与朋友交往时要信守诺言。"要"还有要挟之义，指扬言要惩罚、报复或危害某人而强迫他答应自己的要求；一指利用对方的弱点，强迫对方去做某事或作选择。

"要"是古代五服之一。古代王畿以外按距离分为五服，相传1500里至2000里为要服。"要荒"指要服和荒服，古称王畿外极远之地为荒服，泛指远方之国。"要蛮"指极偏远的蛮荒之地。

"要"通"邀"，有探求、求取之义。"要禄"指求取利禄；"要福"指祈求幸福；"要功"指求取功名。"要"亦通"徼"，有拦阻、截击之义。"要击"指中途拦截加以袭击；"要勒"指遮拦、阻挡；"要御"指拦阻控制。

"要"还读"yào"。腰部是一个人很重要的部分，是躯体上部与下部的连接处，它是坐、立、行的关键部位，故"要"引申为纲要、关键之义。唐代韩愈《进学解》："记事者必提其要，纂言必钩其玄。""要"在这里指事情的关键部分。"要"亦有重要、切要之义。"要塞"指坚固设防并准备长期坚守的具有重要军事价值的地点或地区，通常配置较强的兵力，储备充分的物资，构筑独立的防御系统。"要害"指人的身体上易于受到伤害的部位，后引申指重要的部门或问题的关键。"击中要害"的意思是正打中致命的部位。南朝宋范晔《后汉书·来歙传》："臣夜入定后为何人所贼伤，中臣要害。""秉要执本"指抓住要害和根本。东汉班固《汉书·艺文志》："道家者流，盖出于史官，历记成败存亡祸福、古今之道，然后知秉要执本，清虚以自守，卑弱以自持，此君人南面之术也。"

事物的主要、关键部分在事物中只占很少的一部分，故"要"有简略、简要之义。"要屈"谓简约仪仗、屈尊同众；"要括"指扼要、简括；"要言"指言论简扼。《荀子》："明主好要，而暗主好详。"贤明的君主喜欢官员叙述政事简明扼要，而昏庸的君主喜欢臣子详细地叙述政事。"三要"为道教语，指内丹修炼的三大要点，分为外三要眼、耳、口和内三要精、炁、神。"六要"为中国画术语，指对绘画创作提出的六个要求。五代梁荆浩《笔法记》："夫画有六要：一曰气，二曰韵，三曰思，四曰景，五曰笔，六曰墨。"北宋刘道醇《圣朝名画评》："所谓六要者，气韵兼力一也，格制俱老二也，变异合理三也，彩绘有泽四也，去来自然五也，师学舍短六也。"

"要"有将要、快要之义，表示事物发展的趋势，如："要下雨了。""冬天过去了，春天就要来了。"人们心中对将来要发生的事物抱有很大的期望，故"要"有想、希望之义。"要求"指提出具体愿望或条件，希望做到或实现。俗话说："若要人不知，除非己莫为。"人要想他人不知道自己所做的不光彩的事情，就不要去做；只要做过亏心事或伤天害理的事情，总会被人发现的。清代俞万春《水浒全传》第五十三回："要破此法，只除非快教人去蓟州来寻取公孙胜来，方可破得。""期要"指约定的事情。西晋陈寿《三国志·魏书·毌丘俭传》注引文钦《与郭淮书》："夫当仁不让，况救君之难，度道远艰，故不果期要耳。"也指约定的日期。《唐律疏议·户婚·违律为婚》："即应为婚虽已纳聘，期要未至而强娶，及期要至而女家故违者，各仗一百。"

"要"有叫、让之义。《文选·陆机·吊魏武帝文》："扫云物以贞观，要万涂而来归。""要"做连词，表示假设，相当于如果，倘若。"要不是"假设情况并非如此，引导假设条件句。

"要"为姓氏。汉朝有要兢。

抄 录

抄写是一种认同，也是二次创作。

抄 chāo

"抄"，形声字，从手，少声。

"抄"的小篆与"钞"字相同，隶变后楷书写做"抄"，与"钞"在表义上进行了分工。《说文·金部》："钞，叉取也。"本义为叉取。叉取的行为带有掠夺性，故而"抄"引申有掠夺之意。"手"在这里代指人的动作行为、方式方法；"少"在甲骨文中为散落的细小物体形，意为数量小以及缺少等意。"手""少"为"抄"的意思是东西越抄越少，如抄家、抄查。数量少则轻便，"抄"也是一种寻求轻便、近便的方法，如抄道、抄近路。因为自己的学识太少或很有限而不想付出辛勤的努力，所以把别人的文章或作品照着写下来作为自己的，如抄袭、传抄。有时手中所掌握的资料或知识很少，故将所需要的资料等誊写下来，以供学习和工作所需，也为"抄"，如摘抄、抄录。

古时文学作品，尤其是小说、话本等在民间流传之初是人工抄录的，有了一定知名度后才会出版印刷。因此旧时也把小说的版本称为"抄本"，也称"钞本"，因为"抄"、"钞"两字有通假义。最初的抄写是为了流传，但是明目张胆地将别人的劳动成果占为己有则是抄袭。

《后汉书·郭伋传》："时匈奴数抄郡界，边境苦之。"此处的"抄郡界"，是说匈奴依仗骑兵的迅疾和灵活，经常侵入汉朝边界郡县生杀掠夺，百姓为此感到恐惧和忧虑。

古时有一种刑罚称之为"抄家"或"抄没"，即搜查和没收其全部财产，家人子女或发配边疆或为官奴。俗话说："狡吏不畏刑，贪官不避赃。"根据清史记载，乾隆宠臣和珅被抄家，家财总计2亿多两白银，相当于清政府几年的财政总收入。因此有"和珅跌倒，嘉庆吃饱"之说。

"抄"有用勺匙舀取的意思。杜甫《与鄠县源大少府宴渼陂》有"饭抄云子白，瓜嚼水精寒"一句，"抄"意为用瓢舀取。云子是白色云母之类，道家用以炼丹，水精即水晶。"抄"做名词指匙子、小勺。《清史稿》："两个初煨黄栗子，半抄新炒白芝麻。""半抄"就是半勺的意思。打鱼用的一种勺状工具也叫"抄子"，一根长木竿，头上是网兜，当钓到大鱼时，用它快速地把鱼从水里抄上来，防止鱼脱钩逃逸。

"抄"也表示少出力或不出力而获得好处。如"抄化"指求人施舍财物。向人讨要总比自己劳动赚取来得快当，所以就用了"抄"字。"抄化子"，就是叫化子、乞丐。"抄袭"并非仅指窃取别人文章，也表示快捷、迅速、突然的意思，如包抄奔袭、抄袭顽匪。

东西分量轻，小而少，手才能拿得起来。所以"抄"从少，也指快速抓起某种东西，如抄家伙。由此引申，"抄"又可表示走捷径，即绕近路或从侧面过去，如包抄、抄近道等。郑庭玉《楚昭王》："您兄弟则往这条小路上抄出大路相会。""抄"也可以用来表示静态的动作。"抄手"，即把两只手交互插在袖筒里一动不动。关汉卿《单刀会》第二出："我如今抄定两只拿云手，再不出麻袍袖。""抄手"即袖手，将两手在胸前对插在袖口中，形容清闲自在。四川有一道小吃也叫"抄手"，其制作过程是用两手将包上馅的面皮两端轻轻交叉而合，由此而得名"抄手"，类似于馄饨。

录 【録】

小篆

"录"，繁体为"録"。形声字，从金，录声。

"金"为金属，也表示金黄色、亚麻色；"录"是刻录，表示把有价值的文字刻在金属上面。金属如铜之类，同空气氧化，容易长出绿色的铜锈，因此"録"为绿色金属的意思，为其本义。《说文·金部》："録，金色也。"段玉裁注："録与绿同音。金色，在青黄之间也。"只不过铸铜鼎的意义归根结底还是记录文字，所以"录"字的重点也还回到记载上来。

"录"，上"彐"下"水"。"彐"可看作是手，用来握笔，"水"则是流水，比如流水账、流水日记等，此正诠释出"录"字的本义记载、抄写。

《公羊传·隐公十年》："《春秋》录内而略外。"《春秋》一书重点记载了鲁国的历史，而其他国家则被省略了。其中"录"为本义记载。根据当时的情况，这种"录"是记录在竹简之上的，而所录内容必定是有价值的，像一国的重大事件，也就是日后的历史。还如圣人君子的言谈举止，比如《论语》这样的书。而后人为了学习，在没有印刷术的时期就只能自己另行抄写一份，所以"录"也有抄写的意思。比如宋代有一种文书的名称叫作"录黄"，就是中书省枢秘院承旨抄录颁送门下省的文件，而专门做这项工作的人，也就相当于现在的录入员了。现在是个声讯发达的时代，文字记载的欠缺性使人们对声音和画面的同时记录具有强烈的渴望，于是就有了影音记录方式，包括电影中的纪录片。纪录片虽然也属于电影一类，但却以真实的人物或事件为表现对象，不经虚构而直接反映生活。它是生活的写照，历史的见证，有些则成为珍贵的文献，被完好地保存下来。纪录片从分类上说包括新闻报道片、历史纪录片、传记纪录片、证论纪录片、人文地理片、舞台纪录片和专题纪录片。

前面提到的《论语》，是一本孔子的门人记录孔子及其弟子言行的著作。后来，以此为目的的书常常冠之以"录"字，意思是记载言行或事物的书册。比如《金石录》，为中国宋代的金石学著作，也是中国现存最早的碑刻目录和研究专著之一，是赵明诚和他的妻子李清照的合著，此书体例仿照北宋欧阳修的《集古录》，全书共 30 卷。同样的还有《思问录》、《洗冤集录》、《日知录》、《苦瓜和尚画语录》等。

"录"为记录，事如流水一样繁琐，只有采用、选中的事情才会用文字的形式记载下来，"录"又引申为采纳、采取。比如"录用"一词，指的是录取任用，这常常在招聘的情况下出现，被聘用了，即被录用了。"录取"则更为平常，表示名字记录在册了，也就是从记录上所取，通常要按照一定的标准，比如分数之类。

描绘

描绘是思想和情感的显示器。

描 miáo

"描"，形声字，从手，苗声。

"手"在这里意指行为动作；"苗"的本义是庄稼的幼苗，可引申为事物原初的形态。"手""苗"为"描"，是指按照事物的原始模样在布帛、纸张甚至石头、木头等载体上进行摹画。

《广韵·宵韵》："描，描画也。"又如《正字通·手部》："描，摹画。"本义为依照原样摹写或绘画。如描绘、描画、描摹或描述、描写等。"手"的行为具有反复性，"描"也表示反复涂抹，使形象更加突出。

通常小孩子习字分描红、影本和临摹三个阶段。描红是在描红纸上练习写字，描红纸是印好的红色大字，学童用毛笔蘸墨，直接在红字上摹写。影本是印好的黑字，学童用薄纸蒙在影本上，隔纸描摹。经过了前两个阶段，学生掌握了写字的方法、要领，就可以进入第三阶段——临帖了。

素描作为再现物象的一种方式，是绘画中最直接、最基础的表现方式，是艺术设计造型的基础。素描最早只是艺术家用来创作的草图或草稿，后来发展成为独立的艺术门类。它的风格朴素，色彩纯净，表现手法多种多样，内容题材异彩纷呈。素描对象丰富：可以是风景人物、也可以是肖像、静物；使用工具灵活：可以是铅笔、炭条、钢笔、毛笔，也可以用石笔、金属笔、芦杆笔等；材质来源广泛：可以是纸张、木头、金属，也可以是墙面、陶瓷、玻璃。素描中最基本的因素是线条，清代的名画家石涛将线条视为"众有之本"、"万象之根"。经过长期的实践摸索，中国的画家们总结出了工笔画的十八种线描手法，称为十八描。根据用笔、用力等变化，画出风格不同的线条，如有铁线描、行云流水描、减笔描、柳叶描、竹叶描等等，主要用于人物画。还有一种为"点描"法，比如画树叶，大都用秃笔中锋，笔尖从上直接点入纸中，用以表现树叶的繁茂或者干枯的形状，生动传神。

有时候，仅仅依靠绘画把心中所想、所感全部地展现出来有点儿困难，于是人们就用语言文字去叙述、诉说，把心之所思、眼之所见写下来，即描写。所谓描写，是把某一对象的状貌、情态，生动、具体、形象地再现给读者，从而使描写对象清晰、明朗，更富有感染力。描写与绘画相似，都是要把所要表达的东西描摹出来，只不过一个依赖于"图"，一个依赖于"文"。描写是文学作品尤其是记叙类文体的主要表现手法。描写包括心理描写、行动描写、神态描写、肖像描写等等。写文章，只有通过描写才能绘声绘色、活灵活现、惟妙惟肖刻画再现对象。

绘【繪】
huì

 小篆

"绘"，繁体为"繪"。形声字，从糸，會声。

"繪"从糸，表示其意义与丝织物有关；"會"为交会、汇合。"繪"的本义为五彩的刺绣，是交会各种颜色绣成的丝织物。《说文·糸部》："繪，会五彩绣也。"古代作画常以丝帛为介质，所以"绘"又可视为在丝帛上汇合、会聚多种内容、线条、颜色、技法等，意为绘画、描绘。

"绘"作名词，代指五彩的刺绣。《文心雕龙·总术》："视之则锦绘，听之则丝簧。"句中的"锦绘"指色彩绚丽的丝织品，俗称刺绣。这句话的意思是：看起来如同刺绣般多姿多彩，听起来好似丝竹般清新悦耳。左思《魏都赋》引《尚书》云："山龙华虫作绘。"大自然中的山水风景、虫鱼鸟兽就是绘的内容。"绘"是彩色的刺绣，也可以引申为图画。《新唐书·李益传》云："至《征人》、《早行》等篇，天下皆施之图绘。"李益在当时即已诗名遍天下，其诗作多被人绘于纸帛。"绘"又做动词，意为绘画。绘画是造型艺术之一，是用笔、刀等工具，墨、颜料等化合物，在纸、器皿、家具或墙壁上，通过构图、造型、上色等表现手段，创造可视的形象。

"会"为懂得、领悟、领会。绘画需要掌握一定的技巧，只有会者才能绘。掌握绘画的方法、技巧，并深入领悟要义、融会贯通，这是绘制一幅好图的必要条件；同时，绘画者还需对绘画的内容胸有成竹，心领神会，这样才能绘出栩栩如生的画作来。据传，汉元帝时，宫廷曾于民间大量选美，宫廷画师毛延寿将美女画像进献给元帝以供挑选。为了能被选中，美人争相行贿画师，王昭君因未行贿，便没有被元帝选中。待匈奴和亲时，元帝见到昭君倾城之美，恨毛延寿图像不能传神，遂赐死。王安石《明妃曲》有"意态由来画不成，当时枉杀毛延寿"之句，即言此事。身为御用画师，毛延寿的绘画技能当属一流，然而未能领会昭君神韵，故画中意态有所欠缺，可见"绘"中之"会"的重要。

"绘"不同于"画"。"会"有汇集之意，"绘"中有"会"，体现出"绘"的一般特点是颜色重、线条繁，内容多。绘重渲染，画重线描，渲染的结果就是颜色浓重，这个特征在工笔画中表现得最为鲜明。工笔画以精谨的线条勾勒出轮廓，复在其上涂染着色，层层铺笔晕染，直至出现理想的效果。最能体现这一特点的是永乐宫壁画。永乐宫壁画绘制了近300位神仙，明艳浓重的颜色自不待言，其繁复而流动有序的线条更是具有"会"的精神。

"绘"由绘画之意引伸为描写、形容。成语"绘声绘色"用以形容对人物或事情的叙述、描写细致入微，形象生动。清人萧山湘灵子《轩亭冤》题词："绘声绘影样翻新，描写秋娘事事真。"意思是说描写得细致入微，让人如临其境，如见其人，记述事情让人觉得真实可信。

临摹

临摹不能走马观花，需要持之以恒。

临 【臨】
lín

金文　小篆

"临"，繁体为"臨"。会意字，从臣，从人，从品。

"臣"的甲骨文字形像一只竖立的眼睛；"人"表示与人的行为、动作有关；"品"有评价、衡量之意，意寓行为认真。故"臨"意为人竖立着眼睛，认真地观察。《说文·卧部》："临，监临也。""临"的本义就是从高处往低处察看。"臨"为"臣""人""品"，"臣"是朝廷命官；"人""品"意寓人至极品。"臨"字表示才能超群，地位尊贵，古时特指帝王上朝，如"临朝"、"临政"。

《荀子·劝学》："不临深溪，不知地之厚也。"不看到真正的深溪，不知道大地到底有多厚。其中的"临"字用的即是本义。"临"从本义出发，又可引申为从上对下的监视，即管理、统治。《荀子·性恶》："故为之立君上之势以临之，明礼义以教化之。"句中的"临"字就是统治、管理的意思。"监临自盗"指窃取公务上自己看管的财物。宋代曾慥《类说》卷二引《名臣传·杜衍》："衍在中书，权幸欲去之，以舜钦监进奏院市故纸监临自盗除名，以撼动衍，衍亦以此求退。"

随着词义的演化，"临"字所包含的用眼睛看的意思逐渐弱化，只留下靠近、面对着等意思。《庄子·秋水》："临大难而不惧者，圣人之勇也。"意思是，面对着大的困难而不惧怕，这才是圣人的勇敢。每个人的一生都会遇到这样或那样的困难。有的人退缩了，于是从此碌碌无为，抱憾终生，而有的人却勇敢地迎上去。后一种人，往往于危难中发现机遇，从此人生出现重大转折。所以，遇到问题不能退缩，而应勇敢地去面对。眼见为实，耳听为虚，看清楚了才能想办法去对付。成语"临渊羡鱼"的意思是与其对着河流想得到鱼儿，不如回家织网。空想是没用的，要多做实际工作才行。"玉树临风"形容人风度潇洒，秀美多姿，亦作"临风玉树"。唐代杜甫《饮中八仙歌》："宗之潇洒美少年，举觞白眼望青天；皎如玉树临风前。""瞎马临池"意思是盲人骑着瞎马靠近深池，比喻盲目行动，后果十分危险。南朝宋刘义庆《世说新语·排调》："盲人骑瞎马，夜半临深池。""如临深渊"的意思是如同处于深渊的边缘一般，比喻存有戒心，行事极为谨慎。《诗·小雅·小旻》："战战兢兢，如临深渊，如履薄冰。"

"临"由面对面、靠近之义引申表示到、及、至等意思，比如"莅临"、"来临"、"降临"、"双喜临门"、"兵临城下"等。"宗师案临"指古代学政到达他主管的地区主持考试。清代吴敬梓《儒林外史》第四回："贱姓严，舍下就在咫尺。去岁，宗师案临，幸叨岁荐，与我这汤父母是极好的相与。二位老先生，想都是年家故旧？"由此抽象，"临"又可表示即将、即要等意思，比如"临别"指即将分别；"临战"指将要开战。

面对面，靠得近，就能看得更清楚，模仿起来也就更方便，所以"临"又有临摹之义，表示摹仿书画作品，如"临帖"、"临画"、"临字"等。"唐临晋帖"原指唐人书法多临摹晋人范本，脱胎变化而成，比喻善临摹，少独创。明代陶宗仪《辍耕录·论诗》："德机诗如何？曰：'德机诗如唐临晋帖。'"

"头临泣"是经穴名。《针灸甲乙经》名临泣，《圣济总录》名目临泣，《针灸资生经》名头临泣，属足少阳胆经，为足太阳、足少阳、阳维之会，在头部，当瞳孔直上入前发际半寸，神庭与头维连线的中点处，主治头痛、目眩、目外眦痛、目翳、鼻塞、鼻渊、惊痫等。

"临"还是姓氏。

摹 mó

摹 小篆

"摹"，形声字，从手，莫声。

"莫"为"模"的省字，表示标准、样板；"摹"从手，表示与手的行为动作有关。"摹"为用手照着标准和模板去做、去仿效。《说文·艸部》："摹，规也。""规"为法度准则。"摹"的本义为临摹，即按标准、样板，遵循一定的规则照着样子描画、写字。如"描摹"、"摹写"。"摹"中的"莫"为不，表示否定。"摹"为"莫""手"，表明即便是照着样子去做也不能只凭手的动作，更重要的还要用眼、用心、用脑。

也可将"莫"视作摸的省字。"摸"为摸索，表示揣测、揣摸、试探之意，也意含寻找、探取。"摹"是"摸"中之"手"移到了"莫"的下面，说明了模仿要经过一个摸索、试探、熟悉的过程，要先用心用脑，再动手实践，在不断的摸索中，达到目、心、手合一，从而达到由不像到像，进而达到惟妙惟肖。

潘岳《西征赋》："乃摹写旧丰，制造新邑。"仿照原来城邑的建筑，造了一座新都。《宋史·周建中传》："善书札，行笔犹工……人多摹之。"（周建中）擅长书法，行书特别出色，时人多模仿他的字体。学习书画的人常说的"临摹碑帖"，就是指照着碑帖的样子进行仿写，在这里，"摹"字中的"莫"由日暮状态引申表示冥想；"手"则是心有所想、手有所动、以手作画的意思。要掌握一种字体，临摹是必不可少的阶段。只有勤操于手，熟记于心，才能学人所长，为己所用。不过，"临"与"摹"的概念是有区别的。"临"是对照着帖子边看边写，也叫"临帖"；而"摹"则是把半透明的纸铺在帖子上，照着透出来的字形一笔一画地描写，相当于现代小孩子学写字时先要练的"描红"。隔着纸看，字迹当然模糊，其间笔意流转也须仔细揣摩、推度。

书法是一种表达，是对于情感、情绪的宣泄，而描叙事件、记述事情也是一种表达和宣泄，因此"摹"又可以引申为描述的意思。江淹《别赋》："谁能摹暂离之状，写永诀之情者乎。"谁能够描述出离别时的情状，叙写永别时的惨痛心情呢？句中"摹"、"写"同义。书画作品可以摹写，人物事件可以记叙，但是人的心灵世界复杂而奇妙，又瞬息万变，所以高蟾在《金陵晚望》中说："世间无限丹青手，惟有伤心画不成。"中国有位作家曾说过，所有被描写和表达出来的感情都有被他人或自己篡改或修饰过的痕迹，失去了原初的纯净和强烈。情感在已经产生但尚未表达时才是最本心、最纯粹的。要想摹得与原来殊无二致、毫厘不差是不可能的。

示范

平庸的老师靠告诉，智慧的老师靠引导。

示 shì

干 甲骨文　示 小篆

"示"，象形字。

"示"的甲骨文像祭台之形，一说像以木或石柱制成的神主，于其旁增加修饰符号而成"示"。古时，先公、先王、旧臣及四方神主均称"示"，后引申为上天向人显现关乎未来休咎祸福的征象。《说文·示部》："示，天垂象，见吉凶，所以示人也。"又泛指把事物摆出来或指出来使人知道。唐人慧苑《华严经音义上》引《仓颉篇》："示，现也。"

今"示"从"二"，从"小"。"二"为古文"上"，意为上天；"小"为微小。上天向人类显示的征兆总是微乎其微，若隐若现，故"示"下有"小"。

古人认为天象的变化与世间局势紧密相关，只有善于观察，才能洞察时变，趋吉避凶。汉代扬雄《太玄·度》："于天示象，垂其范。"其中的"示"即显示征象、垂示的意思。元末明初罗贯中《三国演义》第八十回："此是上天示瑞，魏晋代汉之象也。"上天垂示瑞象，显示魏晋要代替汉朝了。上天垂示的征象往往隐晦不明，非常人所能识别，故而古代君王常请一些有特殊能力的人来观察天象，预测国家祸福，从而趋利避害。

"示"引申指把事物摆出来或指出来使人知道，即指示、显示、表示的意思。《新序·杂事一》："秦欲观楚之宝器，吾和氏之璧、隋侯之珠，可以示诸？"其中的"示"即把和氏璧、隋侯珠拿出来给人看。西汉司马迁《史记·廉颇蔺相如列传》："璧有瑕，请指示王。""指示"即"指给……看"。"蒲鞭示辱"意思是对有过错的人用蒲做的鞭子抽打，只是为了使他感到羞耻，并不使他皮肉受苦。旧时用于宣扬官吏的所谓宽仁。清代无花才子《快心编》第十回："我若将此重棒责之，岂不是伤其肌肤，而使彼贻忧日后耶！古人有蒲鞭示辱则可矣。""以弱示强"意思是把力量弱小伪装成十分强大的样子，以威慑对方。"示"是显示。明代刘基《百战奇略·弱战》："凡与敌战，若敌众我寡，敌强我弱，须多设旌旗，倍增火灶，示强于敌，使彼能测我众寡强弱之形，则敌必不轻与我战，我可速去，则全军远害。""发踪指示"意思是发现野兽的踪迹，指示猎狗跟踪追捕，比喻在幕后操纵指挥。《史记·萧相国世家》："夫猎，追杀兽兔者狗也，而发踪指示兽处者人也。"

　　如果只凭微小的显示或手势，对方则不易明白，这时就需要把话讲出来，由此"示"引申为告诉、告知。《玉篇·示部》："示，示者，语也，以事告人曰示也。"《楚辞·九章·怀沙》："怀瑾握瑜兮，穷不知所示。"是说自己有如瑾瑜般纯洁优美的品德才能，却不知如何告诉别人。《战国策·秦策二》："医扁鹊见秦武王，武王示之病。"高诱注："示，语也。"是说神医扁鹊去见秦武王，武王将自己的病情告诉扁鹊。

　　如果告知的对象是下级、晚辈或是平民百姓，则告诉、告知就成为教导、指示或命令。《正字通·示部》："示，教也。"《礼记·檀弓下》："国奢则示之以俭，国俭则示之以礼。"如果国家的风气奢靡，就用俭朴来教导他们；如果已经能够俭朴，就用礼教来教化他们。《盐铁论·本议》："夫导民以德，则民归厚；示民以利，则民俗薄。"如果以德来引导人民，那么就会民风淳厚；如果以利益来诱导百姓，那么就会民情凉薄。南宋诗人陆游有诗《示儿》，就是在临终前把生前未了之事告诉给儿子的意思。清代吴敬梓《儒林外史》第五十回："戏子们请老爷的示：是伺候，还是回去？"其中的"示"是指示的意思。

　　"示"由指示教导引申为对别人来信的敬称，如"惠示"、"来示"、"赐示"等。所告诉之事若写成文字，广泛张贴，就会扩大其影响。官府常用这种办法来广泛传达消息，即"告示"。《释名·释书契》："示，示也，遇所至关津以示之也。"官府告示常张贴在关隘等要津处。清代李汝珍《镜花缘》第三十八回："好在国王久已出示，毋许驱逐闲人，悉听庶民瞻仰。""出示"就是挂出告示的意思。

"示"可大可小，可明可暗，可以是外界的大自然给出的，也可以是别人或自己的心灵、身体发出的，如雷雨的先兆、心理的暗示、身体亚健康的信号等。及时恰当地对待周围发生的各种与己密切相关的"示"，可以未雨绸缪，趋吉避凶。

佛教中"示寂"指佛、菩萨或高僧死去。佛教中又有"示导"，"示"是开示，"导"是引导。菩萨见诸有情在地狱中受极苦报，即起拯济之心，故有三种示导也。一是神变示导，指菩萨现神通之力，灭除汤火刀剑种种苦具，令诸众生藉此神变，从地狱出，生天人中。二是记说示导，指菩萨悯地狱之苦，而于众生念念不忘，而为说法，令诸众生藉此法力，从地狱出，生天人中。三是教诫示导，指菩萨悯地狱之苦，发慈悲喜舍之心，说法教诫，令诸众生藉此教诫，从地狱出，生天人中。

范 【範】
fàn

（范）小篆　　（範）小篆

"范"，繁体为"範"。汉字简化前，"范"与"範"的意义并不完全相同。两字均为形声字，"范"从艸，氾声，本为草名，后多用为姓氏；"範"从車，笵省声。

"车"为交通工具；"範"从"笵"省，或视作"節"省字，意为礼节。繁体"範"的本义为古代遇大事出车，先辗过祭坛及祭牲的一种祭祀活动，祭路神。"範"又由"竹"、"車"、"卩"组成："竹"象征高风亮节，虚心有节，忠贞守节；"車"代表方向一致，目标明确，道路正确；"卩"像一个低头思考、勤恳踏实、埋头苦干的人。品德高尚、意志顽强、行为端正的人是人们学习和效仿的对象。故"範"有模范、示范、典范等意思。"範"从車，寓指模范不可居功自傲、停滞不前；从节，寓意典范常常是在关键的环节上起到关键的作用。

简化字"范"从艸，表示与草有关；"氾"字意为大水漫流、淹没，引申指范围广。"艸""氾"为"范",首先强调了"范"是一种容易生长蔓延的草。《说文·艸部》:"范,草也。""范"的本义为草名。"范"又从艸,从水,从巳。"水"有至善至柔、不计得失、默默无闻、包容宽广、清澈透明、从高向低流、处处把自己放低位等特性;"巳"字似人跪坐之形,意为埋头苦干、脚踏实地、不计己利的人常常成为人们的典范。

《说文·竹部》:"以土曰刑,以金曰镕,以木曰模,以竹曰範。""範"的本义是用竹做的模子,引申为榜样、模范,简化后,又借用"范"来表示。今"範"简化为"范"。王充《论衡·物势》:"必模范为形。"工匠制作器物,用模子使器物达到规定的形状。沈括《梦溪笔谈·技艺》:"于印则以一铁范置铁板上,乃密布字印,满铁范为一板。""铁范"即活字印刷术中用铸铁制成的矩形铁框,相当于"版",其作用就是约束单个活字。制物造器需要"模"、"范",为人处世也要有"模范"。"模范"即典范、楷模、榜样。王勃《滕王阁序》:"宇文新州之懿范。""懿"是美好,"懿范"就是优秀的典范。《儒林外史》第四十六回:"今日得见雅范,实为深幸。""雅范"指端庄的言谈举止,出于对人的客气和尊敬。

"范"也可做动词,意为向典范、榜样学习。成为典范需要付出艰辛的努力。"台上三分钟,台下十年功",荣光背后往往是鲜为人知的苦和泪,成功之前都要付出无数的艰辛。如果一个人只看到成功后的风光无限,却忽视成功前的拼搏付出,那么他的壮志宏图永远都是水月镜花。

没有规矩,不成方圆。器物有模范,人有楷模,世间万物概莫能外。《尔雅》:"範,法也。範,常也。""法"和"常"就是法则、效法。可供效法的可以是人,也可以是物。"范本"指可做模范临摹的书画作品,"范例"指可以仿效的事例,"范水模山"指以山水等物作为模范,形容只会效法模仿他人,却无自己的见解与独创。

教师通常是学生效仿的对象。教师的言行举止对学生有极强的示范作用。如果教师是一个勤奋者,学生在耳濡目染中就养成了好学的习惯;如果教师对待生活积极乐观,学生也会上进热情;如果教师耐心细致,学生也会一丝不苟。

勤奋

勤劳要用双手，智慧要动大脑，双手创造财富，大脑创造奇迹。

勤 qín

勤 金文　　勤 小篆

"勤"，形声字，从力，堇声。

"勤"的金文从"堇"，从"力"。"堇"指堇菜，味苦，意寓吃苦；"力"为出力。"堇""力"为"勤"，意思是吃苦卖力，辛苦干活。《说文·力部》认为"勤"就是"劳"，故"勤"本义指劳累、劳苦；引申为做事尽力、勤快或岗位、事务等。"勤"字"堇"在前，意寓先苦后甜。

"勤"表示吃苦劳作，如勤奋。勤奋出真知，"勤"不仅指劳苦的事，也泛指一般的工作。如"内勤"指部队或某些有外勤工作的机关企业等在内部进行的工作。晋代陶潜《咏三良》："服勤尽岁月，常恐功愈微。"做劳苦的事情许多年，仍是常常担心自己做得不够。劳苦的事情要做好是需要尽心尽力的，故勤又引申为努力、尽心尽力地做。"勤民"指尽心尽力于民事；"勤事"指尽心尽力于职事。"勤学苦练"指认真学习并且刻苦练习。《左传·僖公二十八年》："非神败令尹，令尹其不勤，实自败也。"不是神灵要让令尹失败，而是令尹不尽心尽力地操持政务所致，他的失败实际上是自己造成的，怨不得神灵。

"勤"有成绩、功劳之义，做事尽力，自然会取得成绩。对取得功劳、做出成绩的人要给予嘉奖、慰问，故勤又引申为慰劳之义。清代段玉裁《说文解字注》："慰其勤曰勤。"

"勤"作副词有次数多、经常之义。"勤密"指频繁、次数多、时常。如：勤洗衣服，勤打扫卫生。韩愈《木芙蓉》："愿得勤来看，无令便逐风。"

"勤"有帮助、援助之义。《国语·晋语》："秦人勤我。"有秦国人帮助我国。勤有忧虑，为……而操心之义。陆游《楚辞·远游》："惟天地之无穷也，哀人生之长勤。"

"勤"有殷勤之义。《红楼梦》第五十五回："若是凤姐在前，他便早已献勤，说出许多主意。"

"勤"亦指在规定的时间内准时到班的劳动。如：出勤、考勤、满勤。

奋 【奮】
fèn

金文　小篆

"奋"，繁体为"奮"。会意字，从奞，从田。

金文"奞"像鸟振羽展翅之形；"田"为田猎、打猎。打猎时擎鹰逐犬，鸟兽受到惊吓，尽力逃窜。"奮"的字形以田猎之时鸟儿受惊奋飞的姿态，表示高飞、疾飞之意。《说文·奞部》："奮，翬也。""翬"即振翅疾飞。"田"有田地之意，代指一定的区域、范围。"奮"是在各自的工作岗位和不同的区域范围内一展所能，付出努力与心血，此为"奋"也。

"奋"有振作、奋发之意。从这层意义上来看，"奞"为振翅而飞，代表积极的行为；"田"为大鼓，鼓是渲染激发情绪的乐器，象征激昂的热情。具有高涨的热情，积极的行动，这是振作、发奋的具体体现。

简化字"奋"从"大"，从"田"。"大"是规模、数量、程度超出一般；"田"为耕地。我国是人口大国，要以只占世界7%的耕地养活占世界22%的人口，任重而道远。"田"上有"大"为"奋"，是时时提醒我们：民以食为天，要想富国强民，首先要解决粮食问题，解决之道就是"奋"，是奋斗、奋发、奋力。

文字的创造源自于人类生存、发展的需要，用于描述动物行为的字，并不单纯指动物，人们赋予它们更多的是丰富的人文信息。特别是汉字，这种现象更为普遍。先人造字之初原本就融入了他们对自然的认识和情感，在长久的使用过程中又不断地丰满、完善。于是，在今天看来，每一个字几乎都是一个数据库，都是一部完整的人类活动、生存史。就如"奋"字，从鸟类的振翅欲飞，人们深有感触，进而萌发了要振作、奋斗、积极向上的心志。

"奋"是震动、摇动、举起。《易·豫》："雷出地奋。"打雷的时候，大地也被震动了。"奋臂高呼"即挥舞手臂大声呼喊。"奋笔疾书"提起笔飞快书写。

"奋"是振作起来之后的无穷斗志，是鼓起劲来的奋力一搏。《诗·邶风·柏舟》："静言思之，不能奋飞。"静心仔细来思量，不能奋力高飞翔。"奋"是一股力度、一股气势。普通的鸟儿随便拍拍翅膀，轻轻巧巧就上了天，这称不得"奋"。高诱为《淮南子》作注时曾说："鸣鸠奋迅其羽，直刺上飞入云中者，是也。"点明了"奋"的张力、突击力、以及跃举勃发的趋向。故新中国开国元勋之一陈毅元帅在《悼罗炳辉将军》中写到"危巢喜燕雀，高飞奋鸿鹄。"鸿和鹄是形体较大的水鸟，展翅飞翔时自有一股气魄，故人们多爱以其来比拟高远的志向与广阔的胸襟，就如陈胜曾经感叹"燕雀安知鸿鹄之志哉"一样，它带有一往无前，永不后退的意味，是奋不顾身、奋勇向前、奋起直追的意思。

昔楚庄王即位三年，不事朝政，颁下旨令："有敢谏者死无赦。"楚国上下，怨声载道。伍举进谏，庄王左抱郑姬，右抱越女，悠闲地坐在钟鼓之间。伍举说："臣有一事不明，愿大王赐教。有一只鸟儿停在高丘之上，三年不飞不鸣，是什么缘故呢？"庄王说："三年不飞，一飞冲天；三年不鸣，一鸣惊人！你可以退下了，我都知道了。"过了一段时间，淫乐更甚，大夫苏从冒死进谏，庄王问他："你难道不知道我颁布的法令么？"苏从答道："杀身以明君，臣之愿矣。"庄王于是罢淫乐，所诛杀者有数百人，所提拔者也有数百人，任用伍举、苏从，楚国大治，当年就灭了庸国。这是历史上有名的奋发图强的故事。奋发有为，必然有一个蓄势的过程。有所奋，必有所藏，若楚庄王一开始没有静以待变，细致观察，也不会有后来那样果断、坚定的改革。西汉贾谊《过秦论》："及至始皇，奋六世之余烈。"秦始皇横扫六合，并吞天下也不是他一个人的力量就可以完成的，而是因为秦国六代以来各位帝王不断努力，积蓄力量，才有他后来的奋起一击。所以，积蓄力量越长久，后劲也就越大。

认真　成功是汗水浇灌的，天才是勤奋造就的。

认　【認】
rèn

　　"认"，繁体为"認"。形声字，从言，忍声。

　　"認"由"言"、"刃"、"心"组成。"言"为语言，是思考和表达思想的工具；"刃"为刀刃，是要害或重点；"心"即心智活动。"認"本义为识别、辨明，是用心了解、把握事物重点或要害的过程。

　　简化字"认"由"言"、"人"构成。语言是认识和交流的工具；人是认识的主体和对象；认识人既要看其外表、相貌，又要把握其思想和心理，所以"认"字从"言"从"人"。

　　"認"中有"忍"，"忍"为忍受、忍耐。认识事物要先收集资料，并分析、综合、比较、思考，得出正确结论，有时还要多次反复，没有忍耐力是不行的。

　　认识是人脑的固有机能，正常人都会对世界有所认识。但是，认识的成果要形成指导实践的理论，必须做到全面、深入和系统，所以具有很大的难度。认识动机或出自好奇心和兴趣，或出自明确的目标和顽强意志，或出于职业、责任和特殊压力，总之都是认识的强大原动力。无意识的认识近乎本能，所得出的结论多肤浅、片面，甚至因主观臆断而谬误百出。

　　最难于认识把握的对象莫过于人。人的内心和思想摸不着，看不到，微妙隐蔽，复杂多变，加上刻意的掩饰和伪装，成为难解之谜。这样的心灵迷宫极其神秘，充满诱惑，千古以来人们都试图破解，但至今只能窥其一隅，要想完全解开永远都不可能。但是，不能很好地认识人，就很难在社会上立足，更不可能取得人生和事业的成功。那些在人际交往中如鱼得水的人，无不得益于对人心的深刻洞察和微妙把握。

　　认知是获得知识、应用知识，以及信息加工的过程。这是人最基本的心理过程，包括感觉、知觉、记忆、想象、思维和语言等。人脑接受外界输入的信息，经过头脑的加工处理，转换成内在的心理活动，再进而支配人的行为，这个过程就是信息加工的过程，也就是认知过程。"知认"则是中国伊斯兰教的哲学概念，指体认真主的一种途径。《清真大学·知认》："所谓知认者，仿效圣贤之参证，推详正教之真经，譬之睹物恩情，故此由诸缘而体认真主。"人通过对自然界的观察，可以感知天地之广大，日月之升沉，昼夜之晦明，四时之往来，草木之荣枯等等，对这些奇妙的自然现象的观察与思考，就此"诸缘"而体会到冥冥中真主创造宇宙万物的"至妙安排"，就可以获得真知，达到体认真主的目的。佛教中有"认影迷头"的说法，形容非常糊涂。《大佛顶如来密因修证了义诸菩萨万行首楞严经》："如演若多，迷头认影。"

真 zhēn

真 金文　眞 小篆

"真"，会意字。小篆作"眞"。从匕，从目，从乚，从八。

《说文·匕部》："仙人变形而登天也。""眞"的本义指存养本性或修真得道的人，这样的人为真人。"匕"表示反省完善自身；"目"指眼睛；"乚"为隐藏；"八"的字形可看作乘载的工具。"匕"、"目"、"乚"、"八"组成"眞"字，可理解为养生之道首重修身养德，次及耳目，耳目为寻真之阶梯，人修炼之后，依赖一定的工具升天而为仙。

今"真"可视作从十，从目，从八。"目"为眼睛；"八"的本义为将物分开，可看作"分"的省字。"十""目"是深入地观察研究，而"八"为揭开事物本质。看事物要一分为二，用多只眼睛从不同的角度、不同的层面来观察，深入研究，揭开事物内在的本质，求真去伪。将"八"看作"人"，"真"就是"十""目"的人，比一般人更深悟哲理，可称之为"真人"。"真"从十，从具。"十"指数目，表示达到顶点，为众多；"具"是具体。"十""具"为"真"，意为十分具体、清楚之意。"真"又可解为从直，从人。正直的人，说真实的话，做实在的事。

"真"作为一个哲学范畴，与道家思想有着密切的关系。老子认为，"真"就是复归于婴儿、复归于朴素无为的自然状态。《老子》中有三处谈到"真"：即"其精甚真"，"质真若渝"，"其德乃真"。庄子继承了老子关于"真"的观点，同样认为"真在内者，神动于外"、"真者，所以受于天也，自然，不可易也。"

庄子在《庄子·养生主》中用一个故事来证明自己的观点：老子死了，他的朋友秦失去吊唁，秦失"三号而出"，没有表示多大的哀痛。老子的弟子问他为何如此冷漠。秦失回答说：人的生和死，都是自然而然的事，是顺天安时的"来"和"去"，没有什么可伤心的。秦失认为不想吊唁而来吊唁的，不想哭而哭的行为才是应该反对的。此外，道家将自己所探究、所追求的东西叫作"真"。"真人"是道士的称号；道教的修炼为"修真"；道家的典籍为"真经"；道教之地为"真境"。

真人是指修炼有成的人。这种人参透了事物的哲理，因此所说的话，所做的事均符合客观规律。"真"就引申为与客观事实相符合，与"假"、"伪"相对。"真才实学"指真正实用的才华技艺和学识；"真理"即客观事物及其规律在人的头脑中的正确反映；"真知灼见"指正确而深刻的认识和见解；"真金不怕火炼"比喻真理或立身行事正直的人经得起实践检验。

"真"又引申指清楚、明确。如"真切"为清楚明了。楷书因其笔画清楚，结体方正而称为"真书"。《续资治通鉴》："帝亲书其文，作真、行、草三体。"其中的"真"便为楷书。由此引申，又指人或事物的原样、肖像。《景德传灯录·本童和尚》："因门僧写真呈师，师曰：'此若是我，更呈阿谁？'"此处的"真"即为肖像。若是"肖像"不肖，不像，则为失真了。"失真"的"真"则是真实之意。画出来的肖像可以失真，为人处事却万万不能失真。失真，便意味着虚假。

"真相"也作"真象"，本是佛教用语，指事物的本来面目，真实情况。如真人之隐藏性一样，事情的真相也总是隐藏在错综复杂的表象和假象背后，等待人们去认识它。

错误

学问从学习中积累，经验从实践中总结。

错 【錯】
cuò

錯 小篆

　　"错"，繁体为"錯"。形声字，从金，昔声。

　　"金"为金属、黄金，引申为金黄色；"昔"为昨日、往昔、傍晚。傍晚时分，夕阳西下，把大地染成了一片金黄色。所以"错"的本义是用金涂饰，也理解为镶嵌。《说文·金部》："错，金涂也。""错"为古代一种冶金工艺，将金水涂在器皿上，即我们常说的镀金。

　　物体表面镀金或镶嵌金属，都是另覆以他物，故"错"有交错、接触之义。交错又可引申出错过、更迭等意义。镀金仅仅是表面一层，与纯粹的黄金制品当然是两码事，由此引申为粉饰包装，提高身价，如"出国镀金"。

　　物体交错发生摩擦，可以打磨器物，故"错"在古代指磨石，专用于琢玉；又可理解为镀金、镶嵌，如错臂，意为用丹青画饰手臂。东汉张衡《四愁诗》："美人赠我金错刀，何以报之英琼瑶。"金错刀，就是刀柄和刀鞘都是镀金或镶金的宝刀。美丽的姑娘赠送金色的宝刀给我，我拿什么报答她呢？当然是宝玉相赠了。中国古代的铜币称为错刀，也叫"金错刀"。如西汉末年王莽篡位，铸造刀形铜币，上有"一刀平五千"五字，其中"一刀"二字系用黄金镶嵌而成，每枚值五铢钱五千。

　　"错"意为彼此不同或乖错，如错误、错处、错漏、错谬。相传苏东坡不善饮酒，每次朋友们劝他饮酒，他都戏称酒为"错煮水"。"错"常被用来表示谦虚，如错爱，常作谦辞，意思是自己才德一般，侥幸得到对方看重，有受宠若惊的意味。

《楚辞·国殇》："车错毂兮短兵接。"毂是车轮中心的圆木。车轮子横木相接，靠得那么近，众人都是短兵相接，近身搏斗，后引申为参差不齐。如成语"错落有致"，形容高低起伏很有规律，令人赏心悦目。再如错石、彩石指错杂叠积各种石头而成文彩；错列指错杂排列；错行指交替运行。有时候，事件涉及的矛盾很广泛，就是关系错综复杂，难以理清。文天祥《〈指南录〉后序》："而境界危恶，层见错出，非人世所堪。"当时的情况危急、环境恶劣，各种情形层出不穷，真的不是人能够忍受的。错节盘根指树木根、节盘曲交错。比喻事情的错综复杂，难以处理；有时用来形容人的意志坚忍不拔。清代黄辅辰《戴经堂日钞》："欲以卧薪尝胆之心，展其错节盘根之志。"

"错"作名词，指琢玉用的粗磨石。现在民间仍把一种打磨工具称为"错"，即在薄铁皮上钻很多小孔，使其凹凸不平，然后包在木头上，用来挫磨物体。"错"后来引申指用来抛光或磨刀的石头、磨石。《诗·小雅·鹤鸣》："它山之石，可以为错。"是说别的山上有好的石头，用来做磨石，可以雕琢美玉。

《礼记·中庸》："辟如四时之错行。"句中的"错"意为更换、更替，意思是四季交替，循环往复。"错"有时又表示惊讶，如错愕，形容情况突然，让人反应不过来。

误

【誤悞】

wù

（误）小篆

"误"，繁体为"誤"。异体为"悞"。形声字，从言，吴声。

"误"从"言"，表示与言论、言行有关；"吴"的本义为晃着头大声说话、喧哗。"言""吴"为"误"，即人摇头晃脑、大声喧闹。"误"字表明缺乏道德修养，不顾及他人感受，言行举止惹人厌恶，意寓这是一种错误的言行。《说文·言部》："误，谬也。""误"的本义为错误。"误"又可视为由"言"、"口"、"天"组成，意寓开口说大话，容易出现失误。

"误"中"吴"从"口"，从"矢"。"矢"的本义为旁侧、旁边，作形容词时，指不正、邪辟。故"言""吴"为"误"，意为听信旁人之语，使自己迷惑不解，或是被邪辟的思想所迷惑，而做出错误的决定。由此，"误"又指耽误，迷惑。异体"悮"从"心"，强调行为的错误常由于内心的不重视或被迷惑等原因造成。

西晋陈寿《三国志·吴志·周瑜传》："曲有误，周郎顾。"其中的"周郎"指的是三国吴将周瑜，他精通音乐，听人家奏曲有错误，哪怕是喝得半醉，也要转过头去看一看演奏的人。南宋李清照《如梦令》："兴尽晚归舟，误入藕花深处。"此"误"倒是"误"出了一片深水荷塘，就如生活中那些不期然而出现的美好事物，"误"得幸福，虽然是"误"，但却"误"得美丽。俗语"误打误撞"指不是故意做某事，然而却做到了。晋代陶渊明《归园田居》："误落尘网中，一去十三年。"陶渊明在诗中表达了对仕途的厌恶，他认为自己的十三年宝贵时光白白浪费了。"误"还指失误。"一差两误"指可能发生的意外或差错。明代冯梦龙《醒世恒言》卷十五："若留在此，又恐一差两误，这尸首无处出脱，被地方晓得，弄出事来，性命不保。""误下"是中医治疗学术语，指误用泻下之法治疗不应泻下的病证，往往使病情加重。《伤寒论·辨太阳病脉证并治》："阳病，桂枝证，医反下之，利遂不止。""太阳病，外证未除，而数下之，遂协热下利，利下不止，心下痞硬。"

"误"还指耽误。在《三国演义》第五十八回中，曹操派曹仁、徐晃去守潼关十日，曹仁谏曰："洪（曹洪）性躁，诚恐误事。"结果曹洪偏偏就只守到了第九天，果真被曹仁言中，为此曹洪差点丢了脑袋。这位将军不但耽误了曹操的军务大事，也险些误了自己性命。成语"误人子弟"的意思是因胸无才学或不负责而耽误了年轻的一辈。清代李汝珍《镜花缘》第十九回："先生犯了这样小错，就要打手心，那终日旷工误人子弟的，岂不都要打杀么？"有时候老师们常常用这个词语来自谦自勉，老师在讲堂上其传道授业主要是用口来完成的，旧时私塾里的老先生诵诗读文无不摇头晃脑，跟"误"字的形象贴近得很，这样习惯性伴随的摇动的益处至少是避免了瞌睡。《隋书·宣华夫人陈氏传》："畜生何足付大事，独孤诚误我！"其中的"误"意思是耽误，也就是妨害了事情的顺利进展。"误"还有本身亦有妨害的意思。见宋代司马光的《资治通鉴》："专欲误将军。""聪明反被聪明误"的意思是自以为聪明反而被聪明耽误或坑害。宋代苏轼《洗儿》："人皆养子望聪明，我被聪明误一生。"清代曹雪芹《红楼梦》中有《聪明误》曲，评价的是王熙凤："机关算尽太聪明，反算了卿卿性命。"

"误"还有受惑的意思，表示受到花言巧语的迷惑。《荀子·正论》："是特奸人之误于乱说，以欺愚者。"

努力

不是每一次努力都有收获，但每一次收获都必须努力，这是一个不可逆转的规律。

努 ^{nǔ}

"努"，形声字，从力，奴声。

"奴"为奴隶；"力"为气力、心力。"奴""力"即奴隶靠出卖气力为生。"努"的字形为像奴隶一样尽力、卖力。《广韵·姥韵》："努，努力也。"也可以将"努"视为从"女"，从"又"，从"力"。"女"为女人；"又"为手；"力"为力量、出力等。女人本是弱者，不应干体力活，而"努"字由这三部分组成，恰恰表现的是女人用一双柔弱的手竭尽全力地劳作，以求生存，故而"努"是努力、勉力。

"力"既可以指体力方面的也可以指智力方面的。"努力"原本指体力上的支出，后来则偏重，于精神方面的付出。东汉王充《论衡·问孔》："贵亦可不受天命而自以努力求之。"意思是说富贵是可以通过努力得到的。《乐府诗集·长歌行》："少壮不努力，老大徒伤悲。"青少年要珍惜大好时光，努力学习，这样才能在回首往事的时候不会因为一生无所事事而懊丧不已。凡事努力进取是一种积极入世的人生态度。人生的追求是多方面的，其努力也是多方面的；在人生的不同阶段有不同的追求，努力也因不同的阶段而内容不同；追求是伴随人一生的行为，所以人的努力也是终其一生的。因此，无论身处什么样的人生境遇，都不能放弃希望、追求和努力。

"努"表示的是用力、出力。"努筋拔力"也就是竭尽全力，费很大的力。人的力量是有限的，尽管心有余，但总有力不足的时候，如果这个时候仍然勉强用力，过度地努着劲儿，用力过猛，有时会使身体内部受伤。清代曹雪芹《红楼梦》第七十五回："且别贪力，仔细努伤着。"因此，努力不可少，方法很重要。

"努"又有凸出、向外突出的意思。唐代唐彦谦《采桑女》："春风吹蚕细如蚁，桑芽才努青鸦嘴。"元末施耐庵《水浒传》："却才见押司努嘴过来。"人在"努着嘴"的时候通常是一副不高兴的样子。"努唇胀嘴"就是撅着嘴；"努目"是努着眼睛，把眼睛张大，使眼球突出。有的时候也可以通过"努着嘴"的动作表示向人示意着什么。元代李行道《灰阑记》第四折："若说不过时，你可努嘴儿，我帮你说。""撑眉努眼"指竖起眉毛，瞪大眼睛，形容态度严厉而专横。南宋朱熹《答或人》："其知之者撑眉努眼，喝骂将去，便谓只此便是良心本性，无有不善，却不知道。""努筋拔力"指凸出青筋，使尽力气，形容竭尽全力。清代西周生《醒世姻缘传》第七十九回："混话的！买了人家孩子来，数九的天不与棉衣裳穿，我看拉不上，努筋拔力的替他做了衣裳，不自家讨愧，还说长道短的哩！"

"呶"（音 náo）曾经是"努"的异体字，后来又独立地表示叫嚷的意思。"呶呶不休"形容说起话来没完没了，令人讨厌；"喧呶"是说喧嚣、叫嚷。

在书法中，习惯于称直画为"努"，所以"努"还是"永字八法"中的一画。"永"这个字有八个笔画，可以代表中国书法中笔画的大体，分别是侧、勒、努、趯、策、掠、啄、磔这八划。"努"是第三笔画，即为一直向笔画，以直笔之法为开头，竖笔慢慢向下写，向左微偏作一曲度后返回，其笔画不宜直，否则无力。

"力"，象形字。

"力"的甲骨文字形是古代耕田的一种农具，即耒。耒的上部是弯曲的耒柄，下部是锋利的刀刃。用耒耕作须要花费力气。"力"可视为"刀"出头，形似刀上有柄，因为只有在刀上加柄，手方能用上力。《说文·力部》："力，筋也。象人筋之形。"本义为力量、力气、体力，是人和动物筋肉收缩或扩张时所产生的效能。用力时，人的筋肉纵横鼓起。段玉裁注："筋者其体，力者其用。"力是筋的效能作用，泛指一切事物的效能，如视力、影响力、生产力、控制力。物理学上指物体之间相互作用，引起运动加速或形变，如力学、作用力；也表示用极大的力量，如尽力、力挫、力挽狂澜。因此，"力"是能力、魅力、精力、体力、气力、念力，是一切力量的表现。

"力"为体力。韩愈《马说》："是马也，虽有千里之能，食不饱，力不足，才美不外见，且欲与常马等不可得，安求其千里之能？"这样的马，虽然具备日行千里的能力，但是填不饱肚子，它的体力就表现不出来，本身具有的才能也就无法体现出来。千里马本来就不像普通的马那样容易得到，得到之后还如此对它，它怎能发挥才能呢？

"力"由身体筋肉的能力引申为各个方面的力量，如智力、能力。《字汇·力部》："凡精神所及处皆力，心力、耳力、目力是也。凡物所胜处皆力，风力、火力、酒力、弓力是也。""耳力"指耳朵辨音的能力；"生命力"指生物维持自身生命的能力；"领悟力"指体会、解悟事情的能力。只有身体健康，才能正常发挥智力。体健能提高记忆力、观察力、想象力、思考力、判断力、决策力，有充沛的精力可以更好地认识世界，改造世界。人做任何事情都要量力而行，不能过于勉强自己，否则就是自不量力。自不量力不是勇敢，而是鲁莽，是一种自以为是的固执。以这种心态处事，很难做到客观、理智，且往往使自己身心俱疲，得不偿失。

人们常说"心有余而力不足"，意为用不上力量，也指无力相助或力不能及。世界上的很多事情，我们都是无能为力的。如当至亲至爱的人有了病痛，除了精神上的鼓励安慰和物质上的倾力支持外，我们无法代替他们承受痛苦。很多事情有其自身的客观规律，并非只要尽力去做，就一定能取得满意的结果。养生中谈"力"，主要是说意念力。人有气才有力，同理，有力就有气。力生于气，而气来自于修养和锻炼。孟子说："吾善养吾浩然之气。"人有浩然正气，在精神上和身体上就会产生无穷的力量：有了浩然正气，内心就会有坚不可摧的信念，就会产生"虽千万人，吾往矣"的气概；有了浩然正气，身体就会邪不可侵，抵抗力增强。

进步

原地踏步的人永远不会走错路。

进 【進】
jìn

甲骨文　金文　小篆

"进"，繁体为"進"。会意字，甲骨文从隹，从止；小篆从隹，从辵（chuò）。

"隹"的甲骨文是鸟的象形；"止"的本义为脚，有行走之意。鸟只能跳跃前行，不能后退，故以"隹""止"（或"辵"）相合，会向上、前进之意。《说文·辵部》："進，登也。""本义为前进，与"退"相对。"隹"又可视为"难"的省字，可意为前进、上进、进步是件难事，须要付出努力。鸟类飞行时身上不能带任何物品，"进"从隹，可理解为前进应如鸟一般轻捷，放下负担，全心进取；同时也寓意，在前进途中不为利益所诱方能锐意进取。

简化字"进"从井。"井"有市街、街道之意，意寓坦途；"辵"为前行、向前。"进"从井，从辵，意为行于坦途，前路光明，故"进"为前进，表示发展、向前之意。"井"又意指法度、秩序。"进"字则意：法度严明、秩序井然是社会文明发展的一种体现。只有在这种有条不紊的环境中，人们才能更好地发展自己，不断前行，以取得进步，同时也为社会发展作出贡献。

将"井"视为"阱"的省字，意为陷阱，寓意在前进的道路上充满了陷阱，需要"明知山有虎，偏向虎山行"的精神。前进的道路困难重重，只有不断鼓足勇气、增强信心，才能继续前行。

"进"由本义引申为促进、加强。"进"由向前、向上还可引申为长进、进步等。古人云："学如逆水行舟，不进则退。"进步是在原来基础上的提高，进步不仅能超越对手，更重要的是对自己的不断超越。"进"

引申为超出、超过、超越。《庄子·养生主》："臣之所好者，道也，进乎技矣。"我（庖丁）所追求的，是超乎技术之上的道。

在古人眼中，所谓奋进、进取，就是埋头读书，考取功名，习练武艺，杀敌立功，谋个一官半职，光宗耀祖。"进"可专指古人出仕、入朝为官。科举考试中，殿试入选的举人都称为"进士"。

在人生的道路上，有时会荆棘遍布、险象环生。面对"进难难进进难进，退难难退退难退"的两难处境，既需要奋勇向前的过人勇气，也需要审时度势、灵活变通的正确决策。商朝末期，孤竹国国君的长子与次子伯夷、叔齐因为厌恶战乱而让位出逃。后兄弟相会，相约去西歧投奔周文王姬昌。路上遇到讨伐纣王的武王，两人大骂武王叛逆，并决定终生不食周粟，隐居首阳山，以采食野菜为生。到了冬天，野菜越发难找。一位上山拾柴的农妇发现饿得骨瘦如柴的兄弟俩，打算施舍一点儿饭菜给他们。谁知两人竟然坚决不吃周朝地里长出的粮食。那农妇说道："这普天之下哪里不是周朝的国土呢？你们不吃周朝地里长出的粮食，难道野菜就不是周朝地里长出来的吗？"兄弟俩听后连连顿足，以后连野菜也不吃了，最终活活饿死在首阳山上。此二人的固执之处在于不懂得变通，不明白很多时候的退恰恰是为了将来更大程度的进。

"进"与"退"是矛盾的两个方面。人与人之间的交往也是在矛盾和摩擦中进行的。选择进退的方式不同，人际关系的状况也迥异。有的人寸步不让，激化矛盾；有些人宽容退让，化解矛盾。所以，有时候，行动上的退是人格上的进，是道德上的进，是智慧上的进。进与退是相对而言的，没有绝对的进，也没有绝对的退。

步 bù

甲骨文　金文　小篆

"步"，会意字，甲骨文、金文均从正反二止。

"止"是人脚的象形，"步"为正反二止，正像左右双脚，一上一下，前后相随，是行走之意。《说文·步部》："步，行也。""步"的本义为行走、步行。

　　《礼记·祭义》："故君子跬步而弗敢忘孝也。""跬步"即半步，跨一脚。举足一次为"跬"，举足两次为"步"。《荀子·劝学》："故不积跬步，无以至千里；不积小流，无以成江海。骐骥一跃，不能十步；驽马十驾，功在不舍。"不半步半步地积累起来，就无法达到千里之外；不把溪流一点一滴汇集起来，就无法形成江海；骏马虽然一天能走千里，但是它腾跃一下也不到十步；劣马虽然跑不快，但是积十天的路程，也能到达千里之外。

　　人做事不能急于求成，不能希望一蹴而就，要脚踏实地，一步一步地努力，所以"步"也引申为阶段之意。"步骤"指事情进行的程序。"初步"指第一阶段。做事有条不紊，按步骤、分阶段进行，功到自然成。

　　"步"用作名词，指脚步、步伐。《玉台新咏·古诗为焦仲卿妻作》："纤纤作细步，精妙世无双。"《乐府诗集·陌上桑》："盈盈公府步，冉冉府中趋。"这两处都是形容脚步轻缓、姿态优美之意。西晋陈寿《三国志·蜀志·吕凯传》："将军若能翻心图，易迹更步，古人不难追。"这里的"步"也作脚步、步伐讲。另外，"方步"指斯斯文文的大而慢的步子；"放步"指迈开大步；"阔步"指迈大步；"碎步"指小而快的步子；"纵步"指放开脚步等。

　　一般情况下，每个人的脚步、步伐都有较为固定的长度，所以"步"为古代的长度单位。以"步"为长度单位，历代都不相同，周代以八尺为一步，秦代以六尺为一步。《史记·秦始皇本纪》："舆六尺，六尺为步。"大意是说，舆长六尺，六尺称为一步。"步"也泛指远近。唐代杜牧《阿房宫赋》："五步一楼，十步一阁。"行走五步就是一个楼，行走十步就能看到一个阁。《孟子·梁惠王上》："以五十步笑百步，则何如？"逃跑了五十步的人笑话逃跑一百步的人，只是程度不同而已，有什么区别呢？

　　"步"在古代与"走"有区别。《淮南子·人间篇》："夫走者，人之所以为疾也；步者，人之所以为迟也。""走"在古时指疾走，而"步"行则速度缓慢，心情悠闲平和。《庄子·田子方》："夫子步亦步，夫子趋亦趋，夫子驰亦驰。夫子奔逸绝尘，而回瞠若乎后矣。"先生行走我也行走，先生快步我也快步，先生奔跑我也奔跑，先生脚不沾地迅疾飞奔，学生只能干瞪着眼落在后面了。颜渊的学习态度真是可嘉，孔子的圣人风范也令人无限景仰。"步"又引申指跟随、追随。"亦步亦趋"现用于贬义，比喻处处模仿、追随别人。《国语·周语下》："目以处义，足以步目，今晋侯视远而足高，目不在体，而足不步目，其心必异矣。"大意是说：眼睛可以看到道义，而脚是跟随着眼睛看到的在行走，今天晋侯看的远而脚高，脚不跟随眼睛行走，心里必有不同的想法。明代屠隆《昙花记·讨贼立功》："副帅好当前队，老夫愿步后尘。""后尘"指走路时扬起的尘土；"步后尘"或作"步人后尘"指跟在别人后面追随、模仿。认真学习别人的优点和长处固然是好，但也要有自己的创见。无论是哪个领域，都需要不断突破和创新，不能一味地步人后尘。

成语"邯郸学步"源自《庄子·秋水》，故事讲述燕国寿陵的一个少年慕名到赵国都城学习邯郸人优美的走路姿势，结果不仅没学会邯郸人的步法，反而忘记了以前的走法，只好爬回了寿陵。后人用"邯郸学步"比喻生搬硬套，一味机械摹仿，不仅学无成就，而且失掉了固有的技能。这个故事告诉我们，一个人要有主见，不要盲目崇拜别人。学习别人的长处是为了弥补自己的短处，但是为了学习他人而把自己的长处丢掉，就会贻笑大方。学习借鉴经验也要充分估量学习的艰巨性，燕国青年"学步"几个月就放弃了，结果毫无所获。假如他再努力一点，再坚持一下，也许真的可以学会邯郸步法。

攻克

拼搏出精神，奋斗出真知。

攻 gōng

玎 金文　攻 小篆

"攻"，形声字，从攴，工声。

"工"为工作、工人，在这里既指做事的人，也指所做的事，"工"也表示工具、方法；"攴"的甲骨文是手执鞭杖的象形，意为主动击打、出击。

"工""攴"为"攻"，意为以一定的工具和手段驱策人力主动出击的行为。《说文·攴部》："攻，击也。"本义为进攻、攻击、出击。"攻"与"守"相对。"攻"有攻击、攻打、攻取、攻占、攻陷等意思。

"攻"由本义引申为责难，驳斥之意，如攻难、人身攻击、群起而攻之；用于医学，"攻"表示治病，如以毒攻毒；用于学问，"攻"表示致力学习或研究，如攻读、攻克等。"攻"从工，"工"表示花费的工夫、时间，也代表掌握的时机，强调了攻击须要选准时机，讲究手段，是一种费时、费心、费力的行为；"攻"从攴，表明"攻"的最终行为体现于一方的出击或双方的交兵。

军事方面的"攻"，是前期筹划和后期进攻的统一。"工"的甲骨文像曲尺形，用于测量，定夺。"攻"从工，明示进攻之前要做好充分的准备。如查明敌方的武器装备、兵力部署和作战意图，周密安排己方的作战部署、作战计划和进攻方案，详细了解进攻区域的地形地貌以及进攻时的气候特征等。只有知己知彼，才能掌握战场上的主动权。

"攻"又通"功"，"功"为成功。表明进攻是成功前的最后时刻，是成功前的最后冲刺。"攻"的行为将决定着最终的结果。"攻"字前"工"

后"攵"表明：胜负如何，成功与否，除取决于双方的军事实力和武器装备以外，更重要的是军事指挥官的军事思想和指挥水平。进攻既需要"工"，亦离不开"攵"。

"攻"需要军事指挥官的勇敢、智慧与武器装备、兵力的完美结合。"攵"又为手段、方法。进攻不是战场上的硬碰硬，多变的战术一直是中华民族的财富之一。双方灵活多变的战术，往往会改变缺"工"或无"攵"（武器）所注定的失败结局。所谓"知己知彼，百战不殆"，要取得胜利，必须清楚地了解敌方的情况。如此才能根据对方的情况，作出相应的决策。

古今中外，任何军队都把"攻必克，守必固"作为作战的宗旨，都把"出其不意，攻其不备"作为基本的战术。贾谊《过秦论》："仁义不施，而攻守之势异也。"贾谊认为秦朝灭亡的原因在于，当时秦朝情势已发生变化，即已由攻打六国、夺取全国政权时的"攻"势，转变为统一中国后的"守"势。然而此时的秦朝统治者却不懂得施行仁政，以谋求经济发展、社会稳定，最终导致了秦朝的灭亡。

古人云："用兵之道，攻心为上，攻城为下。心战为上，兵战为下。"战争中打击敌人的一个重要手段就是瓦解敌人的斗志，使敌方失去战斗力。进攻的反面是防守。我国一直坚定不移地奉行积极防御的战略决策，不对世界任何国家构成威胁，不谋求世界霸权。中华民族历来崇尚正义，热爱和平，但也从不畏惧强暴，不屈服于任何外来压力。中国政府一贯奉行独立自主的和平外交政策，对于国际争端，一向主张通过对话来解决，反对诉诸武力。但是，中国人民为了争取祖国的统一、百姓的安居乐业，也决不会容忍任何外敌入侵。富国强兵、保家卫国永远是中华民族的宗旨。

克 【剋尅】
kè

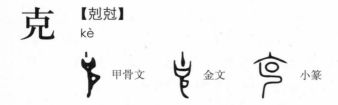

甲骨文　　金文　　小篆

"克"，异体字为"剋"、"尅"。象形字。

"克"字上"十"下"兄"。"十"为数目，为最大数，表示达到顶点、顶峰，既表示数目众多，也表示十全十美，达到极致；"兄"为兄弟。"十""兄"为"克"，意为兄弟众多，同心同力，克服困难，从而达到胜利的巅峰。"克"的本义为战胜。《玉篇》："克，胜也。""克"引申为制服之意，如"克制"、"克服"、"克己奉公"。"克"可视为从"十"，从"口"，从"儿"。"口"是发声的器官，此处代指理论，也表示出入口、关口。"十""口"既指方方面面，众多的领域，同时也表示要掌握众多的知识；"十""儿"则表示众多的人。"十""口""儿"为"克"，意为"克"所面对的是众多的领域，要完善所掌握的知识，把握住方方面面，然后逐一攻克这些领域，以达到完美的境界。"十""口""儿"又可理解为众多人一张口，即团结一致，万众一心，必可攻克难关。"克"是攻克、克敌制胜之意。

异体"剋"从"克"，从"刀"；"尅"从"克"，从"寸"。"刀"为实行切、割、斩、削、刻等行为的利器；"寸"的本义为手，此处代指行为。"剋"中有"口"有"刀"，意为"克"要快刀斩乱麻；"尅"中有"口"有"寸"，强调了"克"要理论与实践相结合。"寸"又为寸心，也指尺寸、尺度。"尅"从"寸"表明了"克"要细心、专心，同时亦要把握好度。

"克"为战胜、制胜、克制、约束。《左传·僖公四年》："以此攻城，何城不克？"用它来攻打城池，还有什么样的城攻打不下来？现代汉语中的常用词"克服"是指用意志或力量去解决困难。"沉渐刚克"形容深沉不外露，内里刚强。"渐"通"潜"，指潜伏；"刚克"指以刚强取胜。《左传·文公五年》："及温而还，其妻问之，嬴曰：'以刚。'商书曰：'沉渐刚克，高明柔克。'""复礼克己"指约束自我，使言行合乎先王之礼。《晋书·李充传》："室有善言，应在千里，况乎行止，复礼克己。""相生相克"指金、木、水、火、土五种物质的互相生发及互相克制的关系，后引申为一般物质之间的辩证关系。宋代释普济《五灯会元》卷四十六："便有五行金木，相生相克。"

"克"还引申为能够、胜任的意思。《尔雅》："克，能也。"《诗·齐风·南山》："析薪如之何？匪斧不克。"怎么才能劈柴呢？只有斧头才能胜任此事。《资治通鉴》："如其克谐，天下可定也。"意思是如果这件事能够成功的话，天下就安定了。"克谐"意思是能够成功。"克"为能；"谐"即和谐，有圆满、顺利的意思。成语"克尽职守"是说能够完成自己的职责。大凡成就伟业的人都智勇过人，他们既能克制敌人，也能克制自己，这是一种能力。"靡不有初，鲜克有终"意思是事情都有个开头，但很少能到终了，多用以告诫人们为人做事要善始善终。《诗·大雅·荡》："荡荡上帝，下民之辟。疾威上帝，其命多辟。天生烝民，其命匪谌。靡不有初，鲜克有终。"

　　"克识"为佛教语。"克"为必之意；"识"为记之意。"克识"谓天神记录人所做之善恶时，必无丝毫之夹杂。《无量寿经》卷下："自然克识，不得相离。""克果"亦为佛教语，即得果。《无量寿经》卷上："求道不止，会当克果。"

私塾

人生识字忧患始，私塾是培养人才的场所。

私 ^{sī}

小篆

"私"，从"禾"，"厶"声。

"禾"为庄稼，一说甲骨文"厶"像耜，代指农具。"私"的字形为以耒耜耕种，收获禾稼，本义为庄稼。"厶"又像一个跪着的人。"禾""厶"即农民耕作、播种、收割时的动作。《说文·禾部》："私，禾也。"庄稼属农夫个人所有，农具也是个人财产，用属于自己的农具种出的庄稼当为个人所有，"私"因而有个人的、自己的意思，与"公"相对。

西汉司马迁《史记·廉颇蔺相如列传》："吾所以为此者，以先国家之急而后私仇也。"我之所以这样做，是把国家大事放在前头，而把我与廉颇的个人仇怨放在后头。其中"私"即指个人的。"私房钱"指完全属个人支配的钱物，又名"体己"，是说这些钱是为体贴自己用的，不为他人使用，这是相对于家庭这个公共集体而言的。

在古代，地位低的人同物一样，也属个别人"私有"，因此"私"常用来指代特定的人。如卿大夫的家臣称"私"，《仪礼》："某也，夫子之贱私。"诸侯国君的嬖臣妾媵称"私"，《国语》："君多私。""私"。亦作谦词，自称为"私"，是把自己作为比对方地位低的人。

既是自己的东西，自然爱护有加，"私"因而有偏爱意。《战国策》记载了这样一则故事，齐国的邹忌自负体貌修美，问妻子说："我和城北的徐公比，哪个更美？"妻子说："当然是你美。"邹忌不信，又问了他的妾和客人，他们都说"徐公不若君之美也"。后来他亲见徐公的丰姿，自愧不如，于是得出这样的结论："吾妻之美我者，私我也；妾之美我者，畏我也；客之美我者，欲有求于我也。"我的妻子说我比徐公美，是因为偏爱我；我的小妾是因为怕我；而客人是因为有求于我。

成语"中饱私囊"是说往自己口袋里塞钱，这是做事以私为先，以己为主形成的。而这类事情是不能被他人知晓的，需要在暗地里隐秘地进行，故"私"有秘密、隐秘、不公开的意思。夫妻之间说的不愿为他人所知的话叫"私房话"。唐代白居易《长恨歌》："七月七日长生殿，夜半无人私语时。""私语"即悄悄话。"私"由隐秘意引申为私下里、偷偷地。《史记·廉颇蔺相如列传》："臣尝从大王与燕王会境上，燕王私握臣手曰：'愿结友。'以此知之。"

背地里做不愿为人知的事，多为坏事、违法的事，因此"私"有邪、违法的意思。古代盐铁需求量大，关乎国计民生，因此一直由官方把持，但因盐铁生意有暴利，许多人铤而走险，钻官方的空子，走贩私盐，以此谋利。"私盐"即通过非法渠道贩卖的盐。俗语"私盐包"比喻麻烦事，即从此而来。在"走私"、"贩私"、"缉私"等词里，"私"皆指非法的货物。"私刑"指不按照法律程序加给人的刑罚。

"人不为己，天诛地灭"的意思是人不替自己打算，就会为天地所不容。语出《佛说十善业道经》第二十四集："人生为己，天经地义，人不为己，天诛地灭。"古往今来，多少人为了一己之私身败名裂、家破人亡甚或导致天下焦土、生灵涂炭。《诗·小雅》："雨我公田，遂及我私。"大雨下在了公田里，我的私田也得了润泽，这是雨的大公无私。《礼记》："天无私覆，地无私载，日月无私照。"如果人人都能如天地日月这般大公无私，那么天下为公的理想社会便已不远。不过从另一个角度看，也正是因为人人有私，才推动社会不断向前发展，由此看来，"私"亦是一把双刃剑。"天下为私"与"天下为公"是相对而言的。《礼记·礼运篇》概述了夏禹前后发生的变化，说禹之前的社会情况是："大道之行也，天下为公。"禹之后的社会情况是："今大道既隐，天下为家。"是说原始公社制度解体了，天下的财产成了一家的私产。天子之位传子而不传贤，并由子孙来承袭被认为是理所当然。人们建造城市来保护财产，制定礼教与法规以维护社会秩序。土地成了私有财产，还蓄养谋臣武士作爪牙，为谋私利，争夺与革命成了不可避免的现象。这段话集中概括了两种社会制度的变革，并且揭示了夏启即位开创的"家天下"制度和"天下为私"的观念是这个变化的根源。

"私学"指中国古代私人兴办的学校，与官学相对而言。私学产生于春秋时期，以孔子私学规模最大，影响最深。春秋时期出现了士阶层，士的培养成为一种需求，私学便应运而生。汉武帝时虽宣布"罢黜百家，独尊儒术"，但并没有禁止私学。私学内多传授古文经学。由于私学力量日益增强，至东汉末到了压倒官学的地位。两晋私学颇发达，名儒聚徒讲学，生徒常有几百或几千人。南朝的官学时兴时废，教育多赖私学维持。北魏虽曾一度禁止私学，整个北朝为了促进汉化，官学比较发达，但私学也颇盛。隋唐官学极盛，私学亦盛。宋代，书院成为私学的一个重要方式。书院初为私立，后来才由政府控制了一部分，作为聚徒讲学的书院开始于五代，宋兴之初最著名的有白鹿洞、石鼓、应天府、岳麓四书院。

"私谥"指古代士大夫死后由亲属、朋友或门人给予的谥号。汉代刘向《列女传·柳下惠妻》："柳下既死，门人将谥之。妻曰：'将谥夫子之德耶，则二三子不如妾知之也。'乃谥曰：'夫子之不伐兮，夫子之不竭兮，夫子之信诚而与之无害兮，屈柔从容不强察兮……呜呼哀哉！魂神汇兮，夫子之谥宜为惠兮！'门人从之。"

塾　　shú

"塾"，形声字，从土，孰声。

"孰"是"熟"的本字，表示习惯的、熟悉的地方；"土"为土地。"孰""土"为"塾"，意为与己息息相关，极为熟悉的地方。《尔雅·释宫》云："门侧之堂谓之塾。""塾"的本义为古时门内东西两侧的堂屋。《广韵》也称："塾，门侧堂。至于门侧之堂何以称"塾"，崔豹《古今注》解释说："臣来朝君，至门外当就舍，更详熟所应对之事也。塾之言，熟也。"意思是说，大臣们在门侧的堂屋等候君王朝见时，为了应对如流，便把应向君主禀报的事宜反复默念至烂熟于胸。后来，大门两侧的房间便借"熟"字的音而称"塾"了。

"孰"除表示熟悉、熟练外，自身有疑问、质疑之意；"土"为处所、闾里。"塾"从孰，从土，首先强调了是答疑解惑之所，而这个所在通常是本乡本土的先生在本乡本土开辟的以本乡本土的人为教学对象的教学场所，而且，中国自古以来的传统教学方法就是熟读、诵读。因此"塾"指旧时私人设立的学校，如私塾、村塾、义塾等。

"塾"最初的意思并不是现在我们所熟悉的私人家庭教育，而是指西周时期与庠、序、校等处于同一层面上的教育机构，是乡学的一种类型。只不过塾只是闾办的学校，其规模比庠、序、校小得多。到汉代，塾变为表示私学的专有名词。汉代的私学有蒙学、经馆、乡塾和精舍等类别。到明清时期，私学已遍布城乡，民间举办的私学统称为私塾或家塾。这一时期的私塾有三种基本形式：一种是贵族或富有人家聘请教师到家中授课的家馆；一种是由村族共同出资建立村学或族学，请教师教授子弟；另外一种是教师在家中或祠堂、庙宇中，招收学童。私塾对屋舍、设施等方面的要求比较简单，直到民国时期，私塾仍广泛盛行于民间，影响非常大。许多近代著名学者都有就学私塾的经历，私塾教育对他们的人生经历和辉煌成就起着重要的作用。私塾的教学内容以《三字经》、《百家姓》、《千字文》等启蒙读物为主，较高级的则有《四书》、《孝经》以及朱熹的《小学集注》。按现代的观点来看，私塾纯文科的教学内容并不符合社会发展的需要，但是它注重伦理道德的教导却仍值得推崇。

让人感兴趣的是，已有几千年历史的私塾教育并没有成为尘封的记忆。2003年底，湖南最后一个旧式私塾岳阳市平江县五峰私塾正式"封馆"。两年之后，也就是2005年10月，被称为"苏州第一家现代私塾"的菊斋私塾又正式开班授课了。仅仅一年的时间，新私塾这一教育形式对普通市民来说已经不再陌生，湖南、江苏、河北、哈尔滨等地已经正式挂出了"私塾"的牌子。新私塾教育大都标榜着这样的教学特色和育人理念：秉承传统又融汇现代教育理念，用不同于现今学校教育的方法培养孩子，让孩子既有国学底子又兼具国际视野。创办者一致称创办私塾的主要目的是弘扬国学，培养儿童的古典文化底蕴和优雅情怀，私塾教学内容主要是经学、韵文、古乐、书画、茶道等。

　　现代私塾对于大多数人来说还很陌生。这种教育方式是创新还是复古？如何看待未成年人上私塾、作古诗、背经文等远离现代生活视野的古代儒家"旧事物"？新私塾如何贯彻现代的教育理念，如何将继承与发展完美地结合起来？如何正确评估新私塾的教育教学质量？如何监督办学者的教育行为，比如教材的选择、教师资格的审定、学生的学籍等？现代私塾的教育能否保证学生顺利越过现行教育体制设置的高考"门槛"？这些问题都有待于这一事物自身的发展成长亦或没落消亡去回答、证明和诠释。

夸奖

失职的老师指责学生的缺点，称职的老师欣赏学生的优点。

夸 【誇】
kuā

金文　（夸）小篆　（誇）小篆

"夸"，繁体为"誇"。形声字，金文、小篆皆从大，于声。汉字简化前，"夸"与"誇"的意义并不相同。

"誇"为形声字，从言，夸声。从言，表示与言语行为有关；"夸"为夸张、赞美。"誇"即夸张之言，赞美之语，如誇誇其谈、誇奖。

简化字"夸"为形声字，从大，从亏。"亏"为损害、损失、吃亏。《说文·大部》："夸，奢也。"故"夸"有奢侈、自大、夸张、炫耀等意《荀子·仲尼》："贵而不为夸，信而不处谦。"这里的"夸"就是炫耀财富。"大""亏"为"夸"，是告诫人们不要自大，否则就会吃亏。"夸"也表示浮夸，指说话夸张，言过其实，《广韵》："誇，大言也。"自夸是非常浅薄无聊的，但真诚地夸奖别人，却不失为一种美德。

"夸"又指夸张，是用来突出特征、强化效果或引发想象力的一种修辞手法。夸张可夸大，也可夸小，能夸长，也能夸短，总之是刻意虚夸，力求语不惊人誓不休。李白诗歌浪漫主义的表现之一就是喜欢使用夸张，如"飞流直下三千尺"、"白发三千丈"、"蜀道之难，难于上青天"等等，都是夸张到了极点。《荀子·不苟》："诈伪生塞，诚信生神，夸诞生惑。""夸诞"的意思是虚夸荒唐，"惑"是疑惑。"夸诞生惑"指言语不实，使人产生疑问或不理解。唐代韩愈《送陈秀才彤序》："读书以为学，缵言以为文，非以夸多而斗靡也。"其中的"夸"是夸耀的意思。"夸多斗靡"原指写文章以篇幅多、辞藻华丽夸耀争胜，后也指比赛生动豪华奢侈。"夸妍斗艳"则是指以艳丽相夸耀争胜。宋代梅尧臣《莫登楼》："夸妍斗艳目已偷，天寒酒醺谁尔俦。"有的时候，说的虽然是大话，但不是虚夸。宋代苏轼《六一居士集序》："言有大而非夸者，达者信之。""夸"还有柔软、美好之意，"形夸骨佳"形容女子外貌美丽，体形优美。《淮南子·修务训》："曼颊皓齿，形夸骨佳，不待脂粉芳泽而性可说者，西施、阳文也。"

"夸"又是姓氏。神话中有个大力神名叫夸娥氏，愚公移山时助过愚公一家一臂之力。因追赶太阳而出名的神话人物叫夸父。据说夸父追日时追得越近，就越口渴，于是忘了赛跑，只顾喝水了，喝光了江河，又去喝沼泽，还没喝到就渴死了。他的手杖弃于路边，长成了郁郁葱葱的桃林。

奖 【奨奬獎】

jiǎng

"奖"，繁体为"奨"、"奬"、"獎"。形声字，从大，将声。

"将"为率领、引领之意，也指将军。"大"指程度深，级别高，范围大，空间广。"将""大"为"奖"，指奖励具有很大的引领向前的作用，奖励胜于简单的语言号召。"奖"又可解为"大将军"，以示奖励的行为大都是上级或者领导者实施，奖品也多是由上级和领导者颁发的。"奖"之行为经常是通过语言的鼓励和赞扬来体现的，这是精神奖励；当被鼓励、赞扬时又常赏以物品，"奖"又引申为奖赏，如奖杯、奖品、奖金等，这是物质奖励。"奖"从大，也体现出"奖励"应是一种大范围推行的公开、公平的激励行为。

"奖"目的在于劝勉、鼓励人去做某事。诸葛亮《出师表》："今南方已定，兵甲已足，当奖率三军，北定中原。""三军"代指全体将士，就是要动员全军的强兵勇将。这里的"奖"即为劝勉、鼓励之意。任务完成之后，对有突出贡献的还要进行赏赐或是晋级，予以奖励，这样才能形成良好的激励制度。

口头上或是在文字里对某人某事进行褒扬也称为"奖"，因为这样的行为同样会对别人起到勉励的作用。宋代司马光《资治通鉴·唐顺宗永贞元年》："谋议唱和，日夜汲汲如狂，互相推奖。"谋划议论，互相唱和，无日无夜，欣喜如狂，相互之间倍加推崇和赞许。看来这是"酒逢知己千杯少"的局面。对人进行勉励、赞扬可以激发人上进，因此"奖"又延伸出辅助、帮助的含义。《左传·襄公十一年》："救灾难，恤祸乱，同好恶，奖王室。"杜预注："奖，助也。"身为人臣，要于人民的灾难伸出援救之手，抚恤遭受祸乱伤害的人，好恶有节，尽心尽力的辅佐王室。居其位而食其禄者，当勉之。

　　"奖"为名词时，有象征意义上的奖赏，如奖杯、奖牌等等都属于这一类。有实物的奖赏，如奖金、奖品，也包括人们靠运气（如在抽奖中）得到的物品或现金，也包括一些抽象形式的奖励，如有等级的奖项等，只为了表明所具有的能力或水准。

领悟

学习增加知识，读书明白道理，思考开启智慧，实践领悟人生。

领 【領】
líng

領 小篆

"领"，繁体为"領"。会意兼形声字，从页，令声兼表义。

"令"为命令、发号施令；"页"的篆文像头，表示头部、头脑，也意为头目，表示重要的，"领"从"页"表示与头有关。不论人类还是其他动物，头部的俯仰、左右转动等都由脖子来决定。故"令""页"为"领"，指脖子。《说文·页部》："领，项也。"本义为脖项、脖颈。"令""页"相合，强调了事物起主要作用的主要部分，因此"领"为要领、纲领、提纲挈领。"领"有了解、体会之意，如领会、领悟。"领"从令，从页，可意为发号施令的人是头目，如首领；"领"也为发号施令所管辖的区域，即统属、管辖之意，如领域、领空、领海。

"领"为脖颈。《诗·卫风·硕人》："领如蝤蛴，齿如瓠犀。""蝤蛴"是天牛的幼虫，身长而白软；"瓠犀"是葫芦籽，它既长又白，排列整齐，故用以形容牙齿的美。诗句的意思是脖似蝤蛴软长，齿似葫芦籽齐而好。《孟子·梁惠王上》："如有不嗜杀人者，则天下之民皆引领而望之矣。"如果有不喜欢杀人的人，天下的老百姓，就都会伸长脖子巴望他来解救自己了。

"领"由本义引申，又指衣服围绕在脖子的部分，如衣领、领口、领带、领章、领结等。领子是衣服的关键部位之一。若要提起一件衣服，提起它的领子就可把衣服轻易给提起来，故"领"由衣领引申为事物的要点。"提纲挈领"提起渔网的总绳，拎住皮衣的领子，比喻抓住事物的关键，或把问题扼要地提起来。

　　"领"为领导、头领。领导是众人的头儿，如领袖、统领、领队、领班等。身为领导，要有卓越的才能，宽阔的胸怀，困难危急关头能够身先士卒，带领部属战胜艰险。人无头不走，鸟无头不飞。一个国家、集体、团队没有领导，就会成为一盘散沙或像无头苍蝇一样到处乱撞。一个领袖人物在团队中起着关键的作用，将引导大家顺利地向前走。"领"从令，谓领导可以对被领导者发号施令；从页，说明领导是走在前头的，不仅职位高于别人，处理事情、为民办事更应该走在前头，即所谓的吃苦在前，享受在后。一个优秀的领导，其首要任务就是治理好所负责的地域，如果治理不好一方水土，甚至鱼肉百姓，祸害乡里，贪污腐败，就没有资格成为领导，所以选拔、任命领导要慎之再慎。

　　"领"为领土，是一个国家所拥有的领空、领域、领海和大陆架等的总称。领水是国家领土管辖下的所有水域，既包括边缘海、河、湖等水域，也包括内陆水域。领海是沿海国主权管辖下与其海岸或内水相邻的一定宽度的海域，是国家领土的组成部分。领海的上空、海床和底土，均属沿海国主权管辖。

　　"领"从令，意为只有拥有领土主权的国家，才有权在领土之内发号施令，行使管理权，他国无权干涉，更无资格占有，否则即违反国际法而成为侵略行为，遭到主权国家的强烈抗议或武力驱逐。

悟 wù

小篆

　　"悟"，形声字，从心，吾声。

　　"悟"从"心"，表示与人的心理、心境有关；"吾"是第一人称，即"我"。"悟"为我心而悟，我心而觉，"悟"的本义是觉醒、明白。《说文·心部》："悟，觉也。""悟"从心，从吾，强调了悟是靠自己的本心去领悟、开悟、觉悟。不论是与非、好与坏、对与错，都是自己真心之体悟。"悟"中之"吾"是悟的主体，说明悟性、悟道、悟解、感悟、觉悟、大彻大悟皆为自心、自性所至，而非外力所为。

"悟"是人的一种认识转变过程，即由迷惑到清醒、由模糊到清楚、由错误到正确的认识过程。继而人也由愚痴变得智慧，由贪嗔痴变成真善美。晋代大文豪陶渊明蔑视豪强权贵，耻于与之同流合污，不愿为五斗米折腰，毅然辞官归田，写下著名的《归去来辞》。文中道："悟以往之不谏，知来者之可追。"《聊斋志异·狼》中有："乃悟前狼假寐。"其中的"悟"均为恍然大悟、觉醒之意。

悟不仅是一种认识过程，也是一种思维方式，如领悟等。《玉篇·心部》："悟，心解也。"所谓"心解"，就是通过内省体会的方式来领悟和理解。

"心""吾"为"悟"。悟用吾心，内心静省。从心，说明要用心去体察、体验，去感悟人生和社会的道理，强调的是思考；从吾，说明思考是用自己的身心去认识客观世界，去省悟自身。"悟"音通"无"。"无"是没有形状的道。宇宙间万事万物都是无中生有，无（悟）是有的根。

悟是佛教尤其是禅宗的一个极其重要的概念。"悟"与"迷"相对，意思是从迷惑、迷误、迷失的状态中解脱出来，觉悟到佛的真谛。禅宗提倡"不立文字，以心传心"的"悟"。悟是禅宗的灵魂。

禅悟有渐、顿之别。所谓"渐悟"指的是对佛性"十住"境界的领悟，是一点一点、一级一级渐进式的；"顿悟"以慧能力倡的"大乘顿教"为代表，指在一定情境中，进入一种"豁然开朗"、"恍然大悟"、"茅塞顿开"的明心见性的境界，只可意会，不可言传。

由于禅宗顿悟与审美感悟之间有着内在的相通性，因而"悟"又逐渐发展成为古典美学的一个非常重要的范畴。尤其到了宋代，禅宗"顿悟"、"妙悟"的理论，被广泛引入美学理论之中，用来品评艺术。"悟"作为一个诗学术语，受到历代文人的重视，形成了禅艺合流的荦荦大观的文学盛景。

回顾　　教育别人的同时，也在教育自己。

回 【迴囬逥】
huí

金文　　　小篆

"回"，象形字。繁体为"迴"，异体为"囬"、"逥"。

"回"的甲骨文线条回旋运转，像渊水回转之形，意为转。《说文·口部》："回，转也。"今"回"为会意字，从口，从口。二字均是回环不断之形，故有运转、回绕之意。

繁体字"迴"为形声字，从辵，回声，"辵"为行走，表示与人的行为相关。"迴"即返转的行为，意为返回、退回，即迂迴。异体字"囬"、"逥"是"回"的俗写。

《诗·大雅·云汉》："倬彼云汉，昭回于天。"意思是浩瀚明亮的天河在高天上旋转不停。唐代岑参《白雪歌送武判官归京》："山回路转不见君，雪上空留马行处。"武判官骑着快马，在回旋曲折的高山雪路上一会儿就消失了，雪地上只留下马蹄的痕迹。"回廊"指曲折环绕的走廊。"回肠"是连接空肠和盲肠的一段小肠，形状弯曲，也用来比喻思虑忧愁盘旋于脑际，如肠之来回蠕动。宋玉《高唐赋》："感心动耳，回肠荡气。""回肠荡气"指回转入肠，伤断人气，比喻文章、乐曲等十分动人。修辞学中有一种辞格叫"回文"，是运用词序上的回环反复，表现两种事物或情理的相互关系。东晋十六国时期，前秦苻坚手下秦州刺史窦涛远徙流沙，他的妻子苏蕙因思念不已，把回文诗织在锦缎上寄给窦涛，用来表达深情。这首织锦回文诗用了 841 个字，排成纵横各 29 个字的方图，通过正读、反读、斜读、交互读、退一字读等方法，可得诗 3752 首，把回文这种手法发挥到了极致，堪称古今绝妙。

旋转曲折的过程中包含着返转的情形，因而"回"引申为掉转的意思。"回腕"为书法术语，是执笔法中的一种，腕掌弯回，手指相对胸前，故称。唐代白居易《卖炭翁》："回车叱牛牵向北。"意思是卖炭翁掉转车头驱赶着牛向北而去。唐代李白《望天门山》："碧水东流至此回。"意思是楚江的水东流到这个地方就掉转回流了。"回首"指把头转向后方，比喻回顾以往。苏轼《定风波》："回首向来萧瑟处，也无风雨也无晴。""苦海无边，回头是岸"是佛教劝人改悔的话，意思是掉进苦海的罪人只要能觉悟回头，就能到达彼岸，比喻犯错误的人只要悔改，就会有出路。"回天"比喻权大势重，也比喻力量很大，能够左右或者扭转难以挽回的局势。

"回"又引申为返回的意思。唐代贺知章《回乡偶书》："少小离家老大回。"意思是年幼的时候离开家乡，年长的时候重回故里。"回光返照"指由于光线的反射，日落时天空又短时间发亮，借指昏迷病人临终之前的清醒，也比喻旧事物灭亡之前暂时兴旺的现象。"回春"指冬去春来，草木重生。宋代苏轼《浪淘沙·探春》："槛内群芳芽未吐，早已回春。"也比喻医术高明或药物灵验，能把重病治好。人们常常称颂医术高明的医师能够妙手回春。"星回"谓一年已终，星辰复回于原位。《礼记·月令》："星回于天，数将几终，岁且更始。"孔颖达疏："谓二十八宿随天而行，每日虽周天一匝，早晚不同；至于此月，复其故处，与去年季冬早晚相似，故云星回于天。"晋代陆机《演连珠》："日薄星回，穹天所以纪物。""律回"指一年中的第一个月，也就是正月。古代以十二律吕与月份相对，律回表示新周期的开始，所以这里指的是一月。"回读法"为谜语游戏中的术语，指巧用顺读一次和回读一次各自成义的谜材作谜底。它与"重读法"一样，属"增字补义"法门。

"回"由返回的意思又引申表示答复、回答。古时候，下级官吏答复上级时，开头常说"回禀大人"。"回盘"亦称回礼、回情、答回，为婚姻礼仪。婚娶前，男方行聘礼，女方收下后，视情给一定回礼。南宋吴自牧《梦粱录》："男择日下聘，亦以礼物答回。"因回礼多用盘捧上，故称回盘。"回拜"指对人来访后的答谢拜访。"回报"指报答。"回赠"指对别人馈赠表示还礼的赠送。

"回"可引申为量词，可以指事件的次数，比如"一回事"。"回"还可以指说书的一个段落和小说中的一章。"章回小说"是我国古典小说的主要形式，由宋元讲史话本发展而来。讲史说的是历史兴亡和战争故事，如《金相平话五种》、《五代史平话》、《宣和遗事》等。说话人不能把每段故事有头有尾地在一两次说完，必须连续讲若干次，每讲一次就等于后来的一回。到明代中叶，小说的回目正式创立，取消了卷数，直接标目为"回"。明末清初，回目采用工整的偶句，逐渐成为固定的形式。"回合"是搏击或竞技中的一个术语。古时候作战，两将交锋时一方用兵器攻击一次，另一方招架一次为一个回合。起源于西方的拳击比赛规定三分钟为一个回合。摔跤、排球、网球等竞技比赛中也有回合的说法。

"轮回"是佛教术语，指有生命的东西永远像车轮运转一样在天堂、地狱、人间等六个范围内循环变化。"六道"指的是天、人、阿修罗、地狱、饿鬼、畜生，所以称为"六道轮回"。佛教认为一切有生命的东西如果不寻求解脱，就会永远处于六道轮回之中，人世间的痛苦也来源于此。"回向"为佛教术语。"回"为回转，"向"为趋向，回转自己所修之功德而趋向于所期，谓之回向。期施自己之善根功德与于他者，为回向于众生；以己之功德而期自他皆成佛果者，为回向于佛道。《大乘义》章九："言回向者，回己善法有所趣向，故名回向。"

顾

【顧】

gù

 小篆

"顾"，繁体为"顧"。形声字，从页，雇声。

"顧"为九雇，是一种候鸟，寒冷而飞走，过冬后返回；"頁"表示头部。"雇""頁"为"顧"，意为回转头部。《说文·页部》："顧，还视也。""顾"的本义为回首、回视。

简体"顾"从厄，从页。"厄"有困苦、险阻等意，"顾"字可理解为遇到险阻而回头，故而有回转之意。

"顾"本义为回头看。"顾影自怜"指回头顾盼着自己的身影，自怜自爱。"顾盼生辉"指一回首，一注目，都有无限光彩，比喻眉目传神。三国魏嵇康《赠秀才入军》："风驰电逝，蹑景追风；凌历中原，顾盼生姿。""顾盼自雄"指看着自己的身影，觉得非常自豪，自我感觉良好。"顾望"指回视、观望，有谦让、畏忌或踌躇不前的意思。顾有照顾、顾念之义，此时顾中的雇、厄都有付出劳动或代价之义，可表述为一个人要照顾他人是需要付出劳动和代价的。更不用说全心全意地、奉献般地照顾一个人了。"伯乐一顾"比喻受人知遇赏识。有人卖骏马，连三天立于市都没人过问，就请擅长相马的伯乐去看一看，伯乐于是到市上"环而视之，去而顾之"，一天之内马价涨了10倍。"鸱视狼顾"指如鸱鸟举首而视，如狼反顾，形容人的凶狠贪戾。汉代马融《长笛赋》："鱼鳖禽兽闻之者，莫不张耳鹿骇，熊经鸟伸，鸱视狼顾拊噪踊跃。"

　　东汉士大夫互相标榜，称郭林宗、宗慈、巴肃、夏馥、范滂、尹勋等八人为八顾，又田林、张隐、刘表、薛郁、王访、刘祇、宣靖、公绪恭亦称"八顾"。"顾"谓能以德行引导他人之意。

　　"顾"由回头看引申为观看，瞧之义。"相顾一笑"指相互望着笑。《聊斋志异·促织》："徘徊四顾，见虫伏壁上。"在四周来回看了看，发现要找的蟋蟀竟然在墙壁上趴着。"顾左右而言他"指看着两旁的人，说别的话，形容无话对答，有意避开本题，用别的话搪塞过去。《孟子·梁惠王下》："曰：'四境之内不治则如之何？'王顾左右而言他。"成语"顾名思义"指看到名字就想到它的含义，原用以激励人努力做到名实相符，后形容事物的名称与涵义之间的关系简单明了。《三国志·魏书·王昶传》记载，三国时期，太原晋阳人王昶曾任魏国司空。他为人注重名节，给侄子和儿子取名也都依照谦虚求实的原则，希望对他们能起到教育意义。他给侄子取名是王默字处静，王沈字处道，给儿子取名是王浑字玄冲，王深字道冲。王昶告诫他们说："起这样的名字是为了让你们顾其名而思其义，时刻勉励自己啊！"

　　"顾"引申为访问、拜访之义。"顾聘"指拜访聘请；"顾访"指探视访问。成语"三顾茅庐"出自《三国志·蜀书·诸葛亮传》，指三次到草屋中拜访，用以指恭敬地一再邀请。东汉末年，天下大乱，刘备乘机募集军队，企图恢复汉朝王室。起初，刘备力量十分单薄，于是四处寻找贤才。经谋士徐庶推荐，刘备亲自来到襄阳隆中草屋拜访隐居在此的旷世之才诸葛亮。前两次，诸葛亮故意外出避而不见，当刘备第三次前来求见时，诸葛亮终于被刘备的真诚所打动，答应出山并最终辅佐他建立蜀国，成就帝业。诸葛亮《出师表》："先帝不以臣卑鄙，猥自枉屈，三顾臣于草庐之中。"后世用"三顾茅庐"来形容邀请人的渴望和诚恳的心情。

"顾"有照顾、关怀之义。"顾家"指照顾家庭；"顾恤"指照顾体贴。人们对自己照顾、关怀的人总是十分眷恋，故"顾"由此引申为眷恋、顾及之义。"顾哀"指眷念哀怜；"顾思"指眷顾思念。《史记·屈原贾生列传》："屈平既嫉之，虽流放，眷顾楚国，系心怀王。""眷顾"即眷恋。

"顾"还有顾虑、考虑之义。"顾忌"指因某种顾虑而不愿直言径行。"顾命"指顾虑性命。"顾全大局"指为了照顾全局，不为本人或本单位的利益斤斤计较，能够为了长远的全局利益而牺牲眼前的局部的利益。一个人在涉及自身利益时能够顾大局、识大体相当难得。

"顾"还可作名词，商店或服务行业称来买东西的人或服务对象为"顾客"。

"顾"为姓氏，《广韵·暮韵》："顾，姓，出吴郡。"

熏陶

自己肚里没货，怎能教好别人？

熏 【燻】

xūn

金文　　小篆

"熏"，异体为"燻"。会意字。

"熏"的金文字形是一个熏笼在烟火上熏烤的形象。中间两点和下面四点为火。"熏"字又可拆分成"千"、"黑"。"千"为极多，为连续不断，为千言万语。"黑"中的"灬"为火焰，表明"黑"为火熏之色，里边的两点表示人被熏之后，除了两只眼睛之外其余都变黑了，或者说烟囱除出口之外其余都变黑了。繁体"燻"从火，更突出了烟熏火燎之意。《说文·中部》："燻，火烟上出也。"

原始社会，人们茹毛饮血，自学会使用和保存火种之后才开始吃上熟食，这是人类文明史上的一次飞跃。火燃烧就会生烟，有烟就有烟熏的现象。《诗·豳风·七月》："穹窒熏鼠，塞向墐户。"用泥封住向北开的窗户，然后用烟来熏老鼠。烟因火燃而生，火烟炽热，人被熏到自然感觉很烫，"熏"由此引申为烧灼、火烫之意。《诗·大雅·云汉》："我心惮暑，忧心如熏。"我害怕夏天的酷热，担忧的心像是被火灼烧一样。

《吕氏春秋·有始》："东南曰熏风。"按五行的说法，南方属火。"熏"做名词用，指南风或东南风。南风多为暖风，烟熏在人身上也有暖热的感觉，所以"熏"做形容词时有温和、和暖的意思。白居易《首夏南池独酌》："熏风自南至，吹我池上林。"和暖的风从南方飘来，轻轻吹拂池塘边的树林。和风、小池、树影婆娑，描绘出一幅温暖恬静的画面。黄昏时分，天空似被一层薄烟笼罩，火红的晚霞熏染着遥远的天际，暖洋洋地触摸着大地，"熏"就有了黄昏的意思。《后汉书·赵壹传》："至熏夕，极欢而去。"宴乐直到黄昏，晚霞熏染夕阳时，才尽兴而归。

"熏"本为烟气连续不断升腾散漫使接触之物受到熏染、熏烤、熏烧。后扩大指气体对所接触之物的浸染。烟气长期熏着物品，物品就会沾染上烟的颜色和气味。人也是如此。"熏"又引申指一个人长期接触某种人或事物，使自己的品行、习惯、学识、观念因受濡染而渐趋同化。受到好的影响叫"熏陶"，受到坏的影响叫"熏染"。生在艺术世家的人从小耳濡目染，受父辈们的熏陶，往往能很好地继承他们的技艺。如王羲之、王献之父子都是历史上数一数二的大书法家；苏洵为文学家，其子苏轼、苏辙也都是有名的文学巨匠，才华横溢、文采出众。近朱者赤，近墨者黑。一个人身处什么样的环境、受到什么样的熏陶，对一个人能否健康成长至关重要。历史上曾有"孟母三迁"的典故，孟母为了使儿子不受外界不良环境影响，三次搬家。孟子最终成为儒家亚圣，不能不说与少年时的生活和学习环境有很大关系。"人之初，性本善，性相近，习相远。"环境对人的性格、品行的形成的确非常重要。不同环境造就不同的人，因此人要选择好的环境生活和工作，以防被坏的习气所熏染。

父母和教师在孩子的成长过程中所产生的影响是一个"润物细无声"的过程。教师的人格对学生心灵的影响是任何教科书、任何道德箴言、任何惩罚和奖励制度都不能代替的。教师不凡的人格魅力，严谨的治学态度，高度的工作热情，精湛的教学技艺，真挚的爱生之心，锲而不舍的奋斗精神，胜过任何美妙的教育语言。家长的言行举止、文化修养、心理素质、精神境界无不时刻熏陶着孩子的心灵。父母是孩子的第一任老师，他们的每一句话、每个举动、每个眼神，他们的人格、精神都会潜移默化地影响孩子。因此，教师、家长只有以身作则，率先垂范，才能使孩子在良好的生活和学习氛围中健康地成长起来。

陶

táo　yáo

金文　小篆

"陶"，形声字，从阜，匋声。

"阜"的本义为土山；"匋"的金文像把制成泥坯的器皿（缶）放入窑里去烧之形，是"陶"的本字。"阜""匋"为"陶"，指把制成泥坯的器皿放入窑里去烧。《古今韵会举要·豪韵》："陶，瓦器也。""阜"为土山；"匋"原指把制成泥坯的器皿放入窑里去烧，而窑中的泥坯器皿总是层层垒放。"陶"为重叠的山丘。《说文·阜部》："陶，再成丘也，在济阴。""陶"的本义为两重的山丘，后借为地名，专指陶丘，在今山东省定陶县，故定陶简称"陶"。史书记载尧曾到过陶丘，在那里居住，如今陶丘尚有尧城，所以尧又被称为陶唐氏。

远古时代，人们发现泥土经火烧后质地会变得坚硬，若以为器，便可以储物，陶器因此出现。这是人类向文明迈进的重要阶段，在陶器上绘制的图案也成为人类早期艺术的典范，而后人更从陶器图案上的蛛丝马迹中了解到当时人类的生活。陶器的产生和发展是人类生产、生活水平提高的明证。我国的仰韶文化和马家窑文化就是彩陶文化的杰出代表。早期陶器的图案虽然简单，却质朴天成，简洁明了，充满生活意趣。如仰韶文化半坡类型彩陶的代表——人面鱼纹彩陶盘，器身为赭红陶衣，器内壁施绘对称的人面纹和鱼纹各两幅，构成奇特的人鱼合体，体现了半坡人对鱼的崇拜，又似有某种原始巫术的意味，引人遐思。随着社会进步，陶器上还出现了集体围猎、婚丧嫁娶、甚至祭祀宴乐等复杂的画面。彩陶艺术从侧面反映了社会的进程。今天，陶器艺术已经作为专门的艺术形式，卓然屹立于艺术殿堂之上。

"陶"为用粘土烧制的器具，即陶器。汉代桓宽《盐铁论·散不足》："及其后，庶人器用，即竹柳陶瓠而已。"同陶器相比，瓷器更加精致细腻，所以多被上流社会所用，而烧制出无数精美瓷器的庶人却只能用较为粗糙的陶器。古人在陶器的基础上进一步选料加工、改进工艺，制造出独特的瓷器，工艺水平一直世界领先。"宗匠陶钧"比喻培养造就人才。"宗匠"指陶铸器具的大匠；"陶钧"指制陶器所用的转轮。晋代袁宏《三国名臣序·赞》："揖让之与干戈，文德之与武功，莫不宗匠陶钧，而群才缉熙；元首经略，而股肱肆力。""陶犬瓦鸡"指陶土做的狗，泥土塑的鸡，比喻徒具形式而无实用的东西。南朝梁萧绎《金缕子·立言上》："陶犬无守夜之警，瓦鸡无司晨之益。"

南朝梁萧统《文选·序》："譬陶瓠异器，并为入耳之娱。"这里的"陶"和"瓠"都指粘土烧制成的吹奏乐器。"陶埙"是原始的吹奏乐器。陶埙的形状不尽相同，有的像橄榄形，中间形状较粗且圆，两头呈细尖形。陶埙有一个孔洞贯穿，吹气之后便可发出声音。宋代梅尧臣《陶者》："陶尽门前土，屋上无片瓦。"反映了烧陶工匠的凄惨生活。"陶"又指烧制陶器的陶匠。古时"陶匠"是陶工与木匠的合称，亦可专指陶工。"陶冶"是陶工制陶和铸工冶炼的合称。本来没有什么用处的泥土经过工匠之手，可以成为有价值、有意义的实用品、艺术品。反过来，这些艺术品对人也有一定的熏陶和影响。后来"陶冶"就专指养育造就。《文子·下德》："老子曰：'阴阳陶冶万物。'"唐代杜甫《解闷》："陶冶性灵存底物，新诗改罢自长吟。"这里的"陶冶性灵"与今天人们常说的"陶冶情操"意思相当。

陶器用以盛物，可以盛放粮食、酒、水等，家中有陶象征家境富足，过着衣食无忧的安乐生活，故"陶"有快乐的意思。南朝谢灵运《酬从弟惠连》："倘若果言归，共陶暮春时。""陶然而醉"形容酣畅淋漓地醉饮。"陶然"是欢畅的样子。唐代崔曙《九日登望仙台》："且欲近寻彭泽宰，陶然共醉菊花杯。"现代汉语中，"陶然"、"陶醉"仍保留此义。其由来想是当年制陶者见陶器初成，喜乐无限，一时忘情，或歌或舞的缘故。北京的著名景点陶然亭，原为清康熙年间所建，取唐代诗人白居易"更待菊黄家酿熟，共君一醉一陶然"之诗意命名。

"皋陶"是传说中上古人名，其中"陶"音"yáo"。

榜样

言教不如身教，育人必先育心。

榜 bǎng

 小篆

"榜"，形声字，从木，旁声。

"木"为木片，木匾，木板；"旁"为旁边，旁人。"木""旁"合为"榜"，指张贴出来供旁人观看的木榜或木匾等。"榜"由最初悬挂、张贴以供人观看的木榜，引申为张贴出来的文书告示。古代科举通常将考试名次张贴出来，供旁人观瞻，此文告称为"榜"。"榜上有名"之人可以作为旁人学习的典范，所以"榜"后来也代指值得学习效仿的人，即榜样。

在古人看来，"榜"是可以用来炫耀的，故多被人们精心修饰悬挂起来，名曰"匾额"。古时富贵显宦或是书香门第之家，庭院深深，门楣之上多有榜。榜上有字，是为"榜题"，两旁配有楹联，既解释榜题，也与之相映生发。"榜"逐渐成为我国古代建筑文化中独有的特色，常为亭台楼阁增色生辉。更有文人墨客莅临风景名胜，乐山乐水，有感而发，在吟诗著文、挥毫泼墨后，有人便会在此建亭立榜，以兹纪念。

古时候，朝廷有政令要传达，多是在各地张贴"榜文"，相当于现在下发文件。如通缉犯人的榜文称为"悬榜缉拿"，捉拿不到，则需"张榜悬赏"，相当于现在的"通缉令"。《水浒传》中，鲁提辖打死人逃亡在外，居然挤到人群中看捉拿自己的榜文，幸亏被金老头发现，把他扯离人群才得以逃脱。

正所谓"一举首登龙虎榜，十年身入凤凰池"。金榜题名是古代文人皓首穷经追求的目标。科举考试放榜时用"金榜"起自明清时期。明清时期的科举考试要经过乡试、会试、殿试三关。乡试每三年举行一次，是一省范围内的考试，时间一般设在秋八月，及格者称为"举人"。《儒林外史》中范进参加的就是乡试。乡试及格便具备了参加会试的资格。会试是全国范围内的考试，于乡试的第二年举行，也是每三年举行一次，时间一般设在春三月，考中者称为"贡士"。会试取中后便可以参加由皇帝亲自主考的殿试，考中者称为"进士"。进士分三甲录取：第一甲取三名，依次为状元、榜眼、探花。第二甲取七名。一甲、二甲由皇帝钦定后，再把其余的试卷依照名次列出，交由填榜官正式写榜。榜用黄纸裱成，里面两层，称为"金榜"。然后用红线将金榜张挂在太和门，三日后，再交给内阁存档。这就是人们常说的"金榜题名"。

"榜上有名"原是指参加科举而被录取，后来这个词语也用来形容人或物的知名度高，或是商品获得权威认证。现代汉语里"榜"也保留了这种意义，如用于表彰、褒扬的"光荣榜"。

"榜"作动词，意为题写、书写。苏轼《虔州崇庆禅院新经藏记》："而州之僧舍无所谓藏经者，独榜其所居室，曰'思无邪斋'。"这里的"榜"就是书写的意思，写在榜上的大字就称为"榜书"。引文中说，虔州庙宇的特殊之处在于，僧人的住处不用来收藏经卷，只是在门外悬挂一匾，上书"思无邪斋"。

样 【樣】
yàng

 小篆

"样"，繁体为"樣"。形声字，从木，羕声。

"木"表植物；"羕"是"漾"的本字，表现的是水流悠远流长之义，此处借水流长之形来表达详尽义。故而"样"可以理解为有根有据，十分具体、详细。"样"的本义为翔实。

简化字"样"由"木"、"羊"构成。"木"也可以理解为麻木、木讷、呆钝；而"羊"在动物中又是以温厚善良著称。故而"样"就是指固定死了的模板，可供人遵循的法式、条例。"木"为木制品、材料；"羊"为"详"省，有细密、完备之意。木材加工需要一定的式样和形状，才能做得细密、完备，所以"样"为式样、模样。木成林，羊成群，"样"又可表示种类，做量词。

《集韵·漾韵》："样，法也。"清代段玉裁注："样，今人用样为式样字。"做鞋子要用鞋样；制衣服要用样版，专业术语也叫打版，指先用纸或纸板做成一定大小、规格的模型，等到具体裁剪时就用这纸模来比对，以统一做出一样型号的衣服鞋袜来。唐代白居易《缭绫》："去年中使宣口敕，天上取样人间织。"古人认为天衣是无缝的，人间织不出，故而只有到天上拿到了衣服的样子，才能织得出。"依样画葫芦"指照别人画的葫芦的样子画葫芦，比喻单纯模仿，没有创新。宋代魏泰《东轩笔录》卷一："颇闻翰林草制，皆捡前人旧本，改换词语，此乃俗所谓诊样画葫芦耳，何宣力之有？"

延伸开来，人们为了获得统一式样和规格的物品而制作的模品都可以称之为"样"，如"样银"是古时用于测定银子成色的样品；"样米"指作为样品的米。"样钱"为古钱币术语。样钱可分两类，由造钱主管机关呈送帝王以供审阅、抉择的样钱叫"进呈样钱"，多由铜、蜡、牙、木等雕制而成；由中央颁发至各地造铸炉场当作样品或母钱的样钱叫"部颁样钱"。现代社会房地产业还有"样板房、样板间"，是指开发商所建造的住宅楼，分成若干等级的户型，从若干户型中选取一到两套具有代表性的房子用于向外界展示和示范。

式样、样子都是有形的实体、实物，所以"样"又有形状之义。汉代崔寔《四民月令》："齐人呼寒食为冷节，以曲为蒸饼样，团枣附之，名曰枣糕。"由这一意义引申，"样"亦解为品种、品类，如"多种多样"、"样法"、"样色"等。《水浒全传》："童子点上灯来，闭了窗格，掇张凳子，铺下五六碟菜蔬，又搬出一盘鸡，一盘鱼，及家中藏下的两样山果，旋了一壶热酒。""十样锦"原指十种锦绣，后指杂取各种不同样式、颜色的物品搭配在一起，也用以形容十不全。元代戚辅之《佩楚轩客谈》："蜀时制十样锦，名：长安竹、天下乐、雕团、宜男、宝界地、方胜、狮团、象眼、八搭韵、铁梗襄荷。""样"是物的属性，故而事物发生变化就是变样，而趋向不好的变化则称为走样。

不仅制物要依照样子来，做人也要有个榜样。榜样是指前人言行所树立的良好典范，足以激励后人，规范自己的典型。如古时为君者，以尧舜禹汤为榜样；为史官者以司马迁为榜样等等。以伟大的人物为榜样，可以提升自己的情操；以成功的人物为榜样，可以激励自己的士气。而人一出生，最先接触的是父母，故孩子自然以父母为榜样，模仿其言论举止，所以民间有一句俗语："龙生龙，凤生凤，老鼠生儿会打洞。"讲的就是有其父母必有其子的道理。

"样"亦作"橡"，即栎果。

后 记

古老的汉字，在中华大地上已经延续了四五千年，至今犹保持着旺盛的生命力，而世界上与其同样性质的其他几种古文字都早已消失。作为象形表意文字，汉字在人类文化宝库中可谓硕果仅存。汉字不仅是汉语的书写符号，而且是一种文化信息载体，这是汉字独有的文化特色。经过数千年的沿革和发展，汉字积蓄了极其丰厚的文化底蕴，这是拼音文字所无法比拟的。汉字本身已经成为一种公认的文化系统。书法、碑刻、篆印、诗词、楹联、灯谜，乃至识字、解字、说字、测字等，无不发散着浓厚的传统文化气息。汉字蕴藏了中华民族的价值观念、思维方式、审美情趣、历史渊源、风俗习惯等诸多文化信息。说汉字是中华传统文化的基因，一点也不为过。

《土生说字》在融汇前人成果的基础上，引入社会、历史、人文和逻辑理念，对每个字予以独特、新颖和全面的阐述。它上溯字源，下掘新意；纵谈万事万物，直抒人文人生；既具知识性、学术性，又具艺术性、趣味性，即不割断历史，又不脱离现实，可谓熔社会、历史、文化、人生与一炉，创一家之言，兼百家之长。为方便读者更好的了解汉字，从汉字中汲取智慧，今分类出版《土生说字·养生之道》、《土生说字·修身之道》、《土生说字·求学之道》、《土生说字·经商之道》、《土生说字·为官之道》五册，收录养生、修身、求学、经商、为官的关键汉字解析，希望读者能从中得到启迪。

图书在版编目（CIP）数据

土生说字. 求学之道 / 李土生著. -- 北京 ：中央
文献出版社，2014.10
ISBN 978-7-5073-4173-7

Ⅰ．①土… Ⅱ．①李… Ⅲ．①汉字－通俗读物 Ⅳ.
①H12-49

中国版本图书馆CIP数据核字 (2014) 第239004号

土生说字·求学之道

作　　者：	李土生
责任编辑：	彭　勇
责任印制：	寇　炫　郑　刚

出版发行：	中央文献出版社
地　　址：	北京西四北大街前毛家湾1号
邮　　编：	100017
网　　址：	www.zywxpress.com
邮　　箱：	zywx5073@126.com
销售热线：	010—63097018、66183303
经　　销：	新华书店
排　　版：	北京宏扬意创图文设计制作中心
印　　刷：	北京汇林印务有限公司

710×1000mm　1/16　14.5印张　220千字
2015年10月第1版　2015年10月第1次印刷

ISBN 978-7-5073-4173-7　定价：25.00元